BoD-Books on Demand

Bernadette Eckhart

DER SOUVERÄNE MENSCH

Wie wir ADHS, Depressionen
und Kriege überwinden

Eine Utopie

Impressum

Bibliografische Information der Deutschen Nationalbibliothek: Die Deutsche Nationalbibliothek verzeichnet diese
Publikation in der Deutschen Nationalbibliografie; detaillierte
bibliografische Daten sind im Internet über dnb.dnb.de ab-
rufbar.
© 2020 Bernadette Eckhart
Herstellung und Verlag:
BoD – Books on Demand, Norderstedt

ISBN 978-3-751-97222-2

Über die Autorin

Bernadette Eckhart, Jahrgang 1969, aufgewachsen im ländlichen Ostwestfalen. Ausbildung zur Arzthelferin, abgeschlossenes Architekturstudium.
Die Autorin lebt seit 1992 in Kassel und arbeitet heute in der Verwaltung sowie als freie Lektorin für wissenschaftliche Arbeiten.
In der Zeit von 2010 bis 2014 Besuch einer Schreibwerkstatt (literarisches Schreiben). Weitere Interessen liegen in den Bereichen Gärtnern und Selbstversorgung.

Inhaltsverzeichnis

„Man kann mit einer Depression auf verschiedene Art und Weise umgehen. Ich mache es auf die grönländische Weise: Ich lege meine Niederlage unter das Mikroskop und schaue sie mir an."

(Aus: Fräulein Smillas Gespür für Schnee, Peter Høeg)

1. Aniegen des Buches

Erkenntnisse gleichen manchmal Geburtswehen. Machtvoll drängen sie ins Bewusstsein und läuten einen Wandel ein, bedeuten Anfang und Ende zugleich; sie beenden – vorläufig – einen Prozess des Reifens und bilden den Ausgangspunkt für etwas Neues. Bedeutende Veränderungen werden nicht beschlossen, sie werden geboren.

Wir befinden uns in einer Phase des Übergangs und niemand weiß, wohin die Reise gehen wird. Weltweite Herausforderungen und Auseinandersetzungen werfen elementare Fragen auf: Was kommt auf uns zu? Wie wird sich unser Leben gestalten, die Zukunft der Kinder und Enkelkinder? Wird sich die Kluft zwischen Arm und Reich weiter vergrößern? Werden kommende Generationen über den gleichen Lebensstandard verfügen, wie wir ihn heute kennen, und ist dieser wert, gehalten zu werden?

Wohin führt uns die Politik? Wie gehen wir künftig miteinander um, wie mit anderen Völkern, mit Lebewesen und Ressourcen? Was hat uns zu denen gemacht, die wir heute sind?

Das vorliegende Buch steht für die Überzeugung, dass ein lebenswertes Morgen möglich ist, dass wir grundsätzlich in der Lage sind, den Herausforderungen unserer Zeit intelligent und wach zu begegnen, sie vor allem auch zu meistern – was jedoch ausschließt, in all unserem Handeln fortzufahren wie bisher.

So wie Krankheiten erforscht werden, um Medikamente und Therapien entwickeln zu können, ist es ebenfalls von herausragender Bedeutung, gesellschaftliche Fehlentwicklungen aufzuspüren, ihnen nachzugehen und ihre Ursachen zu ergründen: Im Erkennen von Vorgängen liegt die Chance, wichtige Schaltstellen neu zu justieren, Korrekturen vorzunehmen, Fehler und Missstände zu beseitigen und ihr Entstehen künftig gar zu verhindern. Wenn wir also wissen wollen, was schiefläuft und wie Dinge grundsätzlich besser zu gestalten sind, wird es notwendig sein, zunächst den Weg zurückzuverfolgen, den wir und unsere Vorfahren gegangen sind, und dabei die Gründe zu erforschen, die in die gewählte Richtung geführt haben. Erst anschließend, wenn wir über dieses Wissen verfügen, werden wir in der Lage sein, brauchbare Ideen zu entwickeln, um das Morgen positiv zu gestalten.

Dieses Buch ist somit ein Plädoyer für die Selbstbestimmung. Ihm ist nicht weniger als die Revitalisierung unserer Fähigkeiten, unseres Selbstverständnisses sowie unserer eigenen Orientierung und Verortung auf die Fahnen geschrieben. Erklärtes Ziel ist ein Umsteuern in der Gesellschaft, eine neue Befähigung, um heutigen und künftigen Herausforderungen *selbst* und *bewusst* zu begegnen und der gesellschaftlichen Entwicklung eine neue Dynamik zu verleihen; ein wesentlicher (wenn auch nicht der einzige) Aspekt auf diesem Weg wird sein, Eltern in die Lage zu versetzen, das Verhältnis zu ihren Kindern neu zu gestalten und somit Menschen zu ermöglichen, ihre angelegten Potenziale frei zu entfalten, denn die Qualität der Kindheitsphase entscheidet im Wesentlichen über das Funktionieren oder Scheitern einer Gemeinschaft.

Es ist abzusehen, dass dieses Vorhaben kein Selbstläufer werden wird, da der größte Gegner der Selbstbestimmung das *Streben nach Macht* ist, das ausnahmslos alle Bereiche unserer Gesellschaft durchsetzt. Um uns von diesem Einfluss befreien zu können, ist es notwendig, zunächst das Wesen der Macht[1] zu verstehen:

- Macht ist nicht identisch mit Führung.
- Macht verdrängt die Möglichkeit und Notwendigkeit von Konsensbildung.
- Macht*streben* erwächst aus dem Verlangen, eigene (empfundene) Macht*losigkeit* zu kompensieren und beruht auf dem Verlust von Vertrauen.

---

[1] Definition nach Max WEBER: "Macht bedeutet jede Chance, innerhalb einer sozialen Beziehung den eigenen Willen auch gegen Widerstreben durchzusetzen, gleichviel worauf diese Chance beruht" (vgl. M. Weber 1972, S. 28; http://www.olev.de/m/macht.htm). Im Gegensatz zur Macht über Andere beziehen sich im Folgenden aufgeführte Begriffe wie „Ohnmacht" und „Selbstermächtigung" stets auf eine Macht über sich selbst.

- Machtstreben hat grundsätzlich zum Ziel, eigene Interessen gegenüber anderen durchzusetzen.

Im weiteren Verlauf des Buches wird es häufig um Bedürfnisse gehen, die mit unserer Entwicklung einhergehen. Diese sind oft erschreckend wenig anerkannt, werden unterschätzt, missachtet und unterdrückt. Um hiervon ein präzises Bild zu erhalten, wird im Folgenden die Bedürfnisbefriedigung von der Ersatzbefriedigung unterschieden (vgl. Kap. 6).
Auch stehen Bedürfnisse ganz allgemein in Konkurrenz zu den Notwendigkeiten, die sich aus der Bewältigung unseres Alltags ergeben. Strukturell gesehen spielen diese eine erhebliche, häufig ausschlaggebende Rolle. In der zugrundeliegenden Betrachtung finden sie jedoch wenig Berücksichtigung, da es zunächst darum gehen wird, grundlegende Funktionsweisen aufzudecken und zu verdeutlichen. Erst in einem zweiten Schritt werden dann Überlegungen anzustellen sein, auf welche Weise Bedürfnisse und Erfordernisse unter den gegebenen Umständen in Einklang gebracht werden können, ob das überhaupt möglich ist und was eine Antwort hierauf in der Konsequenz bedeutet.

2. Die Welt, in der wir leben:
Wie wir sie als Kinder sahen

Wenn wir sagen: „Früher war die Welt noch in Ordnung", dann erinnern wir uns oft – vielleicht auch nur unbewusst – an Orte und Momente, in denen wir als Kinder glücklich waren. Vielleicht beschwören wir vor unserem geistigen Auge die Momente der Harmonie, in denen wir in kindliches Spiel versenkt waren, auf Entdeckungsreisen gingen oder beim Kuchenbacken süße Teigreste aus Rührschüsseln naschen durften; eine versunkene Welt, in der vielleicht nicht immer alles gut war, der jedoch ein Zauber innewohnte, eine Unbefangenheit, die heute längst verflogen ist. Das Verschwinden dieses Zaubers im Laufe der Zeit akzeptieren wir wie eine Art Naturgesetz, als etwas, das zum Erwachsenwerden dazugehört. Doch wie gerechtfertigt ist diese Annahme?

Kinder, die ihre Umgebung erkunden, Staudämme bauen oder fasziniert Entenküken bei ihrem ersten Ausflug beobachten, befinden sich ganz im Einklang mit ihrer Natur. In Momenten wie diesen agieren sie in geschützter, angstfreier Atmosphäre und aus sich selbst heraus: Sie bewegen sich in einem Raum von Sicherheit und Freiheit. Indem sie beobachten, nacheifern, sich ausprobieren etc. stillen sie Bedürfnisse, mit denen sie – evolutionär bedingt – zur Welt gekommen sind. Auch als Erwachsene kennen wir dieses Gefühl, wenn wir einer Beschäftigung nachgehen, die uns gefällt: Wir arbeiten konzentriert, vertiefen uns, alles ist im Fluss. Theoretisch – und auch ganz praktisch – ist dieser Zustand also auch im Erwachsenenalter noch möglich. Doch woran liegt es, dass er in der Regel selten geworden ist und kaum noch etwas mit unserem Alltag zu tun hat?

Wie wir die Welt heute erleben

Viele von uns haben nur noch selten Zugang zu dieser Welt. Unser Alltag sieht meistens anders aus, die Arbeit ist eher geprägt von Notwendigkeiten als von Leidenschaft. Wer überhaupt noch eine Berufung in sich verspürt, opfert sie nicht selten früher oder später auf dem Altar des Realismus, der Sicherheit vorzugsweise denen gewährt, die sich seinem Diktat beugen – eine Sicherheit, die gleichbedeutend ist mit finanzieller Sicherheit. Geschenkt wird hier nichts.

Wenn wir uns derzeit intensiver mit dem beschäftigen, was Unbehagen bereitet und uns nach früher sehnen lässt, stellen wir bald fest, dass es um weit mehr geht als um ein gesellschaftliches Unwohlsein: Die täglichen Nachrichten sind oft negativ, es scheint nicht viel Gutes in der Welt zu geben, statt dessen Kriege und Attentate, einen Verlust an Sicherheit bei steigender Ungerechtigkeit, wohin man auch sieht. Und wir ahnen: Das betrifft nicht nur die Welt weit draußen, auch für uns stimmen die Dinge nicht, selbst wenn Arbeitslosen- und Konjunkturzahlen sich bemühen, ein anderes, positiveres Bild zu zeichnen.

Die gute Nachricht ist: Wenden wir den Blick, dann können wir beobachten, wie sich neben der Zunahme von Frust, Angst und Gewalt auch eine Gegenbewegung entwickelt. Immer mehr Menschen engagieren sich weltweit in verschiedensten Projekten, beginnen sich zu vernetzen, ergründen und testen Ideen und Visionen für eine lebbare Welt. Sie suchen nach Wegen, um Kriege und Kämpfe zu überwinden, und erproben enkeltaugliche Modelle für ein gemeinsames, friedliches Leben.

Ein Leben in Frieden – naive Träumerei, sagen die Einen. Für Andere handelt es sich um eine Utopie im besten Sinne: weit entfernt, aber durchaus erreichbar. Auf dem Weg dorthin ist sicher vieles zu klären, zum Beispiel die Frage: Warum stolpern wir, selbst wenn wir in bester Absicht handeln, regelmäßig über unsere eigenen Füße? Warum ist es so schwierig, Frieden zu halten, sobald wir nicht einer Meinung sind oder gar Konflikte auftreten? Ist dauerhafter Frieden tatsächlich unmöglich?

Für einen Zeitraum von rund zwei Millionen Jahren[2] war die Entwicklung des Menschen eine Erfolgsgeschichte: Wir haben

---

[2] Vgl. z. B. http://www.zeit.de/1961/41/wie-alt-ist-der-mensch; LIEDLOFF, S. 33; YouTube-Beitrag „Zivilisation - Die andere Wirklichkeit Oder wa-

überlebt.[3] Doch seit vergleichsweise kurzer Zeit, seit wenigen Jahrtausenden, schreiten Veränderungen in einem rasanten Tempo voran. Dabei sind komplexe Gesellschaften entstanden sowie ein technischer Fortschritt, der begleitet wird von einem stetigen Verlust der Menschen an Selbstbestimmung, Vertrauen und Frieden. Vor diesem Hintergrund steht heute die Frage im Raum, wie es weitergehen kann mit der Spezies Mensch.

Im Laufe der Evolution haben wir uns eine Überlebensstrategie zu eigen gemacht, die im Wesentlichen auf zwei Säulen fußt: der *Fremdsicherung* und der *Eigensicherung*. Das bedeutet: Bis wir Menschen in der Lage sind, bestmöglich zur Sicherung des eigenen Überlebens sowie auch zum Überleben unserer Gemeinschaft beizutragen, sind wir auf eine „Fremd"-Sicherung durch unsere Eltern und andere Mitglieder der Gemeinschaft angewiesen. Auch während anderer Phasen im Laufe des Lebens benötigen wir vermehrt die Hilfe anderer Menschen, z. B. bei Krankheit oder im Alter. Diese Doppelstrategie der Fremd- und Eigensicherung macht uns zu *sozialen Individuen*. Daraus ergibt sich, dass wir grundsätzlich mit einem Bedürfnis nach Sicherheit und Freiheit geboren werden: Das Erfüllen dieser Erwartungen ist Voraussetzung zur Ausbildung menschlicher Souveränität, eines inneren Gleichgewichts zwischen Verbundenheit und Autonomie (mehr dazu später). Die Folge ist: Je besser entwickelt wir sind, desto vitaler und entspannter gehen wir durchs Leben. Bedingt durch die gesellschaftlichen Strukturen unserer Zeit, wird diesem Aspekt jedoch nur sehr unzureichend Beachtung geschenkt.

Eine Besserung ist vorläufig nicht in Sicht, im Gegenteil: Die heutige Frauenbewegung treibt ein weiteres Auflösen mütterlicher Verbundenheit kontinuierlich voran mit dem Ziel, Frauen aus Abhängigkeiten sowie einer häuslichen Isolation zu befreien. Hierbei entpuppt sich die vielbeschworene Vereinbarkeit von Familie und Beruf jedoch häufig als Versuch, gegenläufige

---

rum wir Permakultur brauchen",
https://www.youtube.com/watch?v=eiZtNiDKyM8.
[3] Im Gegensatz zu anderen: *Homo sapiens* ist der letzte Verbliebene in der Gattung *Homo*.

Ansprüche unter einen Hut zu bringen. Vor allem Frauen sind oft gezwungen zu entscheiden, ob sie sich beruflichen oder den Interessen ihrer Kinder widmen — eine Entwicklung, die vor allem Stress produziert, da jede Entscheidung für eine der Seiten zulasten der anderen geht. Doch stehen sich die Bedürfnisse von Müttern und Kindern tatsächlich unvereinbar gegenüber?

Bei der Suche nach Antworten sind wir gut beraten, herauszufinden, worin die Ursachen liegen für das Auftauchen der meisten unserer Probleme. Erst eine tiefgreifende Analyse wird helfen, diesen Teil des menschlichen Werdegangs zu verstehen und Fehlentwicklungen aufzuspüren — die unbedingte Voraussetzung, um Probleme wirksam ausräumen bzw. aus*heilen* zu können, anstatt sie immer wieder aufs Neue zu bekämpfen.

Gesellschaft im Wandel

Vor Einsetzen der industriellen Revolution gegen Ende des 18. Jahrhunderts lebten die Menschen Europas über lange Zeiträume hinweg in vorwiegend dörflichen Strukturen, die von der Landwirtschaft geprägt waren. Die Güter des täglichen Bedarfs, ob Brot, Gemüse, Kleider, Schuhe, Hufeisen, Geschirr oder Körbe, wurden größtenteils vor Ort und in Handarbeit erstellt, wobei sich auch der Hilfe von Tieren, allen voran Ochsen und Pferde, sowie der Naturkräfte bedient wurde.[4] Die sogenannte *agrarische Gesellschaft* war die letzte, bei der zwischen den Bereichen *Wohnen*, *Arbeiten* und *Gemeinschaft* noch nicht wie heute unterschieden wurde, sondern diese größtenteils eine Einheit bildeten.

Mit Einführung der Maschinen im Zuge der industriellen Revolution wurde bald menschliche Arbeitskraft im großen Umfang freigesetzt, da die Warenproduktion maschinell sehr viel schneller erfolgen konnte als in Handarbeit. Darüber hinaus wurden weiterhin landwirtschaftliche Flächen privatisiert, die

---

[4] Bspw. Wind- und Wassermühlen zum Mahlen von Getreide oder Schmieden von Werkzeugen.

bisher als dorfgemeinschaftlicher Besitz der Allgemeinheit zur Verfügung gestanden hatten (lat. *privare:* abtrennen, berauben). Die Folge: Immer mehr Kleinbauern verloren Weideflächen, die sie zur Viehfütterung benötigten, darüber hinaus standen kaum mehr Wälder zur Verfügung, die ihnen Brennholz und Material zur Herstellung ihrer Werkzeuge lieferten (Auflösung der Allmenderechte). Handwerker und Bauern verarmten zusehends; ein Großteil von ihnen zog bald in die Städte, um sich in den neu entstandenen Fabriken als Lohnarbeiter zu verdingen. Wenig Beachtung findet hier der Umstand, dass die Menschen gezwungen waren, ihre (teils frisch gewonnene) Eigenständigkeit sowie auch ihre Produktionsmittel im weitesten Sinne (Land, Gebäude, Geräte) aufzugeben; des Weiteren gingen und gehen seit dieser Zeit Kenntnisse und Fertigkeiten verloren, die zuvor von Generation zu Generation weitergegeben wurden[5]. Erst diese Verluste haben die Abhängigkeit der Arbeiter und Arbeiterinnen manifestiert. Vom wirtschaftlichen Aufschwung in dieser Zeit profitierten nur wenige, die breite Masse blieb zunächst arm (was sich auch erst durch die Bildung von Gewerkschaften abmildern sollte). Im Zuge all dieser Veränderungen nahm schließlich auch eine Entwicklung ihren Lauf, die uns – neben vielen anderen – heute vor große Herausforderungen stellt, wie sich im Folgenden noch zeigen wird: Die Zergliederung des Alltags, das Auseinanderdriften der Gesellschaftsbereiche *Wohnen, Arbeiten* und *Gemeinschaft.*

Heute, zu Zeiten eines erneuten gesellschaftlichen Wandels, erleben wir im Zuge der Digitalisierung eine Fortführung der Freisetzung von Arbeitskräften. In Hinblick auf das Industriezeitalter kommen Wissenschaftler zu dem Schluss, *„dass zumindest mittelfristig in den Industrieländern die Beschäftigung [...] nicht gesunken, sondern sogar noch gestiegen ist"[6]*. Ein

---

[5] Siehe Filmdokumentationsreihe über alte Handwerksberufe „Der Letzte seines Standes?", z. B.
YouTube oder https://www.br.de/br-fernsehen/sendungen/der-letzte-seines-standes/index.html
[6] Vgl. FAZ online, Digitalisierung bedroht massenhaft Arbeitsplätze, vom 24.06.2015; http://www.faz.net/aktuell/beruf-chance/beruf/neue-

wesentlicher Grund dafür dürfte in der Globalisierung, dem kontinuierlichen Erschließen neuer Märkte, zu finden sein; dies hat in der Vergangenheit eine stete Ausweitung der Produktion und somit auch das Entstehen neuer Arbeitsplätze ermöglicht. Studien zu den Auswirkungen der Digitalisierung kommen zu höchst unterschiedlichen Prognosen bezüglich einer weiteren Entwicklung am Arbeitsmarkt. Ein Forschungsbericht des Instituts für Arbeitsmarkt- und Berufsforschung (Forschungseinrichtung der Bundesagentur für Arbeit) schließt bspw. mit dem Fazit, auch die Digitalisierung könne unterm Strich zu einem Beschäftigungswachstum führen, da die computergesteuerten Maschinen erst einmal zu entwickeln und zu bauen seien und darüber hinaus auch Fachkräfte benötigt würden, *„um die Maschinen zu steuern, zu kontrollieren und zu warten"*. Des Weiteren wird als möglich erachtet, dass Innovationen sowie ein Wachstum der Produktivität zu Preissenkungen führen; somit könne *„der Gesamtbeschäftigungseffekt in der Summe durchaus positiv ausfallen"*.[7] Demgegenüber mehren sich Stimmen, die eine entgegengesetzte Entwicklung prognostizieren. *„Zum ersten Mal seit der industriellen Revolution vernichtet neue Technik mehr Arbeitsplätze als sie schafft"*, so bspw. Aleksandar Kocic, Manager der Deutschen Bank in New York.[8] In einem Artikel der ZEIT-ONLINE mit der Überschrift: „Digitalisierung: Adieu, Jobs! Willkommen, Maschine!" vom 9. Februar 2015 ist zu lesen: *„Durch die Digitale Revolution wird schon bald die billigste menschliche Arbeitskraft teurer sein als eine Maschine. Apple beispielsweise baut derzeit eine neue Generation von Robotern, um die asiatischen Arbeiter zu ersetzen, die momentan noch in 16-Stunden-Schichten unsere Smartphones bauen."* Ein Zitat des Philosophen Robert Kurz rundet den Artikel ab: *„Der Verkauf der Ware Arbeitskraft wird im 21. Jahrhundert genauso aussichtsreich sein wie im 20. Jahrhundert der Verkauf von Postkutschen."*

---

technologien-digitalisierung-bedroht-massenhaft-arbeitsplaetze-13664186.html

[7] Vgl. http://doku.iab.de/forschungsbericht/2015/fb1115.pdf

[8] Vgl. https://www.heise.de/newsticker/meldung/Banker-Analyse-Technische-Innovation-frisst-Arbeitsplaetze-auf-2749566.html

Die Skepsis zieht also weite Kreise. Sie findet sich ebenfalls in einer Studie der Universität Oxford für die USA, die zu dem Schluss kommt, dass rund 47 % der Arbeitsplätze bis zum Jahr 2030 der Digitalisierung zum Opfer fallen könnten.[9] Unterm Strich wird die Digitalisierung des Arbeitsmarktes überwiegend mit Innovationen in Verbindung gebracht, die im Wesentlichen zu einem geringeren Bedarf an Arbeitskräften führen und in der Folge zu sinkenden Löhnen. Wenn den Menschen jedoch immer weniger Geld für Konsum zur Verfügung steht, gerät auch das kapitalistische System ins Wanken.

Was also tun? Heiß diskutiert wird derzeit ein bedingungsloses Grundeinkommen (BGE), das dafür Sorge tragen soll, Existenz – und Konsum – der Menschen unabhängig von Erwerbstätigkeit sicherzustellen, was von Teilen der Wirtschaft durchaus befürwortet wird. Doch viele Fragen (z. B. die Finanzierung) stehen nach wie vor ungeklärt im Raum, ebenso die Befürchtung, viele unattraktive Jobs, die (noch) nicht an Maschinen delegiert werden können, blieben bei fehlendem Druck womöglich unbesetzt; andere Kritiker wie der Politikwissenschaftler und Armutsforscher Christoph BUTTERWEGGE sehen die Gefahr, die Einführung eines Grundeinkommens könne die Auflösung des Sozialstaates weiter vorantreiben.[10]

Demgegenüber findet ein weiterer Lösungsansatz bisher wenig bis gar keine öffentliche Beachtung: die partielle Rückkehr zur Eigenarbeit (Subsistenzwirtschaft). Die Gründe für das Desinteresse liegen auf der Hand: Eine Steigerung der Selbstversorgung führt automatisch zu einem geringeren Konsum fremdproduzierter Waren und Dienstleistungen, was schlicht das Gegenteil von dem ist, wonach eine auf Wachstum ausgerichtete Wirtschaft verlangt. Doch auch unabhängig davon verläuft ein Nachdenken über Eigenarbeit im Moment häufig

---

[9] Vgl. https://www.oxfordmartin.ox.ac.uk/downloads/academic/The_Future_of_Employment.pdf sowie http://www.zeit.de/karriere/2015-01/kapitalismus-arbeitsplaetze-digitalisierung-maschinen

[10] Vgl. Nachdenkseiten, Christoph BUTTERWEGGE: Argumente gegen das bedingungslose Grundeinkommen, https://www.nachdenkseiten.de/?p=2364.

im Sande, da uns der Weg zurück – selbst wenn wir ihn tatsächlich suchten – derzeit verstellt ist. Die Produktionsmittel befinden sich größtenteils in den Händen (weniger) Anderer, auch ist uns Wissen im großen Stil verlorengegangen, das unsere Vorfahren in Bezug auf Handwerk, Landwirtschaft, ökologische Zusammenhänge und Vorratshaltung besaßen. Unter diesen Umständen, im Angesicht der kommenden immensen Herausforderungen, dämmert uns erst allmählich das Ausmaß unserer Unselbständigkeit und Abhängigkeit, in der wir uns in allen Bereichen der täglichen Versorgung befinden.

Die notwendige Suche nach alternativen gesellschaftlichen Ansätzen, welcher Art auch immer, fällt uns extrem schwer – nicht nur, weil etwaige Mittel fehlen, sondern auch, weil uns die Rolle der Untergebenen, der Empfänger von Anweisungen, allen demokratischen Bestrebungen zum Trotz so sehr in Fleisch und Blut übergegangen ist, dass wir schwerfällig geworden sind, wenn es darum geht, selbständig zu denken und zu handeln – Schlagworte wie „Vater Staat" oder „Mutti Merkel" machen deutlich, in welcher Rolle wir uns sehen. Aber nicht nur das: Wer erfolglos nach einem Arbeitsplatz sucht oder trotz Erwerbsarbeit nicht genügend Geld verdient, um am gesellschaftlichen Leben teilhaben zu können, sucht den Fehler bzw. die Ursache dafür nicht selten bei sich selbst, so sehr schenken wir der Hymne Glauben, Erfolg sei lediglich eine Frage des Fleißes – einem Slogan, der all den Hebammen, Pflegekräften, Sozialarbeitern und Paketzustellern dieses Landes wie ein Schlag ins Gesicht vorkommen muss, und der uns ebenso glauben macht, wer viel Geld besitzt, habe stets hart dafür gearbeitet. Hinzu kommt, dass diejenigen von uns, die nach wie vor in „Lohn und Brot" und in der Mitte der Gesellschaft stehen, sich des Themas selten annehmen oder die Suche nach Alternativen sogar kritisch betrachten, weil sie zeitlich gefangen sind in der Organisation ihres Alltags oder auch einen Angriff fürchten auf sichergeglaubte Pfründe, sodass die Suche derzeit noch von einer Minderheit betrieben wird, wenn diese Gruppe auch stetig wächst. Nichtsdestotrotz registriert auch längst die Mittelschicht, dass in zunehmendem Maße Sichergeglaubtes verfällt. Die langsame, aber fortschreitende und flächendeckende

Zersetzung vertrauter Strukturen bedeutet eine enorme Zunahme von Unsicherheit und hat zur Folge, dass unser Vertrauen in die Zukunft schwindet.

Sicherheit ist so zu einem zentralen Thema unserer Tage geworden. In der Politik spielt der Begriff eine wichtige Rolle: Die Führungselite unseres Landes führt zur Begründung von Maßnahmen (wie Überwachung, Bargeldabschaffung), die tief in unsere demokratischen Rechte eingreifen, regelhaft die Verteidigung der Sicherheit an. Allerdings sind geplante Maßnahmen selten geeignet, dem Auflösen haltgebender gesellschaftlicher Strukturen entgegenzuwirken, vielmehr geht es um ein Reagieren auf eine wachsende Präsenz von Gewalt in Form von Übergriffen und Attentaten. Eine direkte Verbindung zwischen den sich auflösenden Strukturen und der Zunahme von Gewalt wird dabei entweder nicht gesehen oder ignoriert. Vielmehr werden uns Mogelverpackungen verkauft, auf denen zwar „Prävention" draufsteht, bei denen es jedoch um Maßnahmen wie eine stärkere Überwachung und das Ausspähen unserer Daten geht: Maßnahmen, die noch dazu geeignet sein mögen, den Ausbruch von Gewalt zu unterdrücken, ihr Keimen jedoch nicht verhindern.

Somit reagiert die Politik auf Gewalttaten fast durchgehend reflexhaft, indem sie höhere Strafen, mehr Überwachung und das Sammeln immer größerer Datenmengen beschließt. Unsere *bürgerliche Freiheit* gerät dabei zunehmend unter Beschuss, die Privatheit wird zugunsten einer vermeintlich höheren Sicherheit immer stärker beschnitten. Wir werden vor die Wahl gestellt: Für ein Mehr an Sicherheit wird von uns verlangt, auf einen immer größer werdenden Teil unserer Freiheit zu verzichten.

Doch ist auf diese Weise ein gutes Leben möglich?

Die Antwort lautet: Nein, diese Rechnung wird sicher nicht aufgehen. *Freiheit* und *Sicherheit* bedingen sich gegenseitig, so wie sie beide die Voraussetzung für *Frieden* sind. Mit anderen Worten: Das Eine ist ohne das Andere nicht zu haben.

An dieser Stelle soll zunächst festgelegt werden, was die Begriffe „Freiheit", „Sicherheit" und „Frieden" bedeuten, d. h. was sie jeweils beinhalten und auch, was sie miteinander verbindet.

Für gewöhnlich begreifen wir Frieden als das Gegenstück zum Krieg. Das heißt, dieses gegensätzliche, *bipolare* Begriffspaar dient der Beschreibung des Miteinanders von Menschen oder Gesellschaften. Der so gebräuchliche Begriff „Frieden" bezieht sich auf einen äußeren Frieden. Wahrer Frieden ist jedoch mehr als die Abwesenheit von Krieg. Vielmehr ist er ein Gemütszustand, bezieht sich direkt auf den einzelnen Menschen. Das bedeutet: Es gibt keinen Frieden außer den, der im Innern des einzelnen Menschen wurzelt. Erst über die Summe der Menschen bedingt der innere Frieden auch den äußeren.

„Es kann keinen äußeren Frieden geben ohne den inneren." (Dalai Lama)

Grundsätzlich ist festzuhalten, dass sich bei der Formel

Frieden = Sicherheit + Freiheit

alle drei Begriffe vornehmlich auf innere Zustände beziehen, da sie im Äußeren oftmals trügerisch daherkommen:

- *Äußerer Frieden:* bedeutet nicht mehr als die Abwesenheit kriegerischer Auseinandersetzungen, sagt im Grunde nichts über den Gemütszustand von Menschen aus und kann unter Umständen allein darauf beruhen, dass eine Wut noch nicht groß genug ist oder Waffen und Strategien zu einem bestimmten Zeitpunkt noch fehlen.
- *Äußere Sicherheit:* Mauern, Zäune, das Streben nach Macht und Reichtümern dienen allein der Ab*sicherung*, wo eine innere Sicherheit und mit ihr das Vertrauen fehlt. Auch eine wahre Sicherheit entsteht in der Regel erst, wenn das Innen und Außen zusammentreffen. Fehlt eins

von beidem, wirkt sich das auf sehr unterschiedliche Weise aus: So können bspw. Menschen in prekären wirtschaftlichen Verhältnissen (Einschränkung der äußeren Sicherheit) durchaus in der Lage sein, sich aufgehoben zu fühlen, indem sie vertrauen („es wird schon irgendwie gehen"); andererseits bietet auch noch so viel Geld keinen Schutz vor der unbestimmten Angst, ernsthaft zu erkranken, einen geliebten Menschen oder an Einfluss zu verlieren usw.

- *Äußere Freiheit:* Auch, wenn wir von Freiheit reden, beziehen wir uns in der Regel auf eine *äußere* Freiheit, bei der wir von außen keine oder kaum willkürliche Grenzen erfahren, frei reden oder reisen können usw. Eine umfassende und somit wahre Freiheit bezieht sich jedoch – wie sollte es auch anders sein – nicht nur auf äußere Umstände, sondern stets auch auf die innere Verfassung eines Menschen, die persönliche Beurteilung einer Situation. So nützt z. B. die Freiheit, überall hinreisen zu dürfen, nur wenig, wenn man sich nicht in die Welt hinaustraut. Innere Freiheit bzw. Autonomie (vgl. Abb. 1) bezieht sich auf den Umstand, in seinem Denken nicht in Konventionen gefangen zu sein und unbedarft, d. h. frei von inneren Barrikaden wie Parolen, Vorurteilen, Ängsten und Zwängen, durchs Leben zu gehen. Beispiele, bei denen die innere Freiheit überlebt hat, obwohl die äußere fehlt, sind eine Rarität: Nur wenigen Menschen gelingt es, das Gefühl innerer Freiheit selbst in Zeiten von Gefangenschaft aufrechtzuerhalten (z. B. Nelson Mandela).

Wie sehr sich selbst Freiheit und Sicherheit bedingen, zeigt sich daran, dass wir erst dann wirklich frei sind, wenn wir auch frei von Angst und Hemmungen sind, weil wir über eine gut ausgebildete innere Sicherheit verfügen; auch gelangen wir zu mehr Sicherheit, wenn wir die Freiheit haben, eigene Erfahrungen zu sammeln.

Das Wesen der „Freiheit" ist noch in weiterer Hinsicht zu differenzieren. Werden z. B. Maßnahmen wie das Tempolimit auf Autobahnen diskutiert, wird mit unglaublicher Vehemenz dagegen protestiert mit dem Argument, die Einführung einer

Höchstgeschwindigkeit komme einer Einschränkung der bürgerlichen Freiheit gleich („Freie Fahrt für freie Bürger"). Wichtig zu unterscheiden ist hier jedoch das natürliche *Bedürfnis* von einem *Drang* nach Freiheit: Während das Bedürfnis nach Freiheit im Sinne autonomer Entwicklung Grenzen im Außen respektiert (z. B. in Bezug auf Bedürfnisse von Mitmenschen oder die Natur), ist der Drang nach Freiheit mehr von rücksichtsloser Natur. Vielmehr liegt ihm eine Art Ausbrechen zugrunde, das Streben nach Ausgleich zuvor erlebter Unterdrückung in Verbindung mit einem Sich-Erheben über Andere bzw. gegenüber der Natur.

Wenn jedoch Ausbrüche wie der Drang nach Geschwindigkeit, Extremsport u. v. m. ihre Wurzeln in der Unterdrückung kindlicher Bedürfnisse wie der Selbstermächtigung haben und somit Ausdruck eines Mangels sind, erklärt sich von selbst, dass sie bei ausgeglichenen, *souveränen* Menschen einen anderen Stellenwert einnehmen und von diesen nicht in gleicher Weise mit Freiheit assoziiert werden. So bedeutet der Wiederaufbau intakter Gemeinschaften und damit einhergehend das Befrieden der Menschen auch keineswegs die Einschränkung individueller Freiheit, sondern das Gegenteil ist der Fall. Das, was heute unter individueller Freiheit verstanden wird, bezieht sich oftmals auf Tätigkeiten der Kompensation, deren einzige Aufgabe es ist, Druck abzulassen und eine fehlende *innere* Freiheit zu ersetzen.

Abbildung 1 –
Frieden, Freiheit, Sicherheit. Innere und äußere Zustände

<table>
<tr><td colspan="2">Innerer Frieden
(Souveränität)
= Abwesenheit von inneren Spannungen

↓ bedingt durch ↓</td></tr>
<tr><td>innere Freiheit
(innere Autonomie,
Entscheidungsfärhigkeit,
Selbstbestimmung)
=
keine inneren Barikaden
durch Vorurteile,
Unsicherheiten, Ängste,
Zwänge</td><td>innere Sicherheit
(innere Verbundenheit)

Verbundenheit:
siehe Abb. 3</td></tr>
</table>

<table>
<tr><td colspan="2">Äußerer Frieden
(Souveränität)
= Abwesenheit von Krieg
bzw. äußeren Spannungen

↓ bedingt durch ↓</td></tr>
<tr><td>äußere Freiheit
bzw. Autonomie:
kein Erfahren von Einschränkungen und Grenzen (in der Bedürfnisbefriedigung)</td><td>äußere Sicherheit
bzw. Verbundenheit:
keine Notwendigkeit zur Errichtung von Grenzen, Mauern, Zäunen, Barrikaden</td></tr>
</table>

(Alle Abbildungen im Buch: eigene Darstellungen)

4. Angeborene Bedürfnisse, Erwartungen und Bestrebungen

Mal angenommen, in einer Umfrage würde die Frage gestellt: *Würden Sie Ihrem Kind im Alter von 3-5 Jahren die Fußknochen brechen und ihm über Jahre die Füße straff binden, um diese möglichst klein und zierlich zu halten?* Die meisten Menschen würden dies wohl entsetzt von sich weisen. Selbst in China, wo der *Lotusfuß* als Schönheitsideal galt und für den unglaublichen Zeitraum von 1.000 Jahren zur Tradition gehörte, wird dies heute nicht mehr praktiziert.[11] Auch bei uns und in vielen anderen Ländern dürfen Kinder in der Regel körperlich unversehrt aufwachsen und sich entwickeln, wie es ihrer Anlage entspricht. Wohlgemerkt – körperlich! In Bezug auf die Ausbildung ihres Selbst, ihrer Persönlichkeit, herrscht in der Regel eine seltene Einigkeit darin, Kinder von klein auf anhand bestimmter gesellschaftlicher Normen sowie persönlicher und religiöser Vorstellungen zu *erziehen*, wobei Art und Rigidität durchaus variieren, was jedoch in aller Regel mit der Beschneidung gegenläufiger kindlicher Bedürfnisse einhergeht. Dies hat – ganz nüchtern betrachtet – seine Wurzeln zumindest teilweise in der allgemeinen und weitverbreiteten „Tradition", Menschen anderen Alters und Geschlechts, anderer sozialer Herkunft oder auch fremder Ethnien als nicht gleichwertig und somit nicht gleichberechtigt anzusehen[12]. Hieraus wiederum wird das Recht abgeleitet, eigene Ziele gegen die Interessen Anderer durchzusetzen und dabei deren Gestaltungswillen zu missachten – mit der Folge, dass Menschen sich oft in der Rolle von Erfüllungsgehilfen wiederfinden, anstatt in ihrem Leben selbst gestalterisch zu wirken.

Doch warum nehmen wir diese Rolle hin? Ist sie uns vielleicht angeboren, so wie die Farbe unserer Augen oder Haare? Die

---

[11] Die Abschaffung des Füßebindens fällt in die Zeit der einsetzenden Industrialisierung: Die volle Arbeitskraft von Frauen wurde benötigt, einhergehend mit gesunden Füßen.

[12] Adultismus, Sexismus, Klassismus, Rassismus: Diskriminierung in Bezug auf Alter, Geschlecht, sozialer Herkunft und Ethnie.

Antwortet ist hier ein klares „Nein". Von klein auf wird uns regelmäßig das Recht auf Selbst- und Mitbestimmung abgesprochen: So entscheiden wir als Kinder in der Regel nicht, ob und wann wir Kita, Kindergarten und Schule besuchen (Zergliederung des Alltags), werden nicht gefragt, ob es in Ordnung ist, dass der Vater (oder die Mutter) uns verlässt, wenn die Eltern sich trennen etc. Stattdessen wird von uns Gehorsam verlangt: Wir haben uns zu fügen. Das Absurde daran: Kinder sind von Natur aus folgsam, sogar folgsamer, als Eltern oft lieb ist („*Wir brauchen unsere Kinder nicht erziehen, sie machen uns sowieso alles nach*"[13]). Aufgrund mangelnder eigener Erfahrungen beobachten Kinder die Menschen in ihrer nächsten Umgebung und ahmen sie nach, sie werden geduldig, wenn man sie in Ruhe ausprobieren lässt, oder respektlos, wo sie selbst missachtet werden. All das, was Eltern oft als ungünstig bewerten und Kindern abzuerziehen versuchen, wie Trotz, Widerwillen, Egoismus, Wut, Aggressivität usw., würde ohne das Missachten kindlicher Bedürfnisse gar nicht erst entstehen. Schließlich wird Erziehung „notwendig", weil Erwachsenen nicht gefällt, was Kinder widerspiegeln und welche Gefühle sie entwickeln und äußern (vgl. Abb. 2).

Was wir dringend benötigen, um uns als Gesellschaft weiterentwickeln (und vielleicht sogar überleben) zu können, ist unter anderem ein grundlegend anderer Blick auf unsere Gewohnheiten im Umgang mit Kindern, vielleicht ähnlich, wie wir ihn heute auf das Abbinden von Füßen haben.

Es sei an dieser Stelle auf die Notwendigkeit hingewiesen, die folgende theoretische Betrachtung, den analytischen Blick für eine Weile zuzulassen, ohne ihn durch Gegenargumente, durch das Aufzählen der vielen Gründe und Hemmnisse aus der täglichen Praxis zu verstellen — es geht darum, sich zunächst der elementaren Mechanismen bewusst zu werden, die hier wirken. Dies wird uns ohne Frage eine Menge abverlangen: Erkenntnisse, die wir gewinnen, stehen möglicherweise gegen alles, was wir gelernt und verinnerlicht haben. Um diesen Blick

---

[13] Ausspruch von Karl VALENTIN (1882-1948), deutscher Komiker und Sänger (u. a.).

dennoch zulassen zu können, ist es hilfreich, zunächst zum Ausgangspunkt unserer Geschichte zurückzukehren.

Wenn wir geboren werden, kommen wir nicht mit leeren Händen zur Welt: In unserem Gepäck findet sich ein ganzes Bündel an Bedürfnissen, Bestrebungen und Erwartungen, die aus dem Erbe unserer Vorfahren stammen, von ihnen über Jahrmillionen entwickelt und gesammelt, und die der Sicherung ihres Überlebens dienten. *Bestrebungen*, mit denen wir zur Welt kommen, sind bspw. zu saugen, Verletzungen zu vermeiden, zu krabbeln, nachzuahmen und die Umwelt zu erforschen; wesentliche angeborene *Erwartungen* sind hingegen, in Kontakt zu sein (Säuglinge: getragen zu werden) sowie auch eigene Erfahrungen zu sammeln. All diesen Erwartungen und Bestrebungen liegt eine immense Entwicklungsleistung unserer Spezies zugrunde, ohne die wir längst ausgestorben wären: Werden wir mit Lungen geboren, so in der Erwartung von Luft, Augen stehen für die Erwartung von Lichtstrahlen, wasserdichte Haut und Haare für das Erwarten von Regen etc.[14] Im Gegensatz dazu lassen sich für die kindliche Erwartung des Getragenwerdens keine körperlichen Merkmale finden (wie bspw. der Beutel einer Kängurumutter), so aber doch etliche Hinweise darauf. Hierzu zählen vor allem frühkindliche Reflexe (mehr dazu im folgenden Kapitel).

Die Erwartungshaltung von Säuglingen hat somit niemals etwas Anmaßendes an sich. Vielmehr ist sie Ausdruck für Urvertrauen und natürliche Bedürfnisse: Ein Baby will in Kontakt sein (je älter es wird, desto mehr Menschen rücken in den Fokus), benötigt aber ebenso die Gelegenheit, seine Umwelt zu entdecken und zu begreifen, sich auszuprobieren und spielerisch zu lernen, und es entspricht zutiefst seinem Wesen, selbst darüber zu befinden, wann es Zeit ist für Aktivität und wann für den Rückzug in sicherheitsspendende Arme. Zugrunde liegt hier das elementare menschliche Bedürfnis nach Sicherheit und

---

[14] Vgl. LIEDLOFF, Jean: „Auf der Suche nach dem verlorenen Glück", S. 35.

Freiheit, oder anders ausgedrückt: nach *Zugehörigkeit* und *Autonomie*.[15]

[15] Vgl. HÜTHER, Gerald: „Etwas mehr Hirn, bitte", V&R-Verlag, 2015, S. 102 – 103.

Abbildung 2 – Warum Erziehung notwendig wird

Missachten kindlicher Bedürfnisse
(→ *Freiheit, Sicherheit*)

Vgl. Kapitel 9

Stressreaktion I:
Kämpfen ... (Kap. 7.1)

Reaktion des Kindes, Ziel: Wiederherstellung der Souveränität

Entwickeln negativer Gefühle:
- Trotz, Ärger, Zorn (Freiheitsmangel)
- Unbehagen (Sicherheitsmangel)

↓

Stressreaktion II:
... *Fliehen* oder *Erstarren* (Kap. 7.2, 7.3)

↓

1. Weiterentwickeln negativer Gefühle zu:
- Wut, Hass (Freiheits-/Sicherheitsmangel)
- Angst (Sicherheitsmangel)

2. Beeinträchtigung der Empathie

3. Entwicklung eines Bedarfs an:
- Ersatzbefriedigungen
- Ventilen
- Projektionsflächen

Erziehung:
- Unterdrücken/Sanktionieren neg. Gefühle
- Regulieren von Ersatzbefriedigungen (Kap. 6)
- Versuch, Kindern Dinge beizubringen, die ihnen nicht/kaum vorgelebt werden (z. B. Respekt)

Vgl. Abb. 4 bis 8 bzgl. Mängel in der Ausbildung von Souveränität und beeinflussende Faktoren

Dass ein neugeborener Säugling einen engen Körperkontakt „erwartet", wird nachvollziehbar, wenn man bedenkt, dass er bislang im Uterus ebenfalls in einem engen Kontakt war und somit gar nichts Anderes kennt. Aus dieser Zeit ist er an die Stimme seiner Mutter gewöhnt, an ihr Lachen, ihren Herzschlag, die Geräusche ihres Organismus sowie auch an das Geschaukeltwerden, wenn sie sich bewegt, wenn sie geht, tanzt, liebt oder sich im Schlaf dreht. In seinem Bewusstsein existieren sie beide nicht als verschiedene Personen, sondern bilden eine Einheit.

Laut dem Neurobiologen und Hirnforscher Gerald HÜTHER ist unsere Beziehung zum eigenen Körper grundsätzlich vergleichbar mit der Beziehung zu anderen, uns nahestehenden Menschen. In beiden Fällen werden bei einer Störung oder Verletzung der Beziehung Hirnareale aktiviert, die für unser Schmerzempfinden zuständig sind (Hinweise darauf finden sich bspw. in Redewendungen wie: „Dein Verhalten schmerzt mich" oder „Mir bricht das Herz"). Als Säuglinge kommen wir aus einem Zustand der Verbundenheit zur Welt; machen wir plötzlich Erfahrungen fehlender menschlicher Nähe, erleben wir eine solche Beziehungsstörung. Das bedeutet: Das Schreien „verlassener" Säuglinge signalisiert in der Regel ein Empfinden von Schmerzen oder großer Not und ist im wahrsten Sinne des Wortes alarmierend. Auch verbirgt sich dahinter nicht weniger als die Evolution selbst, die eine Menge Tricks beherrscht, um einer Spezies das Überleben zu sichern: Vor noch nicht allzu langer Zeit war es für ein Baby lebensgefährlich, abgelegt zu werden, da es so den sicherheitsspendenden Kontakt zu seiner Mutter verlor und leicht Beute räuberischer Tiere werden konnte. Demzufolge schreien Säuglinge auf der Suche nach Geborgenheit auch heute noch, bis sie entweder beruhigt (d. h. aufgenommen) werden oder zu erschöpft sind, um weiterzuschreien. Babys besitzen noch kein Zeitgefühl und sind daher nicht in der Lage, sich auf später zu vertrösten. Ein Vorenthalten des benötigten Kontakts bedeutet somit das Ignorieren des

Sicherheitsbedürfnisses, das ihm zugrunde liegt, und hat – regelmäßig durchgeführt – mit sehr hoher Wahrscheinlichkeit einen Bruch kindlichen Urvertrauens zur Folge.

Darüber hinaus werden Babys seit ca. Mitte des 19. Jahrhunderts außerhalb von Behausungen in Kinderwagen transportiert. In unserer hochtechnisierten Gesellschaft ist es üblich, Babys und Kleinkinder auf Abstand zu halten, so auch beim Tragen in Pkw-kompatiblen Schalen, beim Schlafen im eigenen Bettchen[16] oder beim Essen, sobald sie sitzen können. Wir Menschen zählen jedoch zu den sogenannten *Traglingen*, einer Spezies, deren Nachwuchs im Gegensatz zu anderen Wirbeltieren (wie Nestflüchtern und Nesthockern) erwartet, getragen zu werden: Anzeichen hierfür finden sich bspw. in frühkindlichen Reflexen wie dem Greifreflex (ursprünglich zum Festhalten an der Mutter) oder auch dem Anziehen der Beinchen zur Vorbereitung auf den Hüftsitz, wenn Kinder aufgehoben werden (Anhock-Spreizhaltung). In der Mehrzahl menschlicher Kulturen ist das Tragen von Kindern bis heute üblich. Das Wesentliche neben dem Transport ist der direkte Körperkontakt, d. h. die äußere Verbundenheit zwischen Mutter (oder mütterlicher Bezugsperson) und Kind, im Idealfall Haut an Haut, bei dem das Kind den vertrauten Geruch und Herzschlag der Mutter wahrnehmen kann – ein wichtiger Baustein für die Ausgestaltung seiner *inneren Verbundenheit*.

Nicht zuletzt ist der Schiefkopf (Plagiocephalie), von dem hierzulande rund ein Fünftel der Säuglinge betroffen sind, ein weiteres Indiz dafür, dass der weiche Kinderschädel nicht für

---

[16] Der britische Kindstod-Forscher Peter BLAIR hat zwei englische Studien mit insgesamt 400 Fällen ausgewertet. Fazit: Werden insbesondere drei Faktoren berücksichtigt – kein Zigarettenrauch, kein Alkohol- und sonstiger Drogenkonsum der Eltern, Stillen des Kindes –, ist das Schlafen im Elternbett für Säuglinge genauso sicher wie im eigenen Bett *im Zimmer der Eltern*, für Kinder über drei Monate ist das Elternbett sogar am sichersten. Darüber hinaus sind sich Forscher seit Jahrzehnten darüber einig, dass ein *im eigenen Zimmer* schlafendes Baby ein zwei- bis dreifach erhöhtes Risiko für den Plötzlichen Kindstod hat; vgl. kinder-verstehen.de, Herbert RENZ-POLSTER, „Neues zum Plötzlichen Kindstod (SIDS)", https://www.kinder-verstehen.de/mein-werk/blog/neues-zum-plotzlichen-kindstod-sids.

das Liegen geeignet ist. Bei dem Kinderarzt und Buchautoren Herbert RENZ-POLSTER[17] ist zu lesen, dass das Tragen eines Babys der niederschwelligen Kommunikation zwischen Mutter und Kind dient, mit dem Ergebnis, dass das Kind ruhiger ist und weniger weint. Es besteht eine größere, multisensorische Wahrnehmung der kindlichen Signale durch die Mutter: Sie *„hört nicht nur aus der Distanz, wie es ihrem Kind geht, sondern nimmt dessen emotionalen Zustand ganzheitlich wahr, etwa über dessen Bewegungen und niederschwellige Lautäußerungen. So wird Unruhe frühzeitiger erkannt, und die Kommunikation zwischen Mutter und Kind läuft effektiver ab"*.[18] Es wird auf eine sicherere Mutter-Kind-Bindung hingewiesen, bedingt durch die Wahrnehmung über mehrere Sinneskanäle: über das Sehen, Hören und Riechen sowie auch über Berührungs- und Bewegungsreize.

---

17 Dr. med. Herbert RENZ-POLSTER, auch Wissenschaftler am Mannheimer Institut für Public Health der Universität Heidelberg.
18 Vgl. http://kinder-verstehen.de/images/Tragen_RENZ-POLSTER.pdf, Dr. med. Herbert RENZ-POLSTER: Tragen aus kinderärztlicher Sicht.

Abbildungen 3 – Innere und äußere Verbundenheit

Innere Verbundenheit	
Haltung in Bezug auf:	*Urform:*
- Vertrauen - Empathie - Geben und Nehmen - Zur-Verfügung-Stehen zum Nutzen Anderer	- Urvertrauen: Erwartung von Sicherheit und Freiheit, Abwesenheit von: unspezifischen Ängsten, Wut & Hass sowie Feindbildern - Uneingeschränkte Empathiefähigkeit - Bedingungslosigkeit im Geben und Nehmen: kein Aufrechnen von Leistungen - Passive (mütterliche) Zuwendung: bedingungsloses und uneingeschränktes Zur-Verfügung-Stehen zum Nutzen von Kindern
Standardform:	*Mangelformen:*
- Vertrauen: nach Aufbau - Empathie: bedingt vorhanden - Tausch, Handel - Bedingtes bzw. eingeschränktes Zur-Verfügung-Stehen	**"Individualismus"** (wutbasiert): - Mangel an Vertrauen - Mangel an Empathie - Fokus Nehmen: Ausnutzen (Ausbeuten) Anderer - Nicht zur Verfügung stehen **"Anhänglichkeit"** (angstbasiert): - Mangel an Selbstvertrauen - Mangel an Empathie - Fokus Geben: überschüttende Fürsorge - Sich ausnutzen lassen

Äußere Verbundenheit	
Beschreibt die Qualität von Beziehungen	
→ Gemeinschaft	**→ Gesellschaft/ Außergesellschaft**
- Persönliche Kontakte - Z. B. verwandtschaftliche, nachbarschaftliche, freundschaftliche oder kollegiale Beziehungen	- Persönliche/unpersönliche Wechselbeziehungen - Austausch, Handel - Basis: Gemeinsame Traditionen, Werte, Sprache etc.
Beziehungen können Formen ursprünglicher, standardisierter oder mangelhaft ausgebildeter innerer Verbundenheit aufweisen.	Betrifft Beziehungen innerhalb einer Gesellschaft sowie zu Mitgliedern anderer Gesellschaften. Die Beziehungsgestaltung hängt auch hier nicht einzig vom Umfang der gemeinsamen Basis ab (kleinstmöglicher gemeinsamer Nenner = Menschsein), sondern ebenso von der individuellen Ausgestaltung einer inneren Verbundenheit.

Bei der Förderung kindlicher Autonomie steht an vorderster Stelle, die Kompetenzen von Kindern anzuerkennen und zu berücksichtigen. Vielen von uns dürfte diese Sichtweise schwerfallen: Kinder sind von Geburt an die Experten par excellence, wenn es darum geht zu beurteilen, wann für sie der richtige Zeitpunkt des Anlehnens, Essens, Schlafens oder Spielens ist. Daran ändert auch nichts, dass sich bei den meisten von ihnen schon allein der Zeitpunkt des Zubettgehens vornehmlich nach organisatorischen Gründen der Eltern richtet.

„Kleine Kinder treffen keine größeren Entscheidungen; sie haben ein starkes Interesse an ihrer Selbsterhaltung, und in Angelegenheiten, die ihr Einsichtsvermögen überschreiten, erwarten sie von Älteren, daß diese beurteilen, was am besten ist. Dadurch, daß man dem Kind von klein auf die Wahl überläßt, bleibt seine Urteilskraft von höchster Wirksamkeit, beim Delegieren ebenso wie beim Treffen von Entscheidungen".[19]

Um es noch einmal zu unterstreichen: Das Missachten elementarer kindlicher Bedürfnisse bedeutet im Grunde nichts Anderes, als sie zu unterdrücken, und es spielt in seiner Auswirkung auf die kindliche Entwicklung keine Rolle, ob dies bewusst oder unbewusst, absichtlich oder notgedrungen geschieht.

Die Gründe für das Nicht-Beachten sind vielfältig. Häufig finden sie sich in den **Notwendigkeiten**, die sich aus der Bewältigung unseres Alltags ergeben aufgrund seiner Zergliederung, des Auseinanderdividierens der Bereiche *Arbeiten*, *Wohnen* und *Gemeinschaft*; diese Zerlegung hat zur Folge, dass die Bereiche nicht mehr ineinander verzahnt sind, sondern jeweils eigene Ressourcen (Raum, Zeit, „Personal") für sich beanspruchen, was ein hohes Maß an Organisation erforderlich macht. Rechnet man dann noch die Wege von A nach B sowie etwaige Leerläufe hinzu (nicht jeder Anschluss klappt nahtlos), wird

---

[19] LIEDLOFF, Jean: „Auf der Suche nach dem verlorenen Glück".

ersichtlich, dass für die gleiche Anzahl von Tätigkeiten ein Mehr an Tageszeit beansprucht wird und somit entsprechend weniger Raum zur Berücksichtigung individueller Ansprüche bleibt.

Weitere Erklärungsansätze für das Missachten elementarer kindlicher Bedürfnisse finden sich in einem **mangelnden und fehlerhaften Wissen** sowie auch in **Unreife und psychischen Störungen** der Erziehenden (bspw. „Liebeshunger", Individualismus, Depressionen, Angst- oder Zwangsstörungen): Maßgeblich ist hier, dass die Bedürfnisse der Kinder zurückstehen hinter denen der Erwachsenen, die aus deren unausgereifter oder gestörter Persönlichkeit resultieren (vgl. Kapitel 7.3).

Von besonderer Bedeutung ist in diesem Zusammenhang der **Drang, andere Menschen zu beherrschen**: keine Störung im medizinischen Sinne, sondern eher Ausdruck von Konfliktunfähigkeit, der Unfähigkeit des Sich-Auseinandersetzens, entstanden aus der eigenen – prägenden – Erfahrung des Verlustes von Selbstermächtigung. Wer gelernt und verinnerlicht hat, dass ein Auflehnen gegenüber der Machtinstanz „Eltern" zwecklos ist, dessen Ziel ist nicht mehr die Konfrontation, um den Verlust von Selbstermächtigung rückgängig zu machen, sondern – vorausgesetzt, der Impuls des Handelns verebbt nicht –,

- entweder das Verlangen, ab dem Zeitpunkt, an dem sich der Macht entzogen werden kann (z. B. mit dem Erwachsenwerden), keine Bindungen mehr einzugehen, von denen erneut die Gefahr eines Machtverlustes ausgehen könnte,
- oder den entstandenen Verlust auszutarieren bzw. auszugleichen, d. h. das entstandene Minus an anderer Stelle und meistens Anderen gegenüber in ein Plus zu verwandeln (vgl. Abb. 6).

An dieser Stelle schließt sich dann der Kreis: Der erlebte und – als Erziehende – selbst ausgeübte Machtmissbrauch unter gravierender Missachtung kindlicher Bedürfnisse führt von Generation zu Generation zu einem Bruch kindlichen Selbstverständnisses, zu Vertrauensverlust und zur Verdrängung angeborenen kooperativen Verhaltens.

Um es kurz zu machen: Auch wenn wir hilflos zur Welt kommen, sind wir dennoch bereits mit elementarsten Kompetenzen ausgestattet, zudem bringen wir die Bestrebung mit, Potenziale, die in uns angelegt sind, Schritt für Schritt zu entfalten und uns so auf diesem Wege weitere Fähigkeiten anzueignen. Unsere ebenfalls angeborene Erwartung, in dieser Entwicklung begleitet und unterstützt zu werden (Erwartung von Sicherheit und Freiheit), wird als *Urvertrauen* bezeichnet. Je verletzlicher wir sind – und das ist nicht nur eine Frage des Alters, sondern auch des Typs oder Temperaments[20] –, desto gravierender sind die Folgen nachhaltigen Beschneidens kindlicher Bedürfnisse und umso größer und nachhaltiger ist auch der Verlust von Vertrauen.

---

[20] Mit „Temperament" wird eine konstante individuelle Weise des Fühlens, Erlebens, Handelns und Reagierens beschrieben (vgl. Duden, https://www.duden.de/rechtschreibung/Temperament). Über die Einflüsse bzgl. der Ausbildung von Temperament existieren keine einheitlichen Vorstellungen, wahrscheinlich handelt es sich um eine Kombination unterschiedlicher Faktoren. These: Das Temperament und somit die Verhaltensweise eines Menschen bildet sich aus anhand innerer, d. h. genetischer (z. B. hormoneller) Faktoren sowie äußerer Faktoren in Form von Erfahrungen und Sozialisation im Laufe der Zeit.

5. Die menschliche Tragödie: Verlauf einer Fehlentwicklung

Der Mensch ist ein soziales Wesen und als ein solches abhängig von einer Gemeinschaft mit Anderen. Das bedeutet: Wir sind nicht fähig, allein zu überleben. Das Wissen darum ist uns angeboren, mit der Folge, dass wir uns – vorausgesetzt, wir haben eine natürliche, „artgerechte" Entwicklung durchlaufen und befinden uns nicht in einer Gefahren-/Stresssituation – immer auch um die Belange unserer Gemeinschaft und deren Mitglieder kümmern werden. Tief in unserem Innern ist das Wissen verankert, dass das Wohl unserer Gemeinschaft unser eigenes ist, so wie auch unser Wohl die Grundlage für das der Gemeinschaft.

Unsere heutigen Gesellschaften vermitteln in der Regel ein anderes Bild: Auch wenn es seit jeher Menschen gab, gibt und geben wird, die sich ganz selbstverständlich, unaufgefordert und manchmal sogar gegen Widerstände um andere kümmern und sich für sie einsetzen, so ist in weiten Teilen der Bevölkerung doch auch eine große soziale Verwahrlosung zu beobachten, die sich bspw. in Ängstlichkeit, Depressionen, Neid, fehlendem Mitgefühl, Egoismus, Narzissmus oder Geltungssucht offenbart. Das bedeutet jedoch *nicht*, dass der soziale Mensch im Allgemeinen eine Utopie oder Fiktion ist, sondern weist lediglich darauf hin, zu welch massiven Brüchen es im Laufe einer jeweiligen Entwicklung gekommen sein muss – ein wesentlicher Hinweis auf die Notwendigkeit, die Phase der Kindheit als wichtige Einflussgröße zu untersuchen.

Konkurrenz statt Kooperation

Als soziale Wesen sind wir in der Lage, mit Anderen Kooperationen einzugehen: Erst diese Fähigkeit ermöglicht eine Arbeitsteilung und somit ein Bündeln von Kräften zum Erlangen gemeinsamer Ziele. Aristoteles, Philosoph der griechischen Antike

(384 bis 322 v. Chr.), hat dies einst wie folgt auf den Punkt gebracht:

„Das Ganze ist mehr als die Summe seiner Teile."

In der heutigen Zeit sind Kooperationen zwischen Menschen keineswegs verschwunden, jedoch stark in den Hintergrund getreten. Egal, wo wir hinsehen, sei es bei der Suche nach Jobs, beim Arbeiten, beim Sport oder auch anderswo: In allen wesentlichen Bereichen unseres Daseins stehen wir in Konkurrenz zueinander. Dabei dividiert uns das Dasein als Konkurrenten auseinander, was zur Folge hat, dass wir kaum mehr an einem Strang ziehen, wodurch das Entstehen erforderlicher dynamischer Prozesse verhindert oder zumindest ausgebremst wird – Prozesse, die in der Lage wären, unsere Gesellschaften für die Zukunft zu rüsten. Andererseits ändert das Auseinanderdividieren nichts daran, dass wir uns gegenseitig brauchen; so orientieren wir uns bspw. aneinander, suchen nach Aufmerksamkeit, Anerkennung und Bestätigung. Am Beispiel der sozialen Medien wie *Facebook* oder *Whatsapp* lässt sich eindrücklich belegen, dass sich trotz Auseinanderdriftens der Gesellschaft das Bedürfnis nach ihr nicht auflöst, sondern sich alternative, an dieser Stelle virtuelle Lebensräume sucht.

Mangelnde Aufmerksamkeit kann sogar so weit führen, dass wir Ablehnung ganz bewusst provozieren – die Hauptsache ist, wir erhalten irgendeine Form von Zuwendung, selbst wenn sie negativ ausfällt. Ein trauriger Höhepunkt in dieser Entwicklung ist die Geschichte von Marcel H. aus Herne, der 2017 als 19-Jähriger mutmaßlich zwei Menschen mit jeweils mehr als 50 Messerstichen tötet. Von beiden Taten erstellt und versendet er Bilder, die im Internet auftauchen und anschließend bei der Polizei landen. Zumindest die erste Tat ist vermutlich geplant, sodass er einen 9-jährigen Nachbarsjungen, den er seit langer Zeit kennt, in eine Falle lockt. Des Weiteren tötet er einen ehemaligen Mitschüler, bei dem er untertaucht, als dieser von der Suche nach Marcel H. erfährt und ihn zur Rede stellt.[21] Marcel H. wird als Einzelgänger beschrieben, der in der Schule gemobbt worden ist; viel mehr ist über sein Leben, insbesondere seine Kindheit, nicht bekannt. Es ist anzunehmen, dass beide Taten auf einem obsessiven, gierigen Streben nach Macht fußen bei gleichzeitigem Verlust jeglicher sozialen Bindung (bzw. inneren Verbundenheit), wobei der Akt der Machterfüllung über das reine Töten hinaus zur maximalen Auskostung in die Länge gezogen wird. Aufgrund verschiedener Mitteilungen, die er nach den Taten veröffentlicht, sowie seiner anschließenden Bereitwilligkeit, sich festnehmen zu lassen, steht zu vermuten, dass er die öffentliche Aufmerksamkeit genießt, obwohl sie negativ begründet ist.

Die unglückliche Konstellation von der Suche nach Bestätigung bei gleichzeitiger Konkurrenzsituation beschert uns allen allzu oft das Dilemma, dass wir glauben, nicht um unser selbst willen angenommen bzw. beachtet werden zu können, sondern erst dann, wenn wir besser, schlauer, schöner, schlanker, begehrenswerter oder reicher, manchmal eben auch grausamer sind als Andere – eine Sicht, die insbesondere durch die Medien, durch Werbung, Sportwettkämpfe mit Höchstprämien, Sendungen wie: *Deutschland sucht den Superstar, Germanys next Topmodel* etc. zusätzlich befeuert wird. Und so existiert in der Welt eine regelrechte Sucht nach Anerkennung – was eindringlich belegt, wie elementar und unzerstörbar unser Verlangen nach Zugehörigkeit ist und wie gering die Ausprägung unseres Selbstverständnisses.

Unsere Gesellschaft ist durchdrungen von der Devise: Anerkennung erhält, wer aus der Masse heraussticht und Andere übertrumpft; erst in dieser Logik wird im Wettkampf aus dem Zweitbesten der erste Verlierer. Doch welchen Sinn macht das? Schauen wir zurück, dann stellen wir fest, dass Wettbewerbe an sich keine Erfindung der Moderne sind. Seit Urzeiten sind sie ein probates Mittel, um für eine bestimmte Aufgabe die oder den Geeignetsten ausfindig zu machen, z. B. die kräftigsten Pflanzen für den Anbau und die geschicktesten Männer für die Jagd, was ursprünglich dazu diente, die Versorgung einer Ge-

---

meinschaft sicherzustellen. In der Regel geht es uns heute jedoch weniger um die bestmögliche Erledigung einer Aufgabe, sondern vielmehr, wie oben beschrieben, um die Suche nach persönlicher Anerkennung, mit der Absicht, ein überbordendes Verlangen nach ihr zu stillen – ein Umstand, der auf der Seite der vermeintlichen Verlierer ebenso regelmäßig Gefühle der Minderwertigkeit hinterlässt.

Um dies als eine Fehlentwicklung zu begreifen, hilft uns vielleicht ein Blick auf ähnliche, wenn auch artfremde Gesellschaften, die noch in ursprünglicher Weise funktionieren, in denen sich also Wettbewerb und Kooperation die Waage halten. Zum Beispiel ähneln uns Bäume in ihrem Miteinander in vielerlei Hinsicht: Sie leben (wenn sie selbst darüber entscheiden) in Gemeinschaften, pflegen Freundschaften und kümmern sich um ihren Nachwuchs. Um Zucker für ihre Ernährung zu gewinnen, betreiben sie Fotosynthese mithilfe der Blätter. Dementsprechend sind sie bestrebt, ans Sonnenlicht zu gelangen, wobei sie sich gegenseitig Konkurrenz machen, selbst innerhalb einer Familie. „Konkurrenz" bedeutet in diesem Fall jedoch nicht, Unterlegene aus den Augen zu verlieren und untergehen zu lassen, das Gegenteil ist der Fall: Bäume teilen Nahrung nicht nur mit Artgenossen, sondern päppeln sogar oft artfremde Konkurrenten auf.[22]

Doch warum tun sie das? Die Antwort ist im Grunde ganz einfach: Zucker ist elementar wichtig, aber nicht alles, was es zur Sicherung des Überlebens braucht, ebenso werden ausreichend Wasser und andere Dinge wie Abwehrmöglichkeiten bei drohendem Insektenbefall benötigt. Und da geht es gemeinsam eben wesentlich besser als alleine. Bäume benötigen für ein gutes Wachsen und Gedeihen besondere Umweltbedingungen wie ein feucht-kühles Mikroklima am Boden, das erst durch die Ausbildung eines gemeinsamen geschlossenen Blätterdachs gewährleistet wird. Das übergeordnete Ziel: der Schutz des

---

[22] Zu diesem Zweck sind sie über die Wurzeln miteinander verbunden, entweder direkt oder auch mithilfe von Pilzgeflechten, die im Bedarfsfall als Mittler zwischengeschaltet sind und ihrerseits einen Teil des begehrten Zuckers erhalten. Mehr dazu: WOHLLEBEN, Peter; Das geheime Leben der Bäume.

großen Ganzen zur Sicherung der einzelnen Art, ist eine Aufgabe, die nur gemeinsam gestemmt werden kann. Mittels Wettbewerb stellt sich dabei heraus, wer am höchsten wächst und somit am besten geeignet ist, zur Ausbildung der gemeinsamen Krone beizutragen. Doch was ist mit denen, die in diesem Wettbewerb unterliegen? Auch diese Bäume stehen bereit, eines Tages ans Sonnenlicht zu gelangen, was manchmal klappt, sehr oft jedoch nicht; sie sind Teil des Ganzen und erfüllen andere Aufgaben, wehren Angriffe ab, überbringen Nachrichten, bieten Tieren ein Zuhause, sind Nahrung für Tiere und Pilze, bilden Humus, wenn sie vergehen, und vieles mehr. So gesehen existiert ein perfekter Kreislauf des gegenseitigen Gebens und Nehmens, in dem Wertungen keine Rolle spielen.

Im übertragenen Sinne bedeutet dies: Wollen wir uns den Herausforderungen unserer Zeit erfolgreich stellen, bleibt uns kein anderer Weg, als zu einem Miteinander zurückzufinden. Dazu sind Wettbewerb und Kooperation wieder in ein ausgewogenes Verhältnis zu bringen, was jedoch nur gelingen kann, wenn wir bereit sind, die Entwicklung von Souveränität zuzulassen und ein gesundes Selbst – in uns und unseren Kindern – bestmöglich zu fördern.

In welchem Maße uns die Fähigkeit zur Kooperation derzeit abhandengekommen ist, lässt sich auch daran ablesen, in welcher Weise wir (vornehmlich in den Industrieländern) Landwirtschaft betreiben. Insbesondere in Hinblick auf den Umgang mit Tieren hat es den Anschein, als sei uns jede Menschlichkeit abhandengekommen: Das Halten in viel zu engen Käfigen, das Vergasen und Schreddern „überflüssiger" Küken oder das Verstümmeln von Tieren, noch dazu ohne Betäubung, das gesamte Missachten ihrer grundlegendsten Bedürfnisse – die Formen der Barbarei sind so vielfältig, wie sie alltäglich sind. Die Gründe dürften indes nicht, wie gerne behauptet wird, in der Notwendigkeit zu finden sein, Menschen zu ernähren; ausschlaggebend sind vielmehr eine fehlgeleitete Politik, die Maßlosigkeit einzelner Profiteure sowie ein weitverbreiteter Mangel an Empathie. Und auch mit Pflanzen, die uns ernähren sollen, gehen wir selten anders um: Was uns hinderlich erscheint, wird zum Feind erklärt, zu Tode gespritzt und ausgerottet. Dabei werden – ganz abgesehen von daraus resultierenden Gesundheitsgefahren – natürliche Zusammenhänge ignoriert (falls sie überhaupt bekannt sind) und wichtige Kreisläufe zerstört. Neurotisch erheben wir uns über alles, was uns umgibt, wollen herausstechen um jeden Preis und bestreiten dabei vehement, Teil dieser Natur zu sein. Das Dilemma ist: So lange wir nicht bereit sind, zu akzeptieren, Teil des großen Ganzen zu sein – nicht mehr und nicht weniger –, und darin unseren Platz einzunehmen, sägen wir weiterhin an dem Ast, auf dem wir sitzen.

Der Verlust von Vertrauen

Doch gehen wir zurück zum Ausgangspunkt unserer Geschichte. Beobachtungen und wissenschaftliche Tests mit Babys gelten heute als Beleg dafür, dass Sozialverhalten angeboren ist. So führen die Autoren HÜTHER und HAUSER in dem Buch *Jedes Kind ist hoch begabt*[23] eine Untersuchung der US-amerikanischen Yale-Universität an, bei der Kleinkindern, Babys im Alter von sechs Monaten, in einer Art Puppentheater drei verschiedene Szenen gezeigt werden:[24] In der ersten krabbelt ein rotes Männchen einen Berg hinauf, wobei ersichtlich ist, dass der Aufstieg mühsam ist; im zweiten Teil hilft ihm ein gelbes Männchen, indem es von hinten schiebt. Im dritten hingegen schubst ein blaues Männchen das rote immer wieder hinunter. Im Anschluss an das Gezeigte wird den Kindern jeweils ein gelbes und blaues Männchen angeboten, woraufhin alle Kinder nach dem gelben greifen, dem sympathischen Unterstützenden. Ein halbes Jahr später werden dieselben Kinder erneut getestet. Das Ergebnis diesmal: 10 bis 20 % von ihnen entscheiden sich für das blaue Männchen. Laut HÜTHER/HAUSER ist das veränderte Wahlverhalten auf ein zwischenzeitliches Lernen der Kinder zurückzuführen, auf die Erfahrung, dass allein ihr Bestreben – also ihr Wille, etwas zu tun – nicht ohne Weiteres zielführend ist, sondern dass häufig

---

[23] Autoren: HÜTHER, Gerald und HAUSER, Uli.
[24] Versuch der Säuglingsforscherin Kiley HAMLIN.

die Notwendigkeit besteht, sich Anderen gegenüber durchzusetzen. Kinder lernen unter anderem, indem sie uns beobachten. Dabei orientieren sie sich grundsätzlich an Verhaltensweisen, die den größten Erfolg versprechen; das Nacheifern ist Ausdruck ihrer Kooperationsbereitschaft. Vor diesem Hintergrund verwundert es nicht, wenn sich ein Teil von ihnen wie im angeführten Test früher oder später für das blaue Männchen entscheidet.

Beispiele wie dieses führen vor Augen, dass wir alle einst als kooperative Wesen zur Welt gekommen sind. Leiden wir heute unter diffusen Ängsten, mangelnder Empathie, Aggression, Hass, Egoismus usw., so ist dies nicht zuvorderst auf eine genetische Veranlagung zurückzuführen, wie man lange glaubte, sondern vor allem auf einen erheblichen frühkindlichen Vertrauensverlust. Über die Folgen dieses Verlustes lesen wir heute tagtäglich in den Zeitungen: Er äußert sich wahlweise gegenüber Andersdenkenden, Migrantinnen, Parteien, Lobbyisten, Politik oder Presse und vielen Anderen. Neben dem Anbringen berechtigter, sogar notwendiger Kritik am politischen Geschehen und an gesellschaftlichen Zuständen werden dabei jedoch auch Feindbilder kreiert, die sich gut daran erkennen lassen, dass sie pauschalisieren und austauschbar sind und sich nicht für Ursachen interessieren, sondern deren einzige Aufgabe es ist, als Projektionsflächen für Angst und Wut zu dienen.

Wenn es erst einmal verloren ist, das Vertrauen in uns selbst, in die Menschen um uns herum und in die Welt an sich, dann glauben wir nicht mehr daran, dass wir richtig sind, so wie wir sind, oder dass Andere es gut mit uns meinen und sich die Dinge im Leben schon richten werden. Vertrauen ist jedoch das Fundament des guten Lebens und echter Gemeinschaft. Wo es abhandenkommt, sind im menschlichen Verhalten stets zwei divergierende Entwicklungstendenzen zu beobachten: der Rückzug des Individuums (Passivität, Resignation, Burn-out, Angst, Depressionen, Manie, Drogensucht etc.) sowie das Streben nach Macht.

6. Die unmittelbaren Folgen des Missachtens kindlicher Bedürfnisse

Machen wir als Kinder Erfahrungen nachhaltiger Unterdrückung elementarer Bedürfnisse, werden wir in aller Regel je nach Alter und Temperament auf eine Weise geprägt, die einer souveränen Entwicklung entgegensteht und (bleibende) Auswirkungen auf unser Verhalten hat. Grundsätzlich gilt: Druck erzeugt Spannung (bzw. *Stress*; vgl. Abb. 11). Entsprechend ist menschliche Anspannung, die sich ausdrückt in Gefühlen wie Wut, Angst, Resignation etc., zurückzuführen auf zuvor gemachte Erfahrungen von Unterdrückung.

Negative Gefühle sowie eine Bereitschaft zur Aggression sind also nicht angeboren, sondern werden stets erworben: Dies bestätigt sich z. B. durch die Existenz menschlicher Gesellschaften, in denen sie so gut wie nicht vorkommen. So schreibt Jean LIEDLOFF (1926-2011), eine US-amerikanische Journalistin und Psychotherapeutin, über die *Yequana*, ein indianisches Volk im Urwald Venezuelas:

„Einer der auffallendsten Unterschiede zwischen den Yequana und allen anderen Kindern, die ich gesehen habe, besteht darin, daß erstere untereinander weder kämpfen noch streiten.“[25]

Als Ausnahme schreibt sie über einen Jungen:

„[...] Nachdem er laufen gelernt hatte, schlug er zuweilen andere Kinder. Bemerkenswerterweise sahen die anderen Kinder ihn ohne Gefühlsäußerung an, der Gedanke von Aggressivität war ihnen so fremd, daß sie sie hinnahmen, als würde ihnen durch einen Ast oder eine andere natürliche Ursache ein Schlag versetzt. Nie fiel ihnen ein zurückzuschlagen [...]“.[26]

---

[25] LIEDLOFF, Jean: Auf der Suche nach dem verlorenen Glück, S. 141-142.
[26] LIEDLOFF, Jean: Auf der Suche nach dem verlorenen Glück, S. 121-122.

Das Beschneiden von Bedürfnissen schlägt also Wunden bei der Entwicklung der Persönlichkeit, die nicht ohne Weiteres verheilen, mit dem Ergebnis, dass wir häufig mit Gefühlen des Unbehagens im Bauch unterwegs sind, die immer dann hervorbrechen, sobald sie durch Umstände oder Situationen, die denen aus der Kindheit gleichen, *getriggert* werden.

Das Wort „triggern" bedeutet „auslösen" und ist in der Psychologie zur Beschreibung eines sogenannten Flashbacks (lebhafte emotionale Erinnerung) im Rahmen von Traumata gebräuchlich. Vor diesem Hintergrund ist das nachhaltige Unterdrücken elementarer kindlicher Bedürfnisse ebenfalls als eine Art der Traumatisierung zu verstehen („Entwicklungstrauma"[27]). In der Medizin wird mit dem Begriff *Trauma* grundsätzlich *„eine Verwundung bezeichnet, welche durch einen Unfall oder eine Gewalteinwirkung hervorgerufen wurde".*[28]

Für den Erhalt und die Regeneration unserer Gesellschaften ist es somit von elementarer Bedeutung, sich dieser Mechanismen, die im Folgenden weiter ausformuliert werden, bewusst zu werden und das Wissen um sie als gesellschaftliches Basiswissen weiterzugeben. Es gilt zu bedenken, dass der Prozess des Regenerierens niemals abgeschlossen sein wird, da Traumata unterschiedliche Ursachen haben können (wie Misshandlungen, Unfälle oder Katastrophen) und somit immer die Möglichkeit besteht, dass Abweichungen vom natürlichen Bindungsverhalten erfolgen.

---

[27] *Entwicklungstrauma* bezieht sich auf kontinuierliche Verletzungen, die sich über einen längeren Zeitraum hinweg, insbesondere in der frühen Kindheit, angesammelt haben, und grenzt sich somit vom *Schocktrauma* ab, das durch Einzelerlebnisse (z. B. Unfall, Katastrophe, massive Gewalt) hervorgerufen wird. Der Begriff wurde 2009 durch den niederländischen Psychiater und Autoren Bessel A. VAN DER KOL eingeführt; vgl.
http://psydok.psycharchives.de/jspui/bitstream/20.500.11780/3160/1/58.20098_2_49207.pdf;
vgl. auch Dami CHARF: „Entwicklungstrauma ist die versteckte Epidemie unserer Zeit", https://www.traumaheilung.de/entwicklungstrauma sowie Prof. Dr. Franz RUPPERT, https://www.youtube.com/watch?v=AadOZCcTQDY&t=2849s.
[28] Vgl. Wikipedia, „Trauma/Psychologie".

Parallel zum Entwickeln negativer Gefühle haben wir uns eine Strategie zu eigen gemacht, deren Sinn es ist, eine mangelnde Bedürfnisbefriedigung zu kompensieren: Die Rede ist von Ersatzbefriedigungen. Diese tauchen auf, wo natürliche Bedürfnisse bezüglich Sicherheit und Freiheit missachtet bzw. unterdrückt werden, und sind somit ebenfalls als verlässliche Anzeiger oder Symptome für eine Fehlentwicklung zu verstehen. Von ihnen geht eine nicht zu unterschätzende Gefahr aus: Da sie zunächst ein ähnliches Gefühl von Zufriedenheit und Wohlbefinden vermitteln, wie es bei der Befriedigung des eigentlichen Bedürfnisses entstanden wäre, füllen sie vorübergehend die Leere, die bei dessen Unterdrückung entstanden ist. Schon bald darauf setzt jedoch ein Drang nach Wiederholung ein, den wir ab einer bestimmten Ausprägung als Sucht bezeichnen. Ersatzbefriedigungen verbergen sich hinter jeglicher Form von eigentlich unnötigem und übermäßigem Konsum sowie hinter auffälligen Verhaltensweisen; sie lassen, je nach Ausprägung, ein mehr oder weniger intensives Suchtverhalten erkennen, so bspw. der Kauf*rausch*, die *Gier* nach Essen, Schokolade, Sex, Extremsport, Geschwindigkeit, Alkohol, Zigaretten und auch anderen Drogen. So ist übermäßiger Konsum nichts Anderes als der passive Ersatz für ein aktives Erleben, welches nicht möglich ist (oder nicht möglich erscheint). Diese Erfahrung birgt jedoch die Gefahr, vom Gehirn als „normal" abgespeichert zu werden. Bei Kindern beispielsweise, die in ihren Bestrebungen und Aktivitäten beschnitten werden, „stillt" das Fernsehen ein Bedürfnis nach Freiheit und Abenteuern. Dies bleibt laut HÜTHER jedoch nicht ohne Folgen:

„Wenn man kleine Kinder das erste Mal vor den Bildschirm setzt, unterhalten sie sich noch mit dem Apparat. Sie sagen dem Hasen, wo der Fuchs lauert. Sie versuchen also etwas zu gestalten. Das hat sie ihre bisherige Erfahrung – ohne virtuelle Medien – gelehrt. Nach wenigen Wochen Fernsehkonsum resignie-

ren die meisten, ihr Gestaltungswille versiegt. Sie stellen also einen Teil ihrer Selbstwirksamkeit in Frage"[29].

Nach neuesten Erkenntnissen der Neurobiologie erfolgt die Ausbildung unseres Gehirns nicht anhand genetischer Programme. Deren Aufgabe ist laut HÜTHER stattdessen, dafür zu sorgen, dass wir mit einer überbordenden Fülle an angelegten Nervenzellen ausgestattet werden sowie auch an Möglichkeiten, wie sich diese ganz individuell miteinander verknüpfen lassen. Im Weiteren werden alle Verbindungen, die sich regelmäßig ergeben, stabilisiert, und all das, was ungenutzt bleibt, schrumpft in sich zusammen – ein Prozess, der bereits vorgeburtlich startet. Von großer Bedeutung für Ausbildung und Verbindung der Nervenzellen sind dabei Aktivitäten, all die Dinge, denen wir uns mit Begeisterung widmen, sowie die Erfahrungen, die wir dabei machen, insbesondere die Erfahrung von Selbstwirksamkeit („Ich kann etwas bewirken und verändern"). *Wie* das Gehirn eines Kindes ausgebildet wird (und somit die Richtung des Denkens), entscheidet sich also anhand der Art und Weise, wie es genutzt wird.[30] Somit wird auch begreiflich, warum ein frühzeitiger Konsum digitaler Medien dazu geeignet ist, bei Kindern, deren Entscheidungsfreiheit eingeschränkt wird – was bei den meisten der Fall ist – und die deshalb ohnehin Gefahr laufen, an Gestaltungswillen zu verlieren, eine Neigung zur Passivität zu verstärken (oder ihren Gestaltungswillen in die Welt virtueller Spiele zu verlagern).

Mit anderen Worten: Den kindlichen Gestaltungswillen zu beschneiden, schädigt auf Dauer den Glauben von Menschen, etwas gestalten zu *können*. Die Folgen davon sehen wir in uns selbst, wenn wir z. B. politische oder gesellschaftliche Missstände hinnehmen mit Sätzen wie: „Da kann man nichts machen", „was können wir dagegen schon ausrichten", oder „es wird sich eh nichts ändern".

---

[29] Siehe Interview: „Medien sind kein Ersatz" (https://medienbewusst.de/fernsehen/20090803/gerald-huether-medien-sind-keine-ersatzbefriedigung-fuer-ein-ungelebtes-leben.html ?).
[30] Vgl. HÜTHER, „Etwas mehr Hirn bitte", S. 103 ff.

In einer guten, harmonischen Verbindung mit Anderen zu sein bedeutet, sich in einem Miteinander auf Augenhöhe zu befinden. Werden wir angegriffen (egal von wem oder wodurch), geraten wir in Stress und reagieren – abhängig von Situation und Temperament – entweder in Form von Kampf, Flucht oder Erstarren. Diese Theorie geht im Wesentlichen zurück auf Walter CANNON (1871-1945), einen US-amerikanischen Professor für Psychologie, der sich während des Ersten Weltkrieges mit dem traumatischen Schock beschäftigte, unter dem viele Soldaten litten.[31] Erklären lassen sich die unterschiedlichen Verhaltensweisen, die uns regelmäßig auch im Alltag begegnen, mit Blick in den Bereich der Neurobiologie:

„[...] Wird eine Situation als bedrohlich erlebt, aktiviert sich anstelle des Bindungsverhaltens die Selbsterhaltung, die in Gefahrensituationen dem Bindungsverhalten übergeordnet ist".[32]

Nun bedarf es nicht unbedingt erst eines Bombardements oder der Gefahr durch ein Raubtier, um uns in Stress zu versetzen. Die Gewalt (auch Herrschaft oder Macht), der wir im Alltag begegnen – und unsererseits Andere aussetzen – ist in der Regel weit unauffälliger und subtiler als z. B. bei einem bewaffneten Raubüberfall und selten akut lebensbedrohlich. Beobachtungen sprechen dafür, dass die sogenannten *Fight-or-Flight*-Reaktionen einsetzen, sobald Menschen sich in ihren natürlichen Bestrebungen bedrängt sehen. Bestrebungen sind als Impulse des Handelns zu verstehen. Ein Impuls wiederum beinhaltet eine Kraft, die einen bestimmten Weg beschreibt. Ist dieser Weg frei, setzt sich der Impuls in das angestrebte Handeln um; müssen hingegen zunächst Hindernisse beseitigt wer-

---

[31] *Fight-or-Flight*, vgl. Wikipedia,
https://de.wikipedia.org/wiki/Walter_Cannon.
[32] Vgl. Wikipedia,
https://de.wikipedia.org/wiki/Neurobiologie_der_Bindung.

den, bedarf es eines zusätzlichen, insgesamt größeren Kraft-
aufwandes („*Kampf*"). Erweist sich ein Hindernis als zu groß
und bleibt der Weg verstellt, wird entweder der Impuls umge-
leitet, wobei dann auch das Ziel nicht mehr das ursprüngliche
ist („*Flucht*"), oder er verebbt in einer nach innen gerichteten
Verformung oder Zerstörung, etwa vergleichbar mit dem Schaden an einem Auto, das vor eine Mauer fährt („*Erstarren*").

Die Abwehr von Unterdrückung
(„*Kämpfen*")

<u>Kennzeichen</u>: Auflehnen, aktiver Widerstand, Konflikt
<u>Ziel</u>: Wiederherstellung der Autonomie, Selbstbehauptung

Das aktive Abwehren von Unterdrückung zur Erhaltung oder
Wiederherstellung von Autonomie ist Ausdruck der Souveränität eines Menschen. Souveränität steht für ein Miteinander auf
Augenhöhe sowie für die grundsätzliche Fähigkeit, vertrauens-
voll durchs Leben zu gehen und dabei selbstgestalterisch zu
wirken (vgl. Kap. 8).
  Bei der Abwehr von Unterdrückung lassen sich grundsätzlich
zwei Richtungen unterscheiden:

- *Offener Konflikt*: Unmittelbares Widersetzen, äußert sich
  in Diskussionen/Streit/Auseinandersetzungen mit Eltern,
  Geschwistern, Freunden, Kolleginnen etc., Auflehnen gegen Autorität, Rebellion etc.
- *Verdeckter Konflikt*: Bezeichnet einen Widerstand im Untergrund bei Übermacht des Gegenübers („Robin Hood")
  bzw. ein heimliches Widersetzen (auch bei Kindern, Treiben in die „Illegalität").

52

Das Streben nach Macht
(„*Fliehen*")

<u>Kennzeichen</u>: Vom Beherrschten zum Herrschenden
<u>Ziel</u>: Ausgleichen (Austarieren) des Machtdefizits

Ein Miteinander auf Augenhöhe findet in diesem Bereich nicht statt, weder zum Zeitpunkt der Unterdrückungserfahrung noch im Moment des Ausgleichens oder Austarierens. Die Flucht vor der Unterdrückung ist ihrem Wesen nach eine Art Ausflucht oder Ausweichen und tritt auf, wenn ein direktes Widersetzen nicht möglich ist aufgrund der (vermuteten oder realen) Übermacht eines Gegenübers. Wird selbstbestimmtes Handeln nachhaltig beschnitten, weicht (in diesem Fall) der ausgelöste Impuls von seinem Weg ab, wobei auch das ursprüngliche Ziel aus dem Fokus gerät: Anstelle der Wiederherstellung von Autonomie wird nach einem Ausgleich gesucht: Es wird versucht, den erlittenen Verlust an anderer Stelle und Anderen gegenüber, die sich jetzt in einer schwächeren Position befinden (das können auch die ehemaligen „Unterdrückenden" selbst sein), in ein Plus zu verwandeln. Das bedeutet: Macht will erhalten bleiben, was sich ursprünglich auf die Macht über sich selbst bezieht, also eine Selbstermächtigung beinhaltet; erst deren Unterdrückung kann ein Streben nach Macht gegenüber Anderen zur Folge haben („nach oben buckeln, nach unten treten"). Dieses Streben nach Macht gegenüber Anderen – so paradox es klingen mag – kann sich sogar auf den eigenen Körper beziehen, mit dem man sich ebenso wenig verbunden fühlt wie mit anderen Menschen und der übrigen Natur, der im Sinne einer Optimierung zu gestalten ist und dessen Bedürfnisse ebenfalls häufig missachtet werden.

Anhand der folgenden Beispiele soll verdeutlicht werden, wie Gefühle der Machtlosigkeit entstehen und wie u. U. versucht wird, einen Ausgleich zu erlangen:

- Ein Mädchen im Kindergarten fällt dadurch auf, dass es andere Kinder unter Druck zu setzen versucht, indem es bspw. sagt: *„Wenn du nicht (dieses und jenes tust), bist du*

53

nicht mehr meine Freundin". Hinter diesem Verhalten ist der Einfluss der Mutter zu erkennen, die als Alleinerziehende versucht, Job und Kind unter einen Hut zu bringen, indem sie mithilfe manipulativer Phrasen (die sich leicht abgewandelt in denen der Tochter wiederfinden) ihr Kind dirigiert. → Hintergrund: strukturelle Notwendigkeiten. Beschneidung der kindlichen Selbstermächtigung durch die Mutter, daher in der Folge der Versuch des Mädchens, Andere zu beherrschen. Gut zu beobachten ist hier die grundsätzliche Fähigkeit zur Kooperation: Die Kleine orientiert sich in ihrem Verhalten an dem der Mutter und ahmt sie entsprechend nach (vgl. Abb. 6).

- Ein 55-Jähriger in einem Mehrfamilienhaus bei Paris erschießt bei einem Amoklauf vier Menschen und sich selbst. Auslöser ist eine wiederholte nächtliche Lärmbelästigung, gegen die er sich Angaben in der Presse zufolge wiederholt beklagt hat, so auch noch unmittelbar vor der Tat. Zuvor soll er nicht mit Gewalttaten aufgefallen sein.[33] → Das ursprünglich selbstbestimmte Ziel, nachts in Ruhe schlafen zu können, wird hier aufgegeben aufgrund der Erfahrung, gegen die Störung nichts ausrichten zu können. Neues Ziel ist das Austarieren der Machtlosigkeit, das Beherrschen eines Gegenübers, bei dem es sich in diesem Beispiel um die Verursacher selbst handelt, die sich jetzt in der unterlegenen Position befinden: Sie sind unbewaffnet (vgl. Abb. 8).

- Eine junge Frau berichtet von einer Erfahrung mit ihrer Nichte, mit der sie herumtollte: „Auf einmal hat sie angefangen, mich in den Bauch zu treten. Ich habe ihr ein paar Mal gesagt, dass mir das weh tut, sie hat trotzdem nicht aufgehört. Daraufhin habe ich sie am Arm gepackt und gesagt, sie solle das lassen – mit dem Ergebnis, dass sie angefangen hat zu heulen, was ich ziemlich unverschämt fand. Schließlich war *ich* diejenige, die getreten worden ist." Die junge Frau schildert im Weiteren, dass die Situati-

---

[33] Vgl. z. B. HNA 2009, https://www.hna.de/welt/nachbarn-laut-mann-schiesst-vier-menschen-sich-490253.html.

on sie an ihre Schulzeit erinnert hat; sie sei auf dem Schulhof regelmäßig von einem größeren Mädchen bedrängt und geärgert worden. → Es ist davon auszugehen, dass die Ähnlichkeit der beiden Situationen bzw. die Erinnerung an die Verletzungen in der Schulzeit alte Gefühle wiederaufsteigen lassen hat, mit dem Ergebnis, dass die damals entstandene Wut jetzt unbewusst auf die Nichte übertragen wird (Flashback). In der neuen Verletzung durchlebt sie die alte und ist daher empört, als ihre Nichte weint („schließlich war *ich* diejenige, die getreten worden ist"). Ihre eigene kindliche Verletzung sowie die entwickelten negativen Gefühle verhindern eine Offenheit, um das Verhalten der Nichte zu verstehen, das ebenfalls aus einer Unterdrückung von Bedürfnissen resultiert (vgl. Abb. 16).

Vom Opfer zur Täterschaft

Ergreifen wir Macht, erheben wir uns über Andere und geben damit weiter, worunter wir zuvor selbst gelitten haben. Dieses Verhalten ist das Ergebnis einer ungünstigen Entwicklung und beinhaltet, dass wir aufgehört haben zu erwarten, dass Andere sich uneigennützig für uns und unsere Positionen einsetzen – vielmehr betrachten wir uns selbst als zuständig, und da wir nicht gewillt sind, unser Wohlergehen dem Zufall zu überlassen, versuchen wir, uns seiner zu bemächtigen. Und ebenso wenig, wie wir von Anderen erwarten, sich für uns einzusetzen, sehen wir uns für deren Wohl zuständig. Haben wir diesen Weg erst einmal beschritten, so gilt das Motto: Jeder ist sich selbst der Nächste.

Der innere Rückzug
(„Erstarren")

<u>Kennzeichen</u>: Ausbleibende aktive Reaktion
<u>Ziel</u>: Nicht vorhanden

Wird eine Situation über ein gewisses (individuelles) Maß hinaus als bedrohlich empfunden (Grund: mangelnde Sicherheit bzw. Anerkennung), hat dies ein Erstarren bzw. Unterwerfen zur Folge – Kampf oder Flucht sind hier keine Optionen. Die Erstarrung kann sich unterschiedlich stark entwickeln:

- *Vorübergehendes Erstarren*: Die Folgen der Unterdrückung zeigen sich verzögert, d. h. sobald der „Fremdmacht" entgangen werden kann (Bsp.: Kinder, die erwachsen werden). Ausdruck: Unstetigkeit und Unverbindlichkeit, Ablehnen von Autorität und Bindung. Es werden Situationen gemieden, die eine Rückkehr des Mangels an Autonomie (und somit auch an Souveränität) zur Folge haben könnten. Das Streben nach Unabhängigkeit ist entsprechend ein Abwehren vermeintlich neuer Zwänge.
- *Nachhaltiges Erstarren*: Verebben des Energieflusses, nach innen gerichtet. Bei Kindern, deren Impulse im Außen nachhaltig auf Barrikaden stoßen, können die Impulse im Laufe der Zeit abschwächen und sogar versiegen. Die Folge davon ist ein innerer Rückzug mit Anpassung und Passivität, Entwicklung von Angst, Depressionen, Zwangsstörungen, Suchtverhalten, Komplexen etc.

8. Ausbildung psychischer Resilienz

Die Reaktionen auf das Missachten (bzw. Unterdrücken) von Bedürfnissen lassen sich nicht verallgemeinern, im Gegenteil: Einige Kinder sind, möglicherweise aufgrund genetischer Veranlagung, von ihrem Wesen bzw. Temperament her zwar nicht immun, so aber doch robuster und widerstandsfähiger als andere – was ihnen ermöglicht, sich auch unter ungünstigen Bedingungen relativ aufgeschlossen, gesellig und kooperativ zu entwickeln.[34] Vonseiten der Wissenschaft wird diese Fähigkeit als *Resilienz* bezeichnet. Als zugrunde liegende Faktoren werden in der Literatur z. B. Selbstvertrauen, ein verlässliches Umfeld, Kommunikationsstärke, Problemlösefähigkeit und Planungsfähigkeit genannt,[35] unter anderem auch Empathie, Selbstwirksamkeitsüberzeugung[36] oder Akzeptanz und Verantwortungsübernahme.[37] Es ist anzunehmen, dass die Ausbildung von Resilienz (Widerstandsfähigkeit) mit der Ausbildung von Souveränität einhergeht: So werden mit einem Mangel an Resilienz in der Regel Verhaltensweisen in Verbindung gebracht, wie sie in den Abbildungen 4 bis 8 im horizontalen Bereich „Erstarren" über alle Sparten hinweg (*Selbstsicherheit, Selbstwirksamkeit, Selbstwertgefühl, Selbstbewusstsein* sowie *Geborgenheit*) zu finden sind; ebenso in dem Bereich „Fliehen", insbesondere in den Sparten *Selbstwertgefühl* und *Geborgenheit*.

---

[34] Voraussetzung ist mindestens eine stabile Beziehung zu einer Bezugsperson, auch außerhalb des Elternhauses.
[35] Vgl. WERNER, Emmy: https://juttaheller.de/resilienz/resilienz-abc/resilienzfaktoren.
[36] REIVICH, Karen und SHATTÉ, Andrew.
[37] RAMPE, Micheline.

9. Vier Gründe für das Unterdrücken von Bedürfnissen

1   Die Zergliederung des Alltags

Das Streben nach Macht ist also nichts Anderes als ein Versuch, das Leben „in den Griff zu kriegen", anstatt sich ihm anzuvertrauen. Davon abgesehen sind jedoch auch die Strukturen, in denen wir derzeit leben, oft nicht sonderlich geeignet, Bedürfnissen – ob den eigenen oder denen von Kindern und Anderen – auch nur annähernd gerecht zu werden. Die vielfältigen Handlungsfelder unseres Alltags, z. B. *Wohnen*, (Erwerbs-)*Arbeiten*, die *Produktion von Nahrungsmitteln*, der *Umgang mit Kindern, Freundschaftspflege*, sonstige Aktivitäten wie *Hobbies* oder *Sport*, gleichen heute in der Regel Solitären: Ein jeder der Bereiche steht für sich, zeitlich und räumlich oft separat, was ein hohes Maß an Organisation erfordert, um sie je nach Bedarf miteinander zu verknüpfen. Ein straffes Zeitmanagement erfordert jedoch ein rationelles Vorgehen, was in aller Regel mit der Beschneidung gegenläufiger Bedürfnisse, insbesondere auch der Selbstbestimmung von Kindern, einhergeht. Auch ist es kaum möglich, alle Bereiche selbst zu bedienen, sodass sie zum Teil externen Anbietern überlassen werden (Kinderbetreuung, Produktion/Verteilung von Nahrungsmitteln etc.).

Kompakte bzw. verzahnte Alltagsstrukturen, wie aus vorindustriellen und vorgeschichtlichen Zeiten bekannt, finden sich heute noch vereinzelt in nicht-industrialisierten Ländern, vor allem bei sogenannten Indigenen oder Naturvölkern: Kinder spielen mit Geschwistern und Nachbarskindern, ältere achten auf die kleineren, zudem sind Spielen, Lernen und Arbeiten miteinander verwoben. Mütter tragen ihre Säuglinge und gehen – gemeinschaftlich mit Anderen – ihrer Arbeit nach, ohne die Reichweite der anderen Kinder zu verlassen; ein gemeinsames Arbeiten und Feiern sowie gegenseitige Hilfen sind Ausdruck lebendiger Nachbarschaft.

Mittlerweile findet auch bei uns – zumindest tendenziell – eine Art Rückbesinnung statt: Bei der Planung von Stadtentwicklungsmaßnahmen ist landesweit ein Trend zu beobachten, Quartiere mit kurzen Wegen zu entwickeln – das heißt mit einer kompakten Infrastruktur, in der Wohnen, Arbeiten, Versorgung und Kinderbetreuung nah beieinander liegen –, was von vielen Menschen als Steigerung ihrer Aufenthalts- und Lebensqualität empfunden wird.[38]

Doch wie kann – nicht nur städtebaulich – eine weitergehende Entwicklung aussehen, die die gesamte Gesellschaft einbezieht? Worin finden wir *Erfüllung*, die uns an Körper, Geist und Seele nährt?

Berufstätige Mütter vs. Vollzeitmütter

In einem Radiointerview war vor einiger Zeit die Aussage einer jungen Schauspielerin zu hören: *„Nichts ist schlimmer für ein Kind als eine Mutter, die nicht arbeiten kann"*. Gemeint war nicht etwa eine mütterliche Arbeitsunfähigkeit; der Satz bezog sich vielmehr auf die Möglichkeit, auch als Mutter von kleineren Kindern weiterhin einer Erwerbsarbeit nachgehen zu können, insbesondere einer, die als erfüllend empfunden wird.

Die Aussage vermittelt bereits, dass genau diese Möglichkeit nicht immer gegeben ist. Dafür gibt es eine ganze Reihe von Gründen:

- **Gestaltungsmöglichkeit**: Die häufigste Form von bezahlter Arbeit ist die nicht-selbständige Erwerbsarbeit, zu deren Erledigung in der Regel Örtlichkeiten außerhalb des Zuhauses aufgesucht werden und deren Rahmengestaltung Anderen obliegt, sodass die Eigenbetreuung der Kinder parallel zur Erwerbstätigkeit selten möglich ist.
- **Ansehen**: Kinderbetreuung und Arbeit[39] werden in der Regel als separate Bereiche aufgefasst (außer bei Erziehern,

---

[38] Ein Beispiel findet sich in der Südstadt von Tübingen, vgl. z. B. https://www.tuebingen.de/Dateien/broschuere_innenentwicklung.pdf.
[39] Mit „Arbeit" verbinden wir in der Regel die Erwerbsarbeit. Da die Kindheit für uns heute ein Zustand ist, der eine intensive Betreuung

59

Lehrerinnen etc.), haben demnach nichts miteinander zu tun. Der Stellenwert von Kinderbetreuung und auch von Kindern an sich rangiert in unserer Gesellschaft auf einer unteren Ebene – aus der Sicht Machtstrebender handelt es sich bei Kindern – vor dem Hintergrund gesellschaftlicher Hierarchie – um grundsätzlich Schwächere, deren Erwartungen eine untergeordnete Rolle spielen.

- **Rahmenbedingungen**: Starre Arbeitszeiten, die Anwesenheitspflicht in Betrieben sowie mehrtägige Dienstreisen sind mit der Betreuung von Kindern, insbesondere Kleinkindern, in der Regel nur schwer, oftmals auch gar nicht zu vereinbaren, vor allem dann, wenn gleichzeitig private Strukturen in Verbindung mit dem Partner/der Partnerin, Verwandten, Freundinnen und Nachbarn fehlen, die Aufgaben übernehmen oder im Bedarfsfall einspringen können.

- **Aufgabenteilung (Erwerbs-/Hausarbeit)**: Entscheidet sich ein (klassisches Frau/Mann-)Paar aufgrund der genannten Gründe dafür, dass eine/einer von ihnen der Kinder wegen zuhause bleibt, fällt dieser Part meistens den Frauen zu. Auch dafür gibt es mehrere Gründe, z. B.:
  o Verfügbarkeit der Mutter, vor allem in Bezug auf Stillen und Rückversicherung
  o Kleine Kinder haben in der Regel eine engere Bindung zur Mutter als zum Vater (die Verbundenheit zwischen Kind und Mutter ist aufgrund vorausgegangener Schwangerschaft zunächst größer als zwischen Kind und Vater)
  o Frauen verdienen im Schnitt rund 20 % weniger als Männer

So schlüssig die Gründe auch sein mögen, sich die Aufgaben zu teilen, so liegt in der Bereitschaft von Frauen (und auch einiger Männer), sich vorwiegend der häuslichen Versorgungsarbeit zu widmen, eine für sie nicht zu unterschätzende Gefahr: Unbe-

---

verlangt (z. B. Hausaufgabenkontrolle u. v. m.), leisten vor allem Mütter eine Arbeit, die – da unbezahlt – kaum Anerkennung erfährt.

zahlte Arbeit erfährt in unserer Gesellschaft äußerst wenig Anerkennung, sodass Mütter (und auch Väter) für ihre Bereitschaft, Kinder zu begleiten, nach wie vor keine adäquate staatliche Förderung z. B. in Bezug auf ihre Altersrente erhalten. Darüber hinaus betrachtet auch heute noch eine Vielzahl der Väter ihr Erwerbseinkommen als ihr Eigentum und nicht als gemeinschaftliches Versorgungseinkommen, das es − zumindest in einem gewissen Umfang − aufgrund der praktizierten Arbeitsteilung eigentlich ist. Folglich begeben sich vor allem Frauen an dieser Stelle regelmäßig in eine finanzielle Abhängigkeit, die sich für sie im Scheidungsfall sowie auch im Alter häufig als Armutsfalle entpuppt; darüber hinaus entwickeln sie sich in dieser Zeit beruflich selten weiter, was es ihnen (sobald die Kinder groß genug sind oder es nötig erscheint) erschwert, an ihren alten Beruf anzuknüpfen.

Wie in allen Bereichen des Lebens sind auch hier die Geschmäcker verschieden: Es gibt Frauen (wie im obigen Beispiel die Schauspielerin), die sich schwertun, für Haus und Kinder auf ihren Beruf zu verzichten, und es gibt andere, die die Gelegenheit begrüßen, einem ungeliebten Job zu entkommen; selbst wenn Frauen bisher gerne erwerbstätig waren, kommt es vor, dass sie, sobald sie die häusliche Versorgung übernehmen, entdecken, wie viel Freude es ihnen bereitet, die Kinder zu begleiten, vielleicht sogar einen Garten zu bestellen und Marmeladen zu kochen. Hier bleibt wohl festzustellen, dass das, was derzeit am ehesten als erfüllend empfunden wird, sehr unterschiedlich ist, sodass es im Grunde auch mehrerer Lösungsansätze bedarf, die gleichberechtigt nebeneinander stehen und Müttern sowie auch betreffenden Vätern stets im gleichen Maße Sicherheit bieten.

Davon ist unsere Gesellschaft derzeit jedoch weit entfernt. Wir befinden uns − nicht nur an diesem Punkt − in einem tiefen Zwiespalt, in dem Grabenkämpfe ausgefochten werden und selten diskutiert wird, in dem vielmehr jede der sich gegenüberstehenden Parteien für sich beansprucht, im Recht zu sein. Das Dilemma ist: Eine jede *hat* Recht. Doch im gleichen Maße, wie jede Seite schlüssige Argumente vorweisen kann, befindet sie sich auch im Unrecht, wie im Folgenden gut zu erkennen ist.

Frauen werden beinahe gebetsmühlenartig dazu angehalten, ihr eigenes Geld zu verdienen. Mehr noch: Entscheiden sie sich, zugunsten der Kinder für eine Weile ihren Beruf zurückzustellen, wird ihnen nicht selten vorgeworfen, sich freiwillig in eine überholte Rollenverteilung zu fügen und so der Frauenbewegung zu schaden. Diese Haltung ist nachvollziehbar und überaus verständlich, versteht man sie als Reaktion auf die historische Unterdrückung von Frauen, die ihren Ausdruck auch darin findet, dass Frauen eine „natürliche" Zuständigkeit für isolierende und geringgeschätzte häusliche Tätigkeiten zugeschrieben wird; gleichzeitig ignoriert diese Haltung jedoch anderweitige Interessen wie die natürlichen Bedürfnisse von Müttern und Kindern und argumentiert somit in einem vorgegebenen Rahmen, im derzeit bestehenden System, anstatt hier auf notwendige gesellschaftliche Veränderungen zu setzen oder diese gar voranzutreiben (vgl. Kap. 11.1).

Ähnliches gilt für Mütter, die sich bewusst für berufliche Auszeiten entscheiden: Auch sie schießen übers Ziel hinaus, wenn sie andere Frauen als Rabenmütter beschimpfen, die unter häuslicher Isolation leiden würden und daher nicht bereit sind, auf den Kontakt zur Außenwelt zu verzichten.

Die Sehnsucht nach Gemeinschaft

Wie zuvor erwähnt, werden seit einiger Zeit bereits (bauliche) Maßnahmen vonseiten der öffentlichen Hand geplant und durchgeführt, um der Zergliederung unseres Alltags ein Stück weit entgegenzuwirken.[40] Ziel solcher Maßnahmen ist eine Erhöhung der Aufenthaltsqualität, das Annehmen der Quartiere durch die Bewohnerinnen und Bewohner und damit verbunden eine Belebung aktiver Nachbarschaft.

Private Pioniere auf dem Gebiet der Gemeinschaftsbildung finden sich z. B. in Gestalt der Wohngemeinschaften und Kommunen sowie in einer Vielzahl unterschiedlicher Initiativen und Vereine. Projekte dieser Art existieren zum Teil bereits seit Jahrzehnten und erleben heute eine Renaissance. Dabei bedeu-

---

[40] Stichwörter sind bspw. „Urbane Quartiere", „Quartier der kurzen Wege", „Stadt/Region der kurzen Wege.

tet insbesondere die Gründung neuer Lebensgemeinschaften eine nicht zu unterschätzende Herausforderung: Sie ist verbunden mit dem Aufwand des Suchens und Verwerfens, da diesen Gemeinschaften (im Gegensatz zu früheren) selten familiär gewachsenen Strukturen zugrunde liegen. Nichtsdestotrotz ist das Bedürfnis nach Nähe und Gemeinschaft ungebrochen; dies spiegelt sich auch in der Architektur wider, zum Beispiel in der Beliebtheit von Wohnküchen, bei denen die Grenzen zwischen Arbeiten, Wohnen und Gemeinschaft aufgehoben sind. Doch bei alldem handelt es sich um Details, um Ausnahmen innerhalb einer ansonsten zergliederten Alltagsstruktur.

Industrialisierung des Lebens:
Die „Frankfurter Küche"

Mit der *Frankfurter Küche* war im Rahmen eines Stadtplanungsprogramms der 1920er-Jahre erstmals ein Küchenmodell entwickelt worden, das die genannten Grenzen strikt zog: Dem Entwurf von Margarete SCHÜTTE-LIHOTZKY (1897-2000), einer österreichischen Architektin, lag die Idee zugrunde, die Handlungsabläufe in der Küche ganz im Sinne eines Taylorismus[41] zu rationalisieren und das Arbeiten zu erleichtern. Dabei lag ihr das Wohl der Frauen am Herzen, denen darüber hinaus mehr Zeit für die Familien bleiben sollte.

„Das Problem, die Arbeit der Hausfrau rationeller zu gestalten, ist fast für alle Schichten der Bevölkerung von gleicher Wichtigkeit. Sowohl die Frauen des Mittelstandes, die vielfach ohne irgendwelche Hilfe im Haus wirtschaften, als auch Frauen des Arbeiterstandes, die häufig noch anderer Berufsarbeit nachgehen müssen, sind so überlastet, daß ihre Überarbeitung auf die Dauer nicht ohne Folgen für die gesamte Volksgesundheit bleiben kann."[42]

---

[41] Maßnahmen zur Steigerung der Produktivität menschlicher Arbeit, benannt nach dem US-Amerikaner Frederick Winslow TAYLOR (1856–1915).
[42] Vgl.: Margarete SCHÜTTE-LIHOTZKY in „Das neue Frankfurt", Heft 5/1926–1927, vgl. Wikipedia/Frankfurter Küche.

An dieser Stelle ging es also nicht um das Aufzeigen einer Schieflage in dem Sinne, dass Frauen, die aufgrund von Armut zur Erwerbsarbeit gezwungen waren, dennoch weiterhin allein für die häusliche Versorgungsarbeit zuständig waren, obwohl ihre Erwerbsarbeit faktisch die Aufhebung der bisherigen Arbeitsteilung bedeutete – eine Überlastung, die einzig zu dem Ansatz führte, das Arbeiten in der Küche zu rationalisieren.

Bei der Arbeit in der Frankfurter Küche sollten alle wichtigen Dinge mit einem Handgriff erreichbar sein und eine Vielzahl von Gerätschaften sollte die Arbeitsgänge verkürzen – diese Idee ist nach wie vor grundlegendes Prinzip von Einbauküchen. Dazu war die Frankfurter Küche sehr kompakt gehalten, was einerseits den Erfordernissen des breit angelegten Wohnungsbaus der damaligen Zeit entgegenkam, andererseits aber auch bedeutete, dass die Küche als Arbeitsplatz für nur eine Person konzipiert wurde.

„Nach der Einführung des Modells stellte die Reichsforschungsgesellschaft für Wirtschaftlichkeit im Bau- und Wohnungswesen (RFG) bei einigen Haushalten deutliche Anstrengungen fest, auf den bisherigen Lebensgewohnheiten zu beharren (Anbringen weiterer Möbelstücke in der Küche, Essen in der Küche, Kochen im Wohnzimmer usw.). Tatsächlich erforderte die Frankfurter Küche beträchtliche Umstellungen in der Wohnkultur der unmittelbar Betroffenen, die bei ihrer Konzeption keinerlei Mitsprache gehabt hatten.“ [43]

Der Entwurf zur Frankfurter Küche ist mit Sicherheit in bester Absicht erstellt worden und enthält auch unter heutigen Gesichtspunkten viele gute Aspekte. Dass sie dennoch scheiterte, dürfte in der Zuspitzung weiblicher Isolation begründet liegen: Waren Frauen ohnehin bereits bei der häuslichen Versorgungsarbeit ohne Kontakt zu Anderen, bspw. Nachbarinnen, beinhaltete das Konzept der Frankfurter Küche eine zusätzliche Trennung von der Familie. Das Scheitern des Konzepts liegt dem-

---

[43] Vgl. Wikipedia, Frankfurter Küche,
https://de.wikipedia.org/wiki/Frankfurter_K%C3%BCche.

nach darin begründet, dass grundlegende Bedürfnisse von Menschen nicht berücksichtigt wurden – was unter anderem auch daran liegt, dass diese nicht an der Planung beteiligt waren. So gesehen findet sich in diesem Beispiel auch ein wichtiger Hinweis darauf, dass die Intelligenzleistungen Einzelner oder auch kleinerer Gruppen per se nicht in der Lage sind, eine kollektive oder Schwarmintelligenz zu überflügeln, insbesondere, weil eine Gruppe von Menschen konsequenterweise über ein breiteres Erfahrungsspektrum verfügt als der einzelne.

Und noch etwas fällt auf: Vielleicht ist unser Bedürfnis nach einem Zentrum des gemeinsamen Lebens, der Feuerstelle längst vergangener Zeiten, auch als Ausdruck für die Suche nach der eigenen Mitte zu verstehen: eine Sehnsucht, die heute wieder verstärkt zutage treten mag aufgrund der Zerrissenheit unserer Zeit, die uns immer öfter keinen eindeutigen Lebensmittelpunkt mehr finden lässt.

2   Machtstreben im Alltag

Das allgemeine Streben nach Macht äußert sich in weit mehr als dem Versuch, Vorstandsposten großer Unternehmen zu besetzen. Es zeigt sich in den weit alltäglicheren und beiläufigen, fast banalen Bestrebungen, sich über Andere zu erheben. Der dahinterstehende Groll wird in der Regel ausgelöst von einem unmittelbaren Gegenüber, verursacht wurde er jedoch zu einer anderen Zeit und an anderer Stelle. Machtstreben umgibt uns permanent und auf allen gesellschaftlichen Ebenen, wir sind ihm im gleichen Maße ausgesetzt, wie es auch von uns ausgeht; es manifestiert sich in Form von Vorschriften und Verboten, in Rücksichtslosigkeiten beim Autofahren, beim Vordrängeln im Supermarkt, in Ausgrenzung und Mobbing, mangelndem Respekt und Vielem mehr.

Machtstreben versus Führung

Von klein auf werden Menschen mit Vorschriften und Verboten dirigiert, welche jedoch selten geeignet sind, sie in Bereichen, in denen sie noch nicht über eigene Kompetenzen verfügen, bestmöglich zu führen bzw. anzuleiten. Tatsächlich bedeutet Führung: Anleitung bei fehlender Kompetenz, ganz gleich, in welchem Bereich, und ist stets mit der Absicht verbunden, diese zu vermitteln. Vorschriften und Verbote sind hingegen Ausdruck für das – zumindest unterstellte – Fehlen von Kompetenz sowie des Willens zur Kompetenzvermittlung: Ihr Ziel ist nichts Anderes, als die Inkompetenz zu verwalten. Somit sind sie keine Instrumente der Führung, sondern dienen stattdessen dem Schutz und der Durchsetzung von Interessen Anderer – einerseits schwächerer Mitglieder einer Gesellschaft, die nicht in der Lage sind, sich in einem Machtspiel zu behaupten, andererseits aber auch Stärkerer bzw. Privilegierter, die eigene bzw. andere Ziele verfolgen.

Beispiele für Führung:

- Mitarbeitende in einem Unternehmen werden befähigt, selbstbestimmt sowie in Kooperation zu arbeiten, anstatt sie darüber anzuweisen, wie sie ihre Arbeit zu verrichten haben.
- Anstatt einem Kind das Klettern zu verbieten (aus Angst, es könne sich verletzen), wird es darin angeleitet, darauf zu achten, wo es hintritt und sich richtig festzuhalten.

Werden Kinder entsprechend ihren Bedürfnissen angeleitet bzw. geführt, sind sie in der Lage, ein gesundes Selbst zu entwickeln, mit der Folge, dass kein Verlangen nach Macht oder Kompensation in ihnen entsteht; dies ist ein wesentlicher Punkt in Hinblick auf eine weitere Entwicklung staatlicher Formen von Gewalt, die sich in Vorschriften und Sanktionen wiederfinden.

„Macht" ist also nicht mit „Führung" gleichzusetzen. Ein Ziel dieses Buches ist keinesfalls, Führung zu diskreditieren, sondern vielmehr, den Begriff neu zu definieren und dabei von jeglichem Machtanspruch zu befreien. Denn über eines sollten wir uns im Klaren sein: Wo die Einen Macht ausüben, werden Andere in ihrer Selbstbestimmung beschnitten, was insbesondere bei Kindern nicht ohne Folgen bleibt, sondern je nach Intensität großes Potenzial hat, Vertrauen und angeborenen

Gemeinschaftssinn erheblich zu schädigen oder gar zu zerstören (vgl. Kap. 7). Das Missachten von Bedürfnissen wirkt sich also direkt auf die Entwicklung von Menschen aus, auf ihre Gesundheit, die Qualität von Beziehungen und somit letztendlich auch auf den Zustand von Gemeinschaften.

3 Die große Verunsicherung: Der Bedarf an Erziehungsratgebern

Obwohl die meisten Eltern im Umgang mit ihren Kindern sicherlich stets bemüht sind, ihr Bestes zu geben, mutet auch heute noch so manche Erziehungsstrategie äußerst fragwürdig an. Erziehung beinhaltet stets – ganz unabhängig von ihrer Ausrichtung – die Absicht, Kinder an bestimmte persönliche und gesellschaftliche Normen sowie an strukturelle Gegebenheiten anzupassen, die bspw. durch die Erwerbstätigkeit der Mutter (bzw. der Eltern) entstehen. Insbesondere durch die gängige Praxis, anstatt gegebene Strukturen zu hinterfragen, Kinder an sie anzupassen, wird diesen verwehrt, sich entlang ihrer Bedürfnisse und angeborenen Potentiale frei zu entwickeln. Damit verbunden ist ein Ungleichgewicht in der Eltern-Kind-Beziehung, wobei das Bestreben von Eltern, sich über ihre Kinder zu erheben, direkt aus dem Verhältnis zu den eigenen Eltern stammt, von denen sie in der Regel gelernt haben, dass „Eltern-Sein" bedeutet, den Takt vorzugeben: Den kindlichen Willen zu berücksichtigen, wird bisweilen interpretiert als sich ihm zu beugen, sich „auf dem Kopf herumtanzen" zu lassen, insbesondere dann, wenn Kinder ihren Unmut äußern. Anstelle eines gleichberechtigten Miteinanders wird ihnen die Rolle des Gegners zugewiesen – eine Haltung, durch die sich nicht wenige Eltern bis heute legitimiert sehen, die Kinder so früh wie möglich „an die Kandare" zu nehmen. Auf diese Weise geben sie jedoch weiter, worunter sie einst selbst gelitten haben, auch wenn ihnen daran oft die Erinnerung fehlt.

Ein weiterer Grund für Erziehung ist, dass Eltern glauben, ohne eine solche würde der Nachwuchs sozial verwahrlosen und sich zu Egozentrikern entwickeln. Dies ist jedoch ein Irrglaube, wenn auch ein weitverbreiteter. Das Gegenteil ist der Fall: Kinder sich entwickeln zu lassen bedeutet *nicht*, sie sich selbst zu überlassen, sondern sich ihrer anzunehmen und sie – ohne Machtanspruch und ihre Bedürfnisse achtend – zu führen, so wie man Fremde führt und Wissen an sie weitergibt. Wenn wir geboren werden, verfügen wir bereits über erste Basiskompetenzen (wir *wissen*, wann es für uns Zeit ist zu trinken oder zu schlafen), und wenn wir die Gelegenheit erhalten, unser Selbst wie in vorgeburtlicher Zeit auch weiterhin frei zu entwickeln, geraten wir in der Regel nicht unter Druck und benötigen daher auch kein Ventil für aufgestaute Gefühle. Stattdessen werden wir uns in aller Regel zu ausgeglichenen, neugierigen und lebendigen Menschen entwickeln, die in der Lage sind, im Leben selbstgestalterisch zu wirken.

„Es gibt kein Tier, das nicht ‚wüßte‘ (unfehlbar und ohne Zweifel), was es braucht für sein Wohlbehagen und seine Gesundheit, was ihm bekömmlich ist – und vor allem: wie es seine Jungen behandeln muß, damit diese sich optimal entwickeln. Der Mensch in der Zivilisation jedoch weiß es nicht – er hat es vergessen.“ [44]

Wie sehr uns dieses Wissen verlorengegangen ist, zeigt u. a. das folgende Beispiel: Ein junges Elternpaar hegt starke Zweifel, ob es richtig ist, ihr Kind nachts schreien zu lassen. In einem Internetforum rund um das Thema „Kleinkind“ sucht die Mutter nach Rat, vor allem aufgrund einer zweifelhaften Erfahrung, die sie in einer Krabbelgruppe gemacht hat. Dort hatten ihr die Mütter die Schuld daran gegeben, dass ihr Kind mit 18 Monaten noch nicht durchschlief. Die einheitliche Aussage war, sie müsse es nachts schreien lassen, das Schlafen könne erlernt werden. Auf die Antwort der Mutter, sie und ihr Mann hätten das bereits ausprobiert – mit dem Ergebnis, dass sich ihr Kind vor Aufregung erbrochen hat, vertraten die Frauen einhellig die Meinung, das Kind schreie keineswegs aus Angst, sondern wol-

---

[44] Vgl. LIEDLOFF, Auf der Suche nach dem verlorenen Glück, S. 8.

le lediglich seinen Kopf durchsetzen; auch Babys von gerade einmal 10 Wochen würden ihre Mütter manipulieren und „nur" auf den Arm genommen werden wollen, obwohl sie trocken und satt seien.

Das einzig Tröstliche an dieser Geschichte: Auch wenn keine der im Forum um Rat gefragten Frauen den Vorschlag machte, das Kind nicht mehr allein schlafen zu lassen, so war hier doch immerhin keine dabei, die sich der Meinung der Krabbelgruppenmütter anschloss.

Hier ist sicherlich festzuhalten: Je größer die Verunsicherung, desto größer ist auch die Gefahr, einen instinktiven Impuls zu ignorieren und sich stattdessen an dem zu orientieren, was die gesellschaftliche Norm vorgibt, die sich − unreflektiert − leider nur allzu oft auch in den Ratschlägen der eigenen Mütter, Großmütter und Schwiegermütter wiederfindet.

Schwarze Pädagogik:
Der lange Arm einer Ideologie

Was die Mütter der Krabbelgruppe wahrscheinlich nicht wussten: Die von ihnen empfohlene Methode des Schreienlassens ist zurückzuführen auf zum Teil jahrhundertealte Erziehungsschriften, insbesondere auf die Erziehungsratgeber der Johanna HAARER, einer österreichisch-deutschen Ärztin und Autorin im Dritten Reich − aus heutiger Sicht eine Vertreterin der *schwarzen Pädagogik*. In ihren Büchern propagiert sie, ganz im Sinne der Ideologie des Nationalsozialismus, Gewalt und Einschüchterung als Erziehungsinstrumente. Die Bücher wurden nach dem Krieg, bereinigt von der Terminologie des Nationalsozialismus, noch bis in die 1990er-Jahre verlegt und vertrieben.

Auf Wikipedia heißt es dazu:

„Die Erziehung wird bei Haarer zu einer Technik, die durch die Ablehnung von Freude, Zuneigung oder Trösten gekennzeichnet ist und [...] das „Kind als Feind" betrachtet. So forderte Haarer, wenn das Kind schreit und auch der Schnuller als „Beruhigungsmittel" versagt, „dann, liebe Mutter, werde hart! Fange nur ja nicht an, das Kind aus dem Bett herauszunehmen, es zu

tragen, zu wiegen, zu fahren oder es auf dem Schoß zu halten, es gar zu stillen." [...] Erziehungsziel war nach Haarer schon bei Kleinkindern die Vorbereitung auf die Unterwerfung unter die NS-Gemeinschaft beziehungsweise die Gleichschaltung im Sinne von deren Ideologie." [45]

Schwarze Pädagogik ist ein von der Soziologin Katharina RUTSCHKY (1941-2010) geprägter Sammelbegriff für repressive Erziehungsmethoden sowie Titel ihres Buches, das im Jahr 1977 veröffentlicht wurde.

Eine weitere Autorin, die sich intensiv mit diesem Thema beschäftigte, war die schweizerische Psychologin und Kindheitsforscherin Alice MILLER (1923-2010). In ihrem Buch *Am Anfang war Erziehung* bezieht sie sich auf die „schwarze Pädagogik" von RUTSCHKY und zitiert ebenfalls aus diversen, größtenteils im 19. Jahrhundert verfassten Erziehungsschriften, in denen sehr detailliert Techniken beschrieben werden, wie Kinder zu konditionieren sind, um aus ihnen gehorsame Untertanen zu machen. Ziel war es, ihnen die „Halsstarrigkeit" und den Eigensinn, den Trotz und die Heftigkeit ihrer Gefühle abzuerziehen. Das Kind sollte *„aufmerken, gehorchen, sich vertragen und seine Begierden mäßigen"*[46] – dabei wurde nicht nur in Kauf genommen, den kindlichen Willen zu brechen, sondern bewusst darauf abgezielt.

„Ein Kind, das gewohnt ist, seinen Eltern zu gehorchen, wird auch, wenn es frei und sein eigener Herr wird, sich den Gesetzen und Regeln der Vernunft gern unterwerfen, weil es einmal schon gewöhnt ist, nicht nach seinem Willen zu handeln. Dieser Gehorsam ist so wichtig, daß eigentlich die ganze Erziehung nichts anderes ist, als die Erlernung des Gehorsams. [...] Es ist ganz natürlich, daß die Seele ihren Willen haben will, und wenn man nicht in den ersten zwei Jahren die Sache richtig gemacht hat, so kommt man hernach schwerlich zum Ziel. Diese ersten Jahre haben unter andern auch den Vorteil, daß man da Gewalt

---

45 Vgl. Wikipedia, Johanna HAARER.
46 Vgl. MILLER, Alice: „Am Anfang war Erziehung", Suhrkamp-Verlag.

*und Zwang brauchen kann. Die Kinder vergessen mit den Jahren
alles, was ihnen in der ersten Kindheit begegnet ist. Kann man
da den Kindern den Willen benehmen, so erinnern sie sich hernach niemals mehr, daß sie einen Willen gehabt haben und die
Schärfe, die man wird brauchen müssen, hat auch eben deswe-
gen keine schlimmen Folgen"* (MILLER, S. 27).

Ein fast perfekter Plan: Um beim Brechen des Willens junger
Menschen möglichst wenig Widerstand zu erzeugen, wird ganz
bewusst auf deren Unfähigkeit gesetzt, sich an die Zeit vor dem
2. oder 3. Lebensjahr zu erinnern – nur dass es sich bei der
Annahme, dies habe keine schlimmen Folgen, um einen schweren Irrtum handelt.

Aber damit nicht genug: Entwickeln die Kinder daraufhin negative Gefühle wie Hass oder Wut, wird ihnen – unter Ausnut-
zung einer weiterhin vorhandenen Kooperationsbereitschaft,
die ihr Verlangen nach Anerkennung und Bestätigung ausdrückt
– im letzten Schliff ebenfalls beigebracht, die eigenen, uner-
wünschten Gefühle zu unterdrücken.

*„Dergleichen Übungen nun hat man sehr viele, und man kann
sie auf eine solche Weise anstellen, daß die Kinder sich ihnen
gern unterwerfen, wenn man nur die rechte Art weiß, mit ihnen
zu sprechen, und die Zeit beachtet, da sie aufgeräumt sind. Eine
solche Übung ist z. B. das Stillschweigen. Fragt ein Kind: Könn-
test du wohl einmal ein paar Stunden stille sein, ohne ein Wort
zu reden? Macht ihm Lust, die Sache zu probieren, bis es die
Probe einmal ausgehalten hat. Hernach spart nichts, ihm zu
bezeugen, daß dies ein Verdienst ist, sich selbst so zu überwinden. Wiederholt die Übung, macht sie von Zeit zu Zeit schwerer
[...]. Ist es soweit gekommen, daß es seine Zunge bezähmen
kann, so ist es auch zu anderen Dingen fähig, und die Ehre, die
es dadurch erlangt, ermuntert es, andere Proben zu bestehen.
Eine solche Probe ist, sich gewisser Dinge zu enthalten, die man
liebt. [...] Die Kinder lieben die Bewegung. Sie halten sich nicht
gern still. Übt sie auch darin, damit sie lernen sich zu überwinden. Setzt auch ihren Leib, soviel es die Gesundheit erlaubt, auf
die Probe; laßt sie hungern, dürsten, Hitze und Frost ausstehen,*

harte Arbeit verrichten; doch daß es mit guter Einwilligung der Kinder geschehe; denn zu solchen Übungen muß man sie gar nicht zwingen, weil sie sonst ohne Nutzen sein würden. Ich verspreche euch, daß die Kinder durch solche Übungen tapfere, standhafte und geduldige Gemüter bekommen werden, die hernach desto eher tüchtig sein werden, die bösen Neigungen zu unterdrücken" (MILLER, S. 41/42).

Beinahe hat es den Anschein, als sei diese Form repressiver Erziehung auf eine gewisse Art und Weise sogar von freundlicher, entgegenkommender Natur, versucht sie doch – im Gegensatz zu anderen –, die Kinder den harten Drill vergessen zu lassen. Eine solche Erziehung gilt somit auch als besonders gut gelungen, wenn Kinder *„1. gern tun, was ihnen befohlen wird, 2. gern unterlassen, was man ihnen verbietet, und 3. mit den Verordnungen, die man ihrethalben macht, zufrieden sind"* (MILLER, S. 28). Der „Vorteil": Wenn der Drill auf diese Weise gediehen ist, sind im Weiteren kaum noch Schläge oder andere Strafen zur Durchsetzung des elterlichen Willens vonnöten – sodass diese Kinder in späteren Jahren, wenn sie psychisch erkranken, nicht selten angeben, eine glückliche Kindheit gehabt zu haben. Laut MILLER sind Neurosen und Psychosen *nicht* auf eine bewusst erlebte Frustration zurückzuführen, sondern stets auf die Verdrängung eines Traumas.

Dem Bestreben, Kinder zu Geduld und Standhaftigkeit zu erziehen, liegt noch eine weitere irrtümliche Annahme zugrunde. Indem man ihre Bedürfnisse unterdrückt, lernen sie nicht, sich zu gedulden, sondern sich zurückzunehmen bzw. zu beherrschen. *Sich gedulden* und *sich zurücknehmen* sind keinesfalls identisch: Geduld wird erlernt in einer freien Entwicklung – durch ein permanentes, selbstinszeniertes Ausprobieren –, während das Sich-zurück-Nehmen auf dem Missachten von Bedürfnissen basiert. Eine Selbstbeherrschung bzw. Impulskontrolle beinhaltet demnach, Gefühle zu unterdrücken, also nicht im Affekt zu handeln. Hierbei geht es jedoch nicht um Maßnahmen zur Erlangung größerer Souveränität (Balance, Frieden), sondern, wie gesagt, um ein *Beherrschen*, wenn auch in diesem Fall der eigenen Gefühle.

Die Unfähigkeit, sich des eigenen kindlichen Leidens zu erinnern, führt oft dazu, dass erwachsene Menschen die Erziehungsmethoden ihrer Eltern im Nachhinein legitimieren, sodass deren Ansätze regelmäßig zur Erziehung der eigenen Kinder übernommen werden („es hat uns nicht geschadet"). Der bei ihnen zu beobachtende Mangel an *Verständnis* bzw. an Empathie[47] im Umgang mit Kindern verrät jedoch ihre Erfahrungen mit Unterdrückung und dass sie gelernt haben, sich zurückzunehmen und die Zähne zusammenzubeißen (MILLER, S. 81).

Die *schwarze Pädagogik* ist gekennzeichnet von unterschiedlichen Elementen, von denen einige in ihrer Wirkung so offensichtlich zerstörerisch sind, dass sie heute nicht mehr zur allgemeinen Erziehungspraxis gehören und teilweise sogar verboten sind, wie z. B. das Schlagen von Kindern bzw. die körperliche Züchtigung (die lange Zeit als unumgänglich galt). Ziel war der absolute Gehorsam. Dieser wurde von manchem Autor sogar über das Einsehen der Kinder in betreffende Maßnahmen gestellt, so wie auch elterliche Erklärungen als kontraproduktiv angesehen wurden: Kinder sollten nicht überzeugt werden, sondern unbedingt gehorchen. Andere, weit subtilere und damit unterschätzte Strafmaßnahmen haben sich hingegen bis heute halten können, wie bspw. das Entfernen vom Schoß der Mutter oder des Vaters, die Verweigerung des Körperkontakts oder des Kusses vor dem Schlafengehen, das Nicht-Beachten/Ignorieren des Kindes bzw. die Verweigerung von Kommunikation usw. (Strafen durch Liebesentzug).

Vieles hat sich in den letzten Jahrzehnten bereits verändert; so gelten heute Gehorsam, Zwang, Härte und Gefühllosigkeit im Bewusstsein vieler Menschen (eigentlich) als überholte Werte. Doch die Methodik der repressiven Erziehung wirft lange Schatten. Ihre Auswirkungen finden sich bis heute in unterschiedlicher Gestalt:

- in der fortschreitenden Apathie bzw. Teilnahmslosigkeit in weiten Teilen der Bevölkerung, mit der weitreichende politische Entscheidungen (wie die Einschränkungen bürger-

---

[47] Vgl. Abb. 16, „Die Bausteine der Empathie".

licher Rechte oder Kriegsbeteiligungen) nahezu unwidersprochen hingenommen werden
- in Orientierungslosigkeit und Unsicherheit, Lustlosigkeit,
  mangelnder Initiative und Berufung
- im Akzeptieren einengender Strukturen, in die selbst Kinder gezwängt werden, aufgrund des Gefühls von: Hilflosig-
  keit, Einfallslosigkeit, Machtlosigkeit, Ausweglosigkeit oder
  Alternativlosigkeit
- in der Verwendung von Begriffen wie „Vater Staat" und
  „Mutti Merkel"
- in der Anfälligkeit für Propaganda[48] mit einem Bedarf an
  Feindbildern
- in einer fortschreitenden Zersetzung der Gesellschaft mit
  zunehmendem Verlust von Vertrauen und Zusammenhalt
- in einem zunehmenden Maß an Aggression und weltweiten Auseinandersetzungen
- in der Masse psychischer Störungen und Erkrankungen,
  selbst bei Kindern, Tendenz: steigend

Auch wenn das brutalste Abrichten von Kindern bei uns heute
größtenteils der Vergangenheit angehören dürfte, so werden
doch ihre Bedürfnisse im Allgemeinen auch weiterhin dermaßen beschnitten, dass Fehlentwicklungen wie ADHS, Lethargie
oder Mobbing glänzend gedeihen können; der Zustand unserer
Gesellschaft bedarf dazu kaum weiterer Worte. Ernsthafte
Überlegungen, auf welche Weise die vielfältigen Aufgaben der
Zukunft zu bewältigen sein werden, sind jedoch untrennbar mit
der Frage verknüpft, ob es Menschen möglich ist, sich frei zu
entwickeln und dabei benötigte Potenziale zu entfalten, um
diesen Herausforderungen gewachsen zu sein.

Die Beziehung zu uns nahestehenden Menschen ist grundsätzlich von großer Bedeutung für die Entwicklung unserer
Persönlichkeit. In der Regel ist die Mutter die bedeutendste,
wenn auch nicht die einzige Bezugsperson für einen Säugling;
vielmehr teilt sie diese Rolle mit dem Vater, den Großeltern,

---

[48] Keine Frage des Intellekts, sondern einer vergessenen frühkindlichen
Traumatisierung durch Brechen des Willens (Entwicklungstrauma).

Geschwisterkindern usw. In dieser ersten Zeit im Leben eines Menschen geht es bei der Ausbildung seiner Souveränität in erster Linie um das Gewähren von Sicherheit; daher handelt es sich bei jeder Person, die sich einem Kind widmet, auch um eine *mütterliche Bezugsperson* (MBP).[49]

„Die Mutterrolle, die einzige Rolle, die zu einem Säugling in den ersten Monaten eine Beziehung herstellen kann, wird instinktiv von Vätern, anderen Kindern und auch sonst von jedem gespielt, der sich, und sei es nur für einen Augenblick, um das Kind kümmert. Zwischen Geschlechtern oder Altersgruppen zu unterscheiden ist nicht Sache eines Babies." [50]

Demgegenüber liegt die Aufgabe des Vaters eher im Führen des Kindes, im Vermitteln von Wissen und bestehenden sozialen Normen, sobald es heranwächst und sich von der Mutter löst. Doch auch hier gilt: Die Vaterrolle ist nicht auf den Vater beschränkt – eine führende, „väterliche" Rolle wird ebenso von Müttern, Geschwistern und anderen Bezugspersonen eingenommen.

Doch zurück zur mütterlichen Zuwendung. Zentrale Aspekte liegen hier in der *Bedingungslosigkeit* und *Passivität*, was bedeutet: Das ursprüngliche Annehmen eines Kindes erfolgt ohne Gegenforderung, zudem stellt sich die Mutter ihrem Kind uneingeschränkt zur Verfügung. Heutzutage besteht die Gefahr, dass Frauen die Annahme dieser Rolle bewusst verweigern, da Passivität und Bedingungslosigkeit direkt in Verbindung gebracht werden mit einer Abhängigkeit und der Zuschreibung weiblicher Tugenden (Unterwürfigkeit, Selbstaufgabe), von denen sich die Frauenbewegung gerade mühsam zu befreien versucht. Es stellt sich also die Frage: Wo bleiben hier die Bedürfnisse der Mütter?

---

[49] Vgl. LIEDLOFF, Jean: „Auf der Suche nach dem verlorenen Glück", S. 49 ff.
[50] Vgl. LIEDLOFF, Jean: „Auf der Suche nach dem verlorenen Glück", S. 52.

An dieser Stelle offenbart sich ein unbestreitbares und wesentliches Dilemma: Es geht hier um die Ausbildung kindlicher Souveränität und somit explizit um die Bedürfnisbefriedigung von Kindern; zur Erfüllung elementarer Bedürfnisse der Mütter war ursprünglich deren Kindheit vorgesehen. Wurden Erwartungen und Bestrebungen zu diesem Zeitpunkt missachtet und unterdrückt, besteht heute ein Mangel und somit eine Bedürftigkeit der Mutter, die mehr oder weniger stark zutage tritt. Um Kindern dennoch den von ihnen benötigten Raum bieten zu können, besteht für Mütter (MBP) die Möglichkeit einer Aufarbeitung, bspw. in therapeutischer Form. Darüber hinaus ist eine gesellschaftliche Entwicklung unumgänglich, die eine Umgestaltung der äußeren Lebensumstände zulässt und fördert (z. B. durch das Verhindern häuslicher Isolation). Es ist keine Frage, dass vor allem Mütter an dieser Stelle stark gefordert sind und einer besonderen Unterstützung bedürfen. Diese zu gewähren ist von äußerster Wichtigkeit: Jeglicher Kompromissversuch in der Mutter-Kind-Beziehung, der die Bedürfnisse der Kinder gegen die unerfüllten der Mutter abzuwägen versucht, führt zwangsläufig zu einem Reproduzieren von Verletzungen in der Persönlichkeitsentwicklung von Menschen.

In den nachfolgenden fünf Abbildungen wird der Versuch unternommen, charakteristische Störungen in der Persönlichkeitsentwicklung bestimmten Beziehungsdefiziten zuzuordnen. Eine Unterteilung wird als notwendig erachtet, da die Unterdrückung von Bedürfnissen auf unterschiedliche Arten erfolgt: durch ein *Vorenthalten des Selber-Machens* und des *Selbst-Entscheidens*, durch das *Aufstellen von Bedingungen* und einen *Mangel an Sicherheitserfahrungen*. Ebenso verschieden sind die Auswirkungen auf die kindliche Entwicklung: Das Unterdrücken von Bedürfnissen beeinflusst die Ausbildung von *Kompetenzen* und *Selbstwirksamkeitsbewusstsein*, von *Selbstwertgefühl*, *Selbstbewusstsein* und *Geborgenheit*; es schädigt das Vertrauen in sich selbst und in Andere sowie in das Leben an sich.

Auf **horizontaler Ebene** werden mögliche kindliche Stressreaktionen den Bereichen

- *Kämpfen*
- *Fliehen*
- *Erstarren*

zugeordnet, in den **vertikalen Spalten** finden sich folgende Mängel:

- *Mangelnde Autonomie*
- *Mangelndes Erleben von Selbstwirksamkeit*
- *Bedingende Liebe I (Machtstreben)*
- *Bedingende Liebe II (Missbrauch)*
- *Mangelnde Verbundenheit*

Ausbildung von Fähigkeiten und Selbstsicherheit
Kategorie: Freiheitsmangel
Vertrauen in Fähigkeiten. Betrifft die Ausbildung von Entscheidungsfähigkeit und das richtige Einschätzen von Kompetenzen. "Gluckenmutter", "Helikoptereltern", mangelndes Zutrauen dem Kind gegenüber, übergroße Vorsicht, Misstrauen und Kontrolle. Die Eltern befürchten, das Kind könne Schaden durch Unbedachtheit nehmen, eine Störung der Alltagsabläufe hervorrufen oder später gesellschaftlichen Anforderungen nicht gewachsen sein. "Klettere da nicht rauf", "bleib in meiner Nähe", "zieh deine Jacke an/lauf bitte nicht barfuß". Anstatt ein Kind machen zu lassen, erledigt MBP Tätigkeiten lieber selbst oder mischt sich unaufgefordert ein. Andererseits Hang zur Frühförderung des Kindes nach eigener Priorität.   **- Traumatisierung durch Mangelausbildung von Fähigkeiten**
"Kämpfen":   - Protest, Ausprobieren-Wollen, Selbst-entscheiden-Wollen   - Nicht-hören-Können, Sich-nichts-sagen-lassen-Wollen   <u>Ventil</u>: Sport (z.B. Laufen, Rad- und Autorennen)
"Fliehen":   - Weglaufen/Fliehen vor der MBP, Ignorieren von Warnungen, Ungeduld, Frust, Unvorsichtigkeit, Grobmotorik, Selbstüberschätzung, erhöhtes Verletzungsrisiko, Treffen von Fehlentscheidungen   - Vorliebe für Geschwindigkeit (Kompensation)
"Erstarren":   - Mangelausbildung von Fähigkeiten, <u>"Ich kann das nicht"</u>, <u>"Ich kann mich nicht entscheiden"</u>. Unselbständigkeit, Zögerlichkeit, Tapsigkeit, Ungeschicklichkeit, Pechvogel   - Übervorsichtigkeit, mangelndes eigenes Zutrauen   - Orientierungslosigkeit

Abbildung 5 – Mangelndes Erleben von Selbstwirksamkeit

Ausbildung von Selbstwirksamkeit
Kategorie: Freiheitsmangel
Selbstvertrauen. Mangelnde kindliche Selbstermächtigung und Einflussnahme, betrifft z. B.: - Kaiserschnittgeburt - temporäre Abwesenheit/Abgewandtheit der Mutter (MBP) aufgrund struktureller Notwendigkeiten (Berufstätigkeit), dadurch Mangel an Gelegenheit zur Nähe: Die Mutter (MBP) steht dem Kind nicht ausreichend (bedürfnisgerecht) zur Verfügung, Wechselspiel zwischen Nähe und Abwesenheit bzw. Bedürfniserfüllung und Unerfülltbleiben. Artigsein oder Befriedigen mütterlicher Bedürfnisse sind hier ohne Relevanz, Proteste verursachen ggf. Ablehnung. Weitere Gründe für das Einschränken des Zur-Verfügung-Stehens der Mutter: z. B. Geschwisterkinder, Besuch von Kita, Hort oder Kindergarten - **Traumatisierung durch Verlust von Selbstwirksamkeit**
"Kämpfen": - Protest, Klammern, (kindliche) Eifersucht - Kind fügt sich ins Unvermeidbare (Ergebenheit); bei Gelegenheit vermehrter Zuwendung (z. B. Urlaub) wird unterdrücktes Bedürfnis nach Nähe wieder reaktiviert. Sobald Nähe abermals reduziert wird (Ende des Urlaubs), äußert sich wieder Protest.
"Fliehen": - Extrovertiertheit, Hyperaktivität, Bewundert-Werden- bzw. Im-Rampenlicht-stehen-Wollen - Missionieren - Härte, Kompromisslosigkeit, Rigorosität Ventile: Schauspielerei, Regie; Darstellen, Kunst

"***Erstarren***":
- Verträumtheit, Unaufmerksamkeit, Rückzug in innere Welten, Lesen, Fernsehen, virtuelle Spiele
- Traurigkeit, Ergebenheit, Resignation, Nachgiebigkeit, Ausbildung eines Phlegmas, Introvertiertheit, Depression, Passivität, Antriebslosigkeit, Freud- und Lustlosigkeit, Bindungsunlust, Verlust des Glaubens an Selbstwirksamkeit (des Vertrauens in sich selbst), Ohnmachtsgefühle, Burn-Out, Allgemeines Anpassungssyndrom nach Selye (AAS)
- Bedarf an Ersatzbefriedigungen (Kompensation): Essen, Süßigkeiten, Tabak, Alkohol, andere Drogen, Sex, allgemeiner Konsum, Medien
<u>Ventile</u>: Kunst, Musik, Literatur: Ausleiten der Gefühle, Mitschwingen auf dargestellten Gefühlen

Abbildung 6 – Bedingende Liebe I: Machtstreben

Ausbildung von Selbstwertgefühl

Kategorie: Freiheits-/Sicherheitsmangel

Vertrauen in ein Miteinander. Eine positive Bestätigung (Liebe, Anerkennung, Annahme, Wertschätzung) wird an das Erfüllen von Anforderungen geknüpft, z. B. Gehorsam ("Tue, was ich dir sage", "Tanz nach meiner Pfeife, wenn du wertgeschätzt werden willst"), Leistungen oder Aussehen. Bei Nichtbefolgen der Weisungen/Anforderungen erfolgen Sanktionen wie Ablehnung oder Bedrohung.
Instrumente: Lob und Tadel, Beachten und Ignorieren.
Fortführung z. B. in der Schule durch Benotung kindlicher Leistung.
Übergeordnete kindliche Reaktionen:
- Impulsivität (einem emotionalen Impuls folgend)
- Tendenz zur Unterordnung
- Einschränkung der Empathiefähigkeit (Mangel an Verständnis)
- **Traumatisierung durch Aufheben der Bedingungslosigkeit**

"*Kämpfen*":
- Protest, Abwehren, Empörung, sich erregen bzw. "aufregen"
- Entwickeln negativer Gefühle: Trotz, Ärger, ("gerechter") Zorn;
- "Ich tue nicht, was du sagst": Mit dem Kopf durch die Wand, Verlust von Folgsamkeit, Beharrlichkeit, Abwandern in "Illegalität", Disziplinlosigkeit
- Je nach Intensität später Scheu vor Bindungen möglich (Befürchtung eines erneuten Verlustes von Souveränität)
Ventile: Kunst/Musik, Kleidung (z.B. Punks), Sport (z.B. Boxen)

"*Fliehen*":
- Vordergründiges Sicherheitsbedürfnis, daher wird sich gefügt, wo es notwendig erscheint; das permanente Unterdrücken freiheitlicher Bestrebungen befördert hier ein Verlangen nach Austarieren des Machtdefizits in Form von Machstreben.

Darüber hinaus erfolgt ein Weiterentwickeln negativer Gefühle (z. B. "blinde"/"ohnmächtige" Wut)
- Beeinträchtigung von Vertrauen und Empathie (Verständnis)
- Herausfordern, Provozieren, Ärgern
- Überheblichkeit, Hierarchiestreben, Respektlosigkeit, Abwerten Anderer, Neid, Missgunst, Feigheit, Denunziation
- Machtstreben und -ergreifung, Kontrolle, Verlangen von Gehorsam
- Rassismus, Sexismus, Adultismus, Klassismus
- Bedarf an Projektionsflächen für Wut bzw. an Feindbildern
- Jähzorn, Aggression, ("glühender") Hass, Rache, Sadismus, Soziopathie
- Affekthandlungen, "geringere Intelligenz"
"Ich tue das, was du nicht willst"/"Du tust, was ich will"

***"Erstarren"*:**
- Hohes Sicherheitsbedürfnis, Zurückstellen freiheitsrelevanter Bedürfnisse zugunsten mütterlicher (später: gesellschaftlicher) Annahme. Phasen, in denen das Freiheitsbedürfnis an Dominanz gewinnt, sind: Trotzphase, Pubertät, Midlife-Crises etc.
- Gehorsam, Unterwerfen, Angepasstheit, Bewunderung, Befolgen von Befehlen/Anweisungen, Pflichtbewusstsein, Disziplin, Selbstbeherrschung, Fleiß, Zuverlässigkeit, Konservativität (Moral, Tugend, Pflicht, Verantwortung, Schuld)
- Rastlosigkeit, Unruhe, Verzweiflung, Sehnsucht
- Verlust von Vertrauen: "Liebst du mich, auch wenn ich nicht deinen Weisungen folge?" (Bedingungslosigkeit); Ausbilden von Unsicherheit, Ängstlichkeit, Sorgen, Paranoia
- "Ich tue, was du sagst/was erwartet wird"
- Verlustangst, Eifersucht, Phobien, Bedrohlichkeitsempfinden, Bindungsangst, Angst vor Veränderungen, Pessimismus, Existenzangst
- Bedarf an Projektionsflächen für diffuse Ängste
- Streben nach Erfolg, Anerkennung, Schönheit; Eitelkeit, Ehrgeiz (Gefall-/Ruhmsucht), Anbiedern; Selbstzweifel: "Bin ich gut genug?"
- Selbstentwertung, Selbsthass, Minderwertigkeitskomplex: "Ich bin nicht gut genug/nicht wert, geliebt zu werden"

Abbildung 7 – Bedingende Liebe II: Missbrauch

Ausbildung von Selbstbewusstsein und Achtsamkeit
Kategorie: Freiheits-/Sicherheitsmangel
Vertrauen in ein Miteinander. "Tu es für mich", "Mach mich glücklich", "Hab mich lieb", "Mach mich stolz", "Lebe für mich!" Kind erhält mütterliche Anerkennung/Zuwendung/Zuneigung, wenn es dafür eigene Bedürfnisse zurückstellt ("Hänschen klein"). Aufgabe des Kindes ist das Bedienen unerfüllter Bedürfnisse der mütterlichen Bezugsperson (Liebesbedürftigkeit bzw. mangelnde Anerkennung). Diese werden vom Kind bedient, solange seine innere Sicherheit noch nicht genügend ausgebildet und es vordergründig auf mütterliche Zuwendung angewiesen ist. - Kind übernimmt "Verantwortung" der mütterlichen Bezugsperson (MBP), die diese nicht zu übernehmen in der Lage ist (Parentifizierung) - Nicht-altersgerechtes Einbeziehen des Kindes in die persönlichen Probleme der Mutter/des Vaters - Einsetzen des Kindes als Friedensstifter in der Familie - Sexueller Missbrauch - "Wer bin *ich*?" - **Traumatisierung durch Verlust von Selbstbewusstsein**
"***Kämpfen***": - Protest, Beachtet-werden-Wollen (in den eigenen Bedürfnissen)
"***Fliehen***": Vordergründiges Sicherheitsbedürfnis, daher wird sich gefügt, wo es notwendig erscheint; das permanente Unterdrücken freiheitsrelevanter Bestrebungen fördert hier ein Weiterentwickeln negativer Gefühle wie Verächtlichkeit/Verachtung, Boshaftigkeit, Häme, Schadenfreude - Mangelnde "Antennen" (Empathie) für die Bedürfnisse Anderer - Missachtung, Abwenden, Sich-selbst-Überlassen, "Verant-

wortungslosigkeit"
- Suche nach Schuldigen, Schuldzuweisungen
- Dogmatismus, Deutungshoheit

"*Erstarren*":
- Hohes Sicherheitsbedürfnis, Zurückstellen und Nicht-
bewusst-Werden freiheitsrelevanter kindlicher Bedürfnisse
- Erhöhte Achtsamkeit für (vermeintliche) Bedürfnisse Anderer
- Verlust von Vertrauen in ein Miteinander: "<u>Liebst du mich,
auch wenn ich meine Bedürfnisse statt deiner stille</u>?" (Bedin-
gungslosigkeit)
- Ausbildung von Unschlüssigkeit, Aufopferungsbereitschaft,
Duldsamkeit, Selbstlosigkeit, Verantwortungs- und Schuldge-
fühlen, Scham
- Unsichere Gefühle, Bindungsscheu
- "<u>Ich weiß nicht, was ich will</u>"
- Schwierigkeiten beim Positionieren gegenüber Anderen,
Hierarchie- und Obrigkeitsglauben als ordnende Macht

Ausbildung von Geborgenheit und Gelassenheit
Kategorie: Sicherheitsmangel

Vertrauen in Andere, existenzielles Vertrauen.
- Fehlen mütterlicher Verbundenheit: Mangelndes Annehmen und Schutzgewähren, Vorenthalten/Verweigern von Zuwendung und körperlicher Nähe, Liebesentzug.
Formen des Ablehnens: stark eingeschränktes Zur-Verfügung-Stehen, Kind wird (z. B. durch den Vater) als Konkurrent in Bezug auf mütterliche Zuwendung abgelehnt;
Gründe: Trauma, Überforderung, Desinteresse, Bestrafung;
Erscheinungsbild: Mangelnde physische Nähe, Kind wird auf Abstand gehalten (z. B. Kinderwagen, Wippe), isoliertes Schlafen; Bedrohung in Form von physischer, psychischer und sexueller Gewalt
- Vorgeburtlicher, geburtlicher und nachgeburtlicher Stress (das Leben bedrohend, z. B. Abtreibungsversuch, Komplikationen bei der Geburt, fehlende Prägung, fehlende Rückversicherung)
Übergeordnete kindliche Reaktionen:
- Verlust von Vertrauen und Aufgehobensein
- Beeinflussung der Empathiefähigkeit
- Permanente Aufmerksamkeit/Alarmbereitschaft
- Entwickeln von Strategien (einer Strategie folgend)
- **Traumatisierung durch Verlust von Verbundenheit**

"Kämpfen":
- Protest, panisches Schreien, Schreibabys
- Entwickeln von (Gewinnungs-)Strategien, z. B. Charme, Um-den-Finger-Wickeln, Koketterie, Weinen, Rhetorik
- Geschärfte Wahrnehmung; Bewältigung durch Analyse: Psychologie, Philosophie, investigativer Journalismus, Forschung etc.
- Abwenden, aus dem Weg gehen, Autarkie
- <u>Ventil</u>: Entspannungstechniken, z. B. Yoga

"***Fliehen***":
- Unterdrücken von Unsicherheit und existenzieller Angst
- Schlechtes "Vermeidungslernen"
- Mangelausbildung innerer Verbundenheit ("Individualismus"): Mangelnde Empathie (Mitgefühl), Verlust von Vertrauen, gezielter Einsatz von Gewinnungsstrategien bzw. bewusste Manipulation, z. B. mithilfe von Charme, Um-den-Finger-Wickeln, Koketterie, Weinen, Rhetorik; "höhere Intelligenz"
- Egoismus, antisoziales Verhalten, Unzuverlässigkeit, Gleichgültigkeit, Rücksichtslosigkeit, Kaltschnäuzigkeit, Egozentrik, Narzissmus, Größenwahn, Gewissenlosigkeit, Misstrauen, Kontrollzwang
- Druckresistenz, Risikofreude, "Angstlosigkeit", Leichtsinn
- Bindungsunfähigkeit, Distanziertheit, Belauern, Auf-der-Hut-Sein, Lügen, Betrug, Täuschen, Hinterhalt, HInterlist
- Absicherung statt Sicherheit: Abschotten, Rottenbildung, Gier, exzessives Streben nach Geld/Reichtum, Unersättlichkeit
- Verlust von Vitalität (äußere Bedrohung): Mord, Vernichtung, Zerstörung, Kamikaze, Selbstmordattentat, Amoklauf ("<u>Ich gehe unter, aber ich nehme dich mit</u>"/"<u>Ich bereite dir die Hölle</u>")
<u>Ventile</u>: z.B. Extremsport, Antrieb: unterdrückte Todesangst, Angst bezwingen, koste es, was es wolle; "<u>Tod oder Freiheit</u>"

"***Erstarren***":
- Verlust von Vitalität (innere Bedrohung): Leere, Einsamkeit, Sinnlosigkeit, Verlust existenziellen Vertrauens, Mangel an Gefühl, Verlust von Hoffnung und Zuversicht, Krankheit, Suizidalität
- Mangelnde Fähigkeit, sich selbst zu (er-)nähren
- Mangelausbildung innerer Verbundenheit ("Anhänglichkeit"): Hörigkeit
- Suchtentwicklung, Missbrauch von Drogen, Promiskuität
- Masochismus, Suche nach Daseinsberechtigung
- Entwickeln von (Kompensations-)Strategien: Verdrängung, Dissoziation (Abspaltung)
- <u>Ventile</u>: Musik, z. B. das *Lied vom traurigen Sonntag*

Im zweiten Teil des Buches „Am Anfang war Erziehung" von Alice MILLER werden die Kindheitsgeschichten von drei Menschen nachgezeichnet, die später, als Erwachsene, zu trauriger Berühmtheit gelangt sind – entweder aufgrund der Zerstörung des eigenen Selbst oder durch die Vernichtung von Leben anderer Menschen. Bei diesen handelt es sich um Christiane F. *(Wir Kinder vom Bahnhof Zoo)*, Adolf Hitler und Jürgen Bartsch („Kirmesmörder"). Zur besseren Veranschaulichung möglicher Auswirkungen repressiver Erziehung werden die Beispiele im Folgenden wiedergegeben.

Es sei darauf hingewiesen, dass es sich bei der Kindheitsbetrachtung von Menschen wie Adolf Hitler oder Jürgen Bartsch keineswegs um den Versuch handelt, deren Taten in irgendeiner Form zu relativieren und Verbrechen zu verharmlosen – diese stehen jeweils für sich. Das übliche Darstellen dieser Menschen als Monster hilft uns jedoch nicht weiter, sondern verhindert ein Auseinandersetzen, ein analytisches Betrachten, das notwendig ist, um das Schema erkennen zu können, das einer Fehlentwicklung zugrunde liegt. Nur aus der Analyse lassen sich Lehren ziehen, um in der Lage zu sein, ein Wiederholen derartiger Katastrophen zu verhindern.

Laut MILLER sind die Kindheiten der drei Genannten durchgehend gekennzeichnet von schwerwiegenden Gewalterfahrungen; hinzu kommt, zumindest im Falle von Hitler und Bartsch, eine massive Bedürfnisunterdrückung bereits in sehr jungen Jahren.

Christiane F.

Die ersten sechs Lebensjahre verbringt Christiane auf dem Land (den ganzen Tag beim Bauern, Tiere füttern, im Heu toben usw.), dann erfolgt ein Umzug nach Berlin: Hochhaussiedlung Gropiusstadt, 11. Stock, die gesamte Familie (Eltern, Christiane und ihre kleinere Schwester) in 2 ½ Zimmern. Arbeitslosigkeit des Vaters, dieser verachtet vom eigenen Vater, der seine Schwiegertochter sogar vor dem „Taugenichts" warnt. Irrsinnige Wutausbrüche des Vaters, in denen vor allem auf die Kinder eingedroschen und die Mutter einmal fast ertränkt wird. In ihrem Buch schreibt Christiane:

„Trotzdem liebte und achtete ich meinen Vater irgendwie. Ich dachte, er sei anderen Vätern haushoch überlegen. Aber vor allem hatte ich Angst vor ihm. Dabei fand ich es ziemlich normal, daß er so oft um sich schlug. Bei anderen Kindern in der Gropiusstadt war es zu Hause nicht anders. Die hatten sogar manchmal richtige Veilchen im Gesicht und ihre Mütter auch. Es gab Väter, die lagen betrunken auf der Straße oder auf dem Spielplatz rum. So schlimm betrank sich mein Vater nie. Und es passierte in unserer Straße auch, daß Möbelstücke aus den Hochhäusern auf die Straße flogen, Frauen um Hilfe schrien und die Polizei kam. So schlimm war es bei uns also nicht. […] Mein sehnlichster Wunsch war, schnell älter zu werden, erwachsen zu sein wie mein Vater, wirkliche Macht zu haben über andere Menschen. Was ich an Macht hatte, probierte ich inzwischen aus" (MILLER, S. 135).

Und an wem hätte das Kind Christiane das bisschen Macht, das es noch besaß, besser erproben können, als an ihrer kleinen Schwester und anderen jüngeren Kindern?

Auffallend an der Schilderung ist eine Relativierung der väterlichen Gewalttaten: Christiane hat zwar Angst vor ihm, stellt sein Handeln jedoch nicht infrage, betrachtet es vielmehr als legitim. Aus Gründen ungebrochener kindlicher Liebe wird ihr Hass auf ihn verdrängt, im Unterbewussten aufgestaut und später auf andere männliche Autoritäten übertragen; darüber hinaus entwickelt sich ein Hass auch gegen das eigene Selbst, wobei Christiane das Verhalten des Vaters nachahmt, was als Ausdruck ihrer kindlichen Kooperationsfähigkeit zu verstehen ist.

„In der weiteren Entwicklung macht Christiane mit sich das, was früher ihr Vater mit ihr gemacht hat: sie zerstört systematisch ihre Würde, manipuliert mit Drogen ihre Gefühle, verurteilt sich

[...] zur Sprachlosigkeit und Isolierung und ruiniert schließlich sowohl ihren Körper wie ihre Seele" (MILLER, S. 136).

MILLER schreibt im Weiteren:

„Niemand wird ernsthaft daran zweifeln können, daß die Häftlinge eines Konzentrationslagers Schreckliches gelitten haben. Wenn aber von körperlichen Mißhandlungen der Kinder berichtet wird, reagieren wir erstaunlich gelassen; wir sagen, je nach Ideologie: „das ist ja ganz normal", oder „Kinder muß man schließlich erziehen", oder „das war damals Sitte", oder „wer nicht hören will, muß fühlen" usw. Ein älterer Herr erzählte einmal vergnügt in einer Gesellschaft, daß seine Mutter ihn als kleines Kind über einem eigens dazu entfachten Strohfeuer geschaukelt hatte, um seine Hose zu trocknen und ihm das Einnässen abzugewöhnen. „Meine Mutter war der beste Mensch, den man sich denken kann, aber das war damals der Brauch bei uns", sagte er. Dieser Mangel an Einfühlung in die eigenen Kindheitsleiden führt dazu, daß man auch dem Leiden anderer Kinder gegenüber erstaunlich stumpf bleiben kann. Wenn das, was mir geschah, zu meinem Wohl geschehen mußte, so ist diese Behandlung als notwendiger Teil des Lebens zu akzeptieren und nicht zu hinterfragen. [...] Da liegt der Unterschied zwischen der Folterung eines Erwachsenen und der eines Kindes. Beim letzteren ist das Selbst noch nicht so ausgebildet, um eine Erinnerungsspur mit den dazugehörigen Gefühlen erhalten zu können. Es wird zwar (obwohl nicht immer) das Wissen gespeichert, daß man geschlagen worden ist und daß dies – wie die Eltern gesagt haben – zum eigenen Wohle geschah, aber das Leiden der eigenen Mißhandlung wird unbewußt bleiben und später eine Einfühlung in andere behindern. Deshalb werden die ehemals geschlagenen Kinder zu schlagenden Vätern und Müttern, aus denen sich auch die zuverlässigsten Henker, KZ-Aufseher, Kapos, Gefängniswärter, Folterer rekrutieren. Sie schlagen, mißhandeln, foltern aus dem inneren Zwang, ihre eigene Geschichte zu wiederholen, und können das ohne jegliches Mitgefühl für das Opfer tun, weil sie vollständig mit dem attackierenden Teil identifiziert sind [...]" (MILLER, S. 138/139).

Adolf Hitler

Die Familie Hitler wird in dem Buch von MILLER (auf Grundlage vorhandener Dokumente) als eine Art Prototyp des totalitären Regimes beschrieben, in dem der Vater der brutale Herrscher ist, dessen Willen und Launen Frau und Kinder unterworfen sind und dessen wichtigstes Lebensprinzip der Gehorsam ist (MILLER, S. 174).

Während Alois Hitler, der Vater von Adolf, von verschiedenen Seiten als jähzornig und aggressiv beschrieben wird – wobei auch hier ab und zu der Versuch unternommen wird, dies zu relativieren (nach dem Motto: so war es halt früher) –, gilt Klara Hitler bei den Biografen durchweg als liebevolle Mutter. Dazu MILLER (S. 212):

„Alle Biographen sind sich darüber einig, daß Klara Hitler ihren Sohn „sehr liebte und verwöhnte". Zunächst muß man sagen, daß dieser Satz einen Widerspruch in sich enthält, wenn man Liebe so versteht, daß die Mutter für die wahren Bedürfnisse des Kindes offen und hellhörig ist. Gerade wenn das fehlt, wird das Kind verwöhnt, d. h. mit Gewährungen und Dingen überhäuft, die es nicht braucht, und dies nur als Ersatz für das, was man dem Kind aus eigener Not eben nicht zu geben vermag. Gerade die Verwöhnung zeigt also einen ernsten Mangel an, den das spätere Leben bestätigt. Wenn Adolf Hitler tatsächlich ein geliebtes Kind gewesen wäre, dann wäre auch er liebesfähig geworden. Seine Beziehungen zu Frauen, seine Perversionen (vgl. Stierlin, S. 168) und seine ganze distanzierte und im Grunde kalte Beziehung zu Menschen zeigen aber, daß er von keiner Seite Liebe erfahren hat."

Hierfür spricht laut MILLER insbesondere, dass Klara, bevor Adolf zur Welt kam, in der Zeit 1887/1888 innerhalb von 4-5 Wochen eine Geburt sowie den Tod von drei Kindern erlebte.[51]

---

[51] Wahrscheinlich aufgrund von Diphterie; in Bezug auf Otto Hitler gibt es hier unterschiedliche Angaben: Während MILLER nach der Tabelle von Stierlin Geburts- und Todesjahr mit 1887 angibt, heißt es bei Wikipedia (Hitler/Familie): *„Die Hitler-Biographen gingen zeitweise davon aus, dass Adolf das vierte Kind aus dieser Ehe gewesen sei, während drei*

Dass Klara den Tod mehrerer Kindern hinnehmen musste, ohne jede Möglichkeit, ihre Trauer zu verarbeiten, sondern, im Gegenteil, bald wieder schwanger wurde, lässt in der Tat die Vermutung zu, dass sie aufgrund der erlittenen Traumata nicht in der Lage war, auf die kindlichen Bedürfnisse des kleinen Adolf (und seiner weiteren Geschwister) einzugehen (MILLER, S. 214/215). MILLER zweifelt hier an Klaras mütterlicher Liebe – eine Einschätzung, die sich teilen lässt, sobald „Liebe" mit „Annehmen" oder „Eingehen auf (kindliche) Bedürfnisse" gleichgesetzt wird. Im Gegensatz zu ihr sehen die Biografen in der Verwöhnung sogar ein Übermaß an Liebe; sie sind sich (laut MILLER) einig, Hitler habe von seiner Mutter zu viel Liebe erhalten. Aufgrund der Umstände ist es jedoch naheliegend, dass (auch) die Zuwendungen der Mutter nicht den kindlichen Bedürfnissen entsprachen. Erschwerend – vielleicht sogar entscheidend – kam hinzu, dass Klara aufgrund ihrer eigenen Unterwürfigkeit nicht in der Lage war, den Kindern Zuflucht vor der Gewalt des Vaters zu gewähren.

„Dem Kind Adolf war die Kontinuität der Schläge gesichert. Was er auch getan haben mochte, es konnte auf die täglichen Prügel keinen Einfluß haben. Es blieb ihm nur die Verleugnung der Schmerzen, also die Selbstverleugnung und die Identifikation mit dem Aggressor. Niemand konnte ihm helfen, nicht einmal seine Mutter, die sonst in Gefahr geriet. Denn auch sie wurde geschlagen" (MILLER, S. 192/193; J. Toland, S. 26).

ältere Geschwister Gustav, Ida und Otto schon vor seiner Geburt als Kleinkinder gestorben seien. Diese Angaben beruhten auf Aussagen von Paula kurz nach Kriegsende 1945 den Amerikanern gegenüber. Hinsichtlich Otto (laut Paula 1887 geboren) erwiesen sie sich aber als falsch. 2016 ergab eine Recherche in der Stadtpfarrei Braunau am Inn, dass Otto 1892 geboren wurde und mit sieben Tagen verstarb."

MILLER berichtet im Weiteren:

„Mit 11 Jahren wurde Adolf fast zu Tode geprügelt, als er sich aus einer für ihn unerträglichen Situation durch Flucht zu befreien versuchte. Damals starb auch sein Bruder Edmund, an dem er als dem Schwächeren vielleicht noch ein Stück Macht hatte erleben dürfen. Darüber wissen wir nichts. In diese Zeit fällt jedenfalls sein Schulversagen, das im Gegensatz zu den früheren guten Noten stand. Wer weiß, vielleicht hätte dieses aufgeweckte, begabte Kind noch einen anderen, humaneren Weg gefunden, um mit dem aufgestauten Haß umzugehen, wenn seine Neugier und Vitalität in den Schulen mehr Nahrung hätten finden können. Aber auch die Bekanntschaft mit geistigen Werten wurde ihm durch diese erste, <u>tief gestörte Vaterbeziehung</u>, die sich auf Lehrer und Schule übertrug, unmöglich gemacht. Das in der Art des Vaters wütende Kind von damals befiehlt später, Bücher von freidenkenden Menschen zu verbrennen. Es sind Bücher, die Adolf haßte und nie gelesen hatte, aber <u>vielleicht hätte lesen und verstehen können</u>, wenn man ihm von Anfang an ermöglicht hätte, seine Fähigkeiten zu entwickeln. Das Verbrennen von Büchern und das Verdammen von Künstlern sind ja auch eine Rache dafür, daß dieses begabte Kind um den Genuß der Schule gebracht worden ist."

MILLER (S. 199-201):

„Was hier gemeint ist, kann vielleicht mit Hilfe einer Geschichte verdeutlicht werden.

Ich saß einmal auf einer Bank im Park einer mir fremden Großstadt. Neben mich setzte sich ein alter Mann, der, wie er mir später sagte, bereits 82 Jahre alt war. Er fiel mir auf, weil er sehr beteiligt und respektvoll mit spielenden Kindern sprach, und ich ließ mich in ein Gespräch mit ihm ein, in dem er mir von seinen Erlebnissen als Soldat im ersten Weltkrieg erzählte. „Wissen Sie", sagte er, „ich habe in mir einen Schutzengel, der mich immer begleitet. So oft erlebte ich, daß alle meine Kameraden, von Granaten oder Bomben getroffen, tot umgefallen sind und ich, obwohl ich daneben stand, am Leben blieb und nicht einmal eine Wunde hatte.“ Es ist unwichtig, ob sich dies in allen Einzelheiten so abgespielt hatte, aber was dieser Mann ausdrückte, war eine Darstellung seines Selbst, des großen Vertrauens in sein Schicksal. [...] Seine Mutter hätte „das Leben geliebt“, erzählte er. Sie hätte ihn morgens im Frühling manchmal geweckt, um mit ihm dem Vogelgesang im Wald zu lauschen, noch bevor er in die Schule ging. Das waren die schönsten Erlebnisse. Auf meine Frage, ob er geschlagen worden wäre, antwortete er: „Geschlagen wurde ich kaum, vielleicht ist dem Vater mal die Hand ausgerutscht, das machte mich jedesmal zornig, aber er tat es nie in Mutters Gegenwart, die hätte das niemals zugelassen. Aber wissen Sie“, berichtete er, „einmal wurde ich grauenhaft geschlagen – vom Lehrer. In den ersten drei Klassen war ich der beste Schüler, in der vierten bekamen wir einen neuen Lehrer. Der hat mich einmal einer Tat beschuldigt, die ich nicht begangen hatte. Dann nahm er mich auf sein Zimmer und schlug und schlug und schrie dauernd wie ein Besessener: Wirst Du jetzt die Wahrheit sagen? Wie konnte ich aber? Ich hätte ja für ihn lügen müssen, und das hatte ich bisher nie getan, weil ich vor meinen Eltern keine Angst zu haben brauchte. Also hielt ich das Schlagen eine Viertelstunde aus, aber danach interessierte ich mich nicht mehr für die Schule und wurde ein schlechter Schüler. Es hat mich später oft geschmerzt, daß ich kein Abitur gemacht habe. Aber ich glaube, ich hatte damals keine andere Wahl.“ Dieser Mann schien als Kind von seiner Mutter so geachtet worden zu sein, daß er selbst auch seine Gefühle respektieren und leben konnte. Deshalb <u>merkte</u> er, daß er auf den Vater zornig wurde, wenn diesem „die Hand ausrutschte“, er <u>merkte,</u> daß ihn der Lehrer zur Lüge verführen und erniedrigen wollte, und er <u>spürte</u> auch die Trauer darüber, daß er für seine Würde und Treue zu sich selbst mit dem Verzicht auf die Bildung bezahlen mußte, weil es für ihn <u>damals</u> keinen anderen Weg gab. Es fiel mir auf, daß er nicht wie die meisten Menschen sagte: „Meine Mutter hat mich sehr geliebt“, sondern er sagte: „Sie liebte das Leben“, und ich erinnerte mich, daß ich das einmal über Goethes Mutter geschrieben hatte. Die schönsten Augenblicke erlebte dieser alte Mann mit seiner Mutter im Wald, als er ihre Freude an den

Vögeln spürte, die sie mit ihm teilte. Diese warme Mutterbeziehung strahlte immer noch aus seinen alten Augen, und der Respekt seiner Mutter für ihn drückte sich unmissverständlich in der Art aus, in der er jetzt mit den spielenden Kindern sprach."

Jürgen Bartsch

Mit 15 Jahren begeht Jürgen Bartsch seinen ersten Mord. Insgesamt quält und tötet er in der Zeit von 1962 bis 1966 vier Jungen im Alter von 8 bis 13 Jahren auf grausame Art und Weise (er schneidet sie mit einem Messer auf); erst als es einem weiteren Jungen gelingt, sich zu befreien, wird Bartsch überführt und schließlich als pädosexueller Serienmörder verurteilt. Um einer lebenslangen Unterbringung in der Psychiatrie zu entgehen, willigt der „Kirmesmörder", der sich seine Opfer auf Rummelplätzen aussuchte, später in eine Kastration ein. Er verstirbt während der Operation aufgrund eines falschen oder falschdosierten Narkosemittels.

Wie immer bei solchen Grausamkeiten bleibt am Ende die Frage: Wie konnte es dazu kommen?

Wagen wir auch hier einen Rückblick: Ein Jahr nach Kriegsende geboren, wird Karl-Heinz Sadrozinski, später Jürgen Bartsch, gleich nach der Geburt von seiner Mutter getrennt, die an Tuberkulose erkrankt ist. Die Mutter verlässt wenig später das Krankenhaus, wobei sie das Kind zurücklässt; nur wenige Wochen später stirbt sie. Jürgen verbleibt somit vorläufig in der Obhut der Schwestern. Einige Monate später wird der Junge zufällig von Gertrud Bartsch, der Frau eines Metzgers, in der Kinderkrippe des Krankenhauses entdeckt. Während es dort in der Nachkriegszeit üblich ist, elternlose Kinder, sobald sie etwas größer sind, auf eine andere Station (mit größeren Kindern) zu verlegen, wird dies im Fall von Jürgen durch Frau Bartsch verhindert: Sie und ihr Mann wollen den Jungen adoptieren und wünschen keinen Kontakt zu Kindern von „asozialen" Eltern, mit denen er auf der anderen Station in Berührung kommen könnte. Und auch, als das Kind mit elf Monaten endlich zu den Bartschs nach Hause kommt, verbessert sich seine Situation nicht.

„Jedem, der Frau Bartsch näher kennt, fällt auf, daß sie ein ‚Putzteufel' ist. Kurz nach der Entlassung aus dem Krankenhaus wurde das Baby aus seiner anomal frühen ‚Sauberkeit' rückfällig. Das ekelte Frau Bartsch an. Bekannte der Familie Bartsch sahen damals, daß das Baby immer wieder Blutergüsse hatte. Frau Bartsch brachte jedesmal eine neue Erklärung für die Flecken, aber sie wirkten wenig überzeugend. Mindestens einmal während jener Zeit hat der bedrückte Vater Gerhard Bartsch einem Freund bekannt, daß er eine Scheidung erwäge: „Sie schlägt das Kind so, ich vertrage es einfach nicht mehr." Ein anderes Mal, als er sich verabschiedete, entschuldigte sich Herr Bartsch, daß er es so eilig hatte: „Ich muß nach Hause, sonst schlägt sie mir das Kind tot" (LIEDLOFF, S. 244/MOOR, 1972, S. 80 f).

„Wenn meine Mutter den Vorhang zur rechten Seite schmiß und wie so ein Dragoner aus dem Geschäft raus gefegt kam und ich im Weg war, dann klatsch! klatsch! klatsch! kriegte ich ein paar ins Gesicht. Einfach weil ich im Weg war, das war oft genug der einzige Grund. Ein paar Minuten später war ich plötzlich der liebe Junge, den man auf den Arm nehmen und küssen muß. Die hat sich dann gewundert, daß ich mich sträubte und Angst hatte. Schon als ganz kleiner Junge hatte ich Angst vor dieser Frau, genauso, wie vor meinem Vater, aber von meinem Vater habe ich noch weniger gesehen. Ich frage mich heute nur, wie er das ausgehalten hat. Er war manchmal von morgens um vier bis abends um zehn oder elf Uhr ununterbrochen am Arbeiten, meistens in der Wurstküche. Den habe ich tagelang überhaupt nicht gesehen, und wenn ich ihn hörte oder sah, dann nur wie er durch die Gegend gejagt ist, wie er brüllte. Aber als ich Wickelsäugling war und die Windeln vollmachte, er ist derjenige gewesen, der sich um mich kümmerte. Er hat nämlich selber erzählt: ‚Ich bin derjenige gewesen, der immer die Windeln waschen und wechseln mußte. Meine Frau hat es nie gemacht. Sie konnte das nicht, sie konnte sich nicht dazu überwinden'" (MILLER, S. 246).

Und auch Jürgens Isolation setzt sich fort: Bis zu seiner Einschulung unterbinden die Eltern jeglichen Kontakt zu anderen Kindern, um zu verhindern, dass er durch sie von seiner Adoption erfährt. Der Junge erhält demnach keine Gelegenheit, mit anderen Kindern zu spielen (auch nicht mit seinen Eltern) und Freunde zu gewinnen – mit der Folge, dass er auch in der Schule zum Prügelknaben wird.

Als Jürgen zehn Jahre alt ist, stecken ihn die Eltern, die aufgrund gutgehender Geschäfte keine Zeit für ihn haben und seine Betreuung nicht mehr gewährleisten können, in ein Kinderheim in Rheinbach. Hier geht es ihm verhältnismäßig gut; da dieses der Mutter jedoch nicht streng und sauber genug erscheint, bringt sie ihn wenig später in dem katholischen Internat Kloster Marienhausen unter, einem Don-Bosco-Heim, in dem rund 300 Jungen in *„strenger militärischer Zucht“* (MILLER, S. 238) gehalten werden und wo er mehrere Jahre verbringen wird. Seine Erfahrungen dort sind Erniedrigungen und sadistische Strafen,[52] ein Verbot von Freundschaften (um mögliche homosexuelle Kontakte unter den Jungen zu unterbinden) sowie ein schwerer Missbrauch: einerseits Kinderarbeit (wochenlang bei schwerer Hitze auf dem Feld Heuwenden usw.), andererseits – laut Jürgens Aussage – sexueller Missbrauch durch einen der Erziehenden, Pater Pütlitz, der androht, ihn fertigzumachen, wenn er *„die Schnauze aufreißen würde“* (MILLER, S. 255). Zwei Mal flieht Jürgen von dort, wagt jedoch nicht, sich seinen Eltern anzuvertrauen. Nach seiner ersten Flucht wird er von ihnen zurückgebracht.

Dazu MILLER (S. 252):

„Das Kind muß hier lernen, Absurditäten und Launen der Erzieher widerspruchslos und ohne Gefühle von Haß hinzunehmen und zugleich die Sehnsucht nach körperlicher und seelischer Nähe eines Menschen, die diesen Druck erleichtert hätte, aus

---

[52] Diese bestehen lt. MILLER aus steten Prügeln, einem stundenlangen Strammstehen im Schlafanzug im Hof, bis das erste Kind zusammenbricht, etc.

sich zu verdammen und abzutöten. Das ist <u>eine übermenschliche Leistung, die man nur von Kindern fordert, aber nie von Erwachsenen erwartet.</u>"

Auszug aus: *Jürgen Bartsch: Selbstbildnis eines Kindermörders (Paul MOOR)*, Buch MILLER S. 257/Buch MOOR S. 130:

„Anfang 1970 ist im Don-Bosco-Heim in Köln eine Art Skandal gewesen, der durch Presse und Rundfunk ging. Die Zustände, die damals in Marienhausen niemanden aufregten, haben jetzt das Jugendamt von Köln dazu bewegt, alle seine Kinder vom Kölner Don-Bosco-Heim abzuziehen, angeblich weil sie nicht mehr verantworten können, ihre Kinder in so einem Heim zu belassen. Die Lehrer sollen die Kinder die Treppe runtergeprügelt haben, mit Schuhen auf ihnen rumgetrampelt sein, sie mit dem Kopf in den Lokus gestoßen haben usw., dieselben Scherze also, die sie mit uns in Marienhausen machten. Genau dasselbe, und auch ein Don-Bosco-Heim, von den guten Salesianer-Patres geleitet. Es stand auch in den Berichten, daß vier Lehrer sich laufend an den ihnen Anvertrauten vergangen hätten. Pater Pütlitz war nach 1960 einige Jahre Erzieher genau in diesem Kölner Heim“).

Pater Pütlitz hat diese Vorwürfe stets bestritten, die gegen ihn geführten Ermittlungen wurden 1972 eingestellt. Vonseiten seines Ordens jedoch, der *Salesianer Don Boscos,* wurde er fortan von der Jugendarbeit abgezogen.

Jürgen Bartsch, der vier Kinder ermordete und nach eigener Schätzung mehr als hundert weitere Versuche ohne Erfolg unternahm, wird in der Literatur als Sexualstraftäter und Triebtäter beschrieben. Das bedeutet: Seinen Taten zugrunde gelegt wird ein *abartiger Sexualtrieb* (daher auch später die beabsichtigte Kastration). Gegen diese Sichtweise spricht laut MILLER, dass er zu freundschaftlichen Gefühlen sehr wohl in der Lage war und die Beziehung zu Kameraden sich deutlich von dem unterschied, was er mit den Kindern machte. Laut MILLER inszenierte er bei den Kindern, die er tötete, *„die Situation einer tiefen Demütigung, Bedrohung, Vernichtung der Würde,*

Entmachtung und Ängstigung eines kleinen Jungen in Lederhosen, der er einst gewesen war" (MILLER S. 259). Hierzu könnte man auch sagen: Er ahmt im Prinzip nach, was er selbst erlebt hat. Ein solches Verhalten lässt sich auch gut in den Kindheitsgeschichten von Christiane F. und Adolf Hitler studieren – wenn man bereit ist, sie aus diesem Blickwinkel heraus zu betrachten. Für gewöhnlich herrscht die allgemeine Auffassung, äußere Umstände allein würden Taten wie die von Jürgen Bartsch nicht erklären können; dazu wird gerne das Argument bemüht, Andere würden ähnlich erzogen, hätten ebenfalls viel Leid zu ertragen, ohne dass diese ebenfalls zu Mördern oder Triebtätern würden. *Ähnlichkeit* reicht hier zur Erklärung jedoch nicht aus: Es gibt keine zwei Menschen, die exakt die gleichen Erfahrungen, positive wie negative, in ihrem Leben machen und über das gleiche Maß an Widerstandsfähigkeit bzw. Resilienz verfügen, um Traumata überwinden und ihr Leben meistern zu können; darüber hinaus ist auch niemand in der Lage zu bestimmen, wann ein Tropfen ein Fass zum Überlaufen bringt.

„[...] So wurde jede Hoffnung auf ein eigenes Leben bei diesem Menschen im Keime erstickt. Wie ist das anders zu bezeichnen denn als Mord an der Seele? Mit dieser Art von Mord hat sich die Kriminalistik bisher nie beschäftigen, ja sie nicht einmal wahrnehmen können, weil sie als ein Bestandteil der Erziehung völlig legalisiert ist. Erst die letzte einer langen Kette von Handlungen ist vor dem Gericht strafbar, und sie schildert oft minutiös genau, aber für den Täter unbewußt, die ganze leidvolle Vorgeschichte des Verbrechens" (MILLER, S. 259).

Die Frage nach Verantwortung und Schuld

Sobald wir uns der Kinder gewahr werden, die die Verbrecher dieser Welt einst waren, und ihre frühen Erfahrungen zur Kenntnis nehmen, sind wir nicht selten geneigt einzuräumen, dass Andere eine Mitschuld oder Mitverantwortung tragen an den Grausamkeiten, die diese Kinder später verübten. Diese Anderen sind schnell bei der Hand: Eltern und Verwandte, Erziehende, Nachbarinnen etc., die entweder Macht missbraucht haben oder wegschauten, wenn Kinder misshandelt wurden.

Verfolgen wir diesen Gedanken konsequent weiter, stellen wir bald fest, dass er in eine Sackgasse führt: Alois Hitler etwa, der Vater von Adolf, verliert als Fünfjähriger seine Mutter, die ihn weggibt, erfährt Ausgrenzung und Isolation aufgrund unehelicher Geburt und ungeklärter Vaterschaft; sein gesamter Werdegang ist – wie der von Vielen! – eine Geschichte des Machtstrebens zur Überwindung von Machtlosigkeit. Wenn wir ihn heranziehen wollen als Mitschuldigen für die Taten seines Sohnes, stellt sich auch hier die Frage: Wer ist verantwortlich für *seine* Entwicklung, die *sein* Verhalten gegenüber Frau und Kindern prägte?

Über den Vater von Christiane F. erfahren wir lediglich, dass sein eigener Vater nicht gut von ihm sprach, und auch über die Vergangenheit von Pater Pütlitz ist weiter nichts bekannt. Und doch lässt sich ahnen, dass auch in diesen (wie anderen) Fällen eine Betrachtung der Kindheitsgeschichten dazu führen würde, dass ein Groll, eben erst auf diese Personen gerichtet, ebenfalls schnell wieder relativiert werden müsste. Das „Schlechte" daran: Es wird schwierig, überhaupt noch jemanden zu finden, dem man eine eindeutige Schuld zuzuweisen vermag. Dies wiederum wirft das Problem auf, dass uns Projektionsflächen für Gefühle wie Angst, Wut und Hass abhandenkommen. Es scheint ganz so, als bräuchten wir die Möglichkeit, Schuld zuweisen und das Böse klar verorten und festzumachen zu können – ganz so, wie wir als Kinder Märchen brauchen, um Ängste aller Art übertragen zu können auf eine Gestalt des Bösen, die am Ende stets durch das Gute besiegt wird. So oder ähnlich mag es unserem *inneren Kind* ergehen, dem Anteil unserer Persönlichkeit, der durch das Unterdrücken von Bedürfnissen in seiner Entwicklung verletzt wurde und oft bis heute nicht ausreifen oder ausheilen konnte. Das bedeutet im Umkehrschluss, dass souveräne, befriedete (entspannte) Menschen, die sich frei entwickeln durften, Gefühle nicht (oder nur selten) aufstauen und somit auch keine Projektionsflächen benötigen, sodass sie im Zweifelsfall auch nicht gezwungen sind, nach Schuldigen zu suchen. Vielmehr gelingt es diesen Menschen, kritische Situationen zu hinterfragen und bei Bedarf Gegenmaßnahmen zu entwickeln – nicht um zu strafen (die Androhung einer Strafe bewirkt keine Einsicht, sondern höchstens Angst vor der Strafe), sondern um zu helfen, eine ungünstige Entwicklung zu überwinden. Bezogen auf unsere Gesellschaft bedeutet das wiederum: Es ist dringend erforderlich, uns selbst und gegenseitig so gut es geht zu heilen, indem wir anfangen, unsere bisherige Praxis der Schuldzuweisung und des Strafens Schritt für Schritt zu überwinden und stattdessen Hilfen zu installieren, die das Reifen und Nachreifen kleiner wie auch größerer Menschen zum Ziel haben und die möglichst zum Einsatz kommen, *bevor* ein Kind „in den Brunnen fällt".

Parallel zur Schuld steht auch die Frage nach einer Verantwortung im Raum. Doch was genau ist darunter zu verstehen? *Verantwortung* bedeutet mehr als eine reine Zuständigkeit: Einerseits beinhaltet sie eine Pflicht und ist somit Grundlage für die Zuweisung von Schuld bei etwaigem Versagen, andererseits erhöht sie ihre Trägerinnen und Träger im Rahmen einer Hierarchie und macht sie zu „Aufsehern" gegenüber anderen Menschen. Instrumente wie *Schuld* und *Verantwortung*[53] sind Hilfsmittel bzw. eine Art Zaumzeug, dessen Einsatz notwendig wird aufgrund der Beeinträchtigung zwischenmenschlicher Verbundenheit, hervorgerufen wiederum durch Traumatisierungen – insbesondere durch die allgemeine Praxis, frühkindliche Bedürfnisse zu missachten und zu unterdrücken.

Werden Menschen zur Vorbereitung darauf, in ihrem Leben Anweisungen auszuführen, schon als Kinder zu absolutem Gehorsam erzogen, wie im Rahmen der *schwarzen Pädagogik* vielfach geschehen, so erscheint es beinahe absurd, ihnen im Nachhinein eine Verantwortung, eine eigene Moral und Urteilsfähigkeit abverlangen zu wollen – insbesondere dann, wenn auch weiterhin die Praxis befördert wird, den Willen von Menschen (und somit auch ihre Fähigkeit zur freien Meinungsbildung) zu brechen. Es macht allgemein wenig Sinn, von „erwachsenen" Menschen ein reifes Handeln einzufordern, zu dem sie aufgrund unausgereifter Persönlichkeit oder psychi-

---

[53] Sowie auch Tugenden, Moral, Disziplin etc.

scher Störungen nicht in der Lage sind – und sie darüber hinaus auch noch schuldig zu sprechen, wenn sie scheitern. Statt diese Menschen abzustrafen und auszusortieren, braucht es, wie oben bereits erläutert, Unterstützung bei der Ausbildung ihres Selbst – soweit dies im Nachhinein möglich ist – zu reifen, mündigen Persönlichkeiten. Nur so werden sie überhaupt in der Lage sein, zum Wohle ihrer Gemeinschaft beizutragen.

Vor einigen Jahren tauchte im Internet ein kleiner Film auf, gestaltet wie ein Werbespot für Mercedes-Benz, von dem sich das Unternehmen jedoch distanzierte und der sich als eine studentische Produktion herausstellte.[54] In diesem Beitrag ist ein altertümliches Dorf zu sehen mit Handwerkern und Bauern, einem alten Mütterchen am Feuer und spielenden Kindern auf den Wegen. Wie aus der Zeit gefallen fährt plötzlich ein Auto umher, eine Limousine mit Mercedes-Logo, unbemannt, mit intelligenter Steuerung. Es wird signalisiert, der Wagen sei in der Lage, Gefahren rechtzeitig zu erkennen: So kommt er vor zwei Mädchen, die auf der Straße hüpfen, rechtzeitig zum Stehen. Im Weiteren ist ein kleiner Junge zu sehen, der einen selbstgebastelten Drachen im Wind steigen lässt, von seiner Mutter am Fenster mit liebevollem Blick bedacht. Wieder nähert sich das Auto, doch diesmal stoppt es nicht, sondern beschleunigt sogar, sodass der Junge überfahren wird – was aus Sicht der Macher nur konsequent ist, weil auch hier das Erkennen einer Gefahr zugrunde liegt, stellt sich das Kind doch als der junge Adolf Hitler heraus.

Einen Menschen töten – zumal noch ein Kind –, um andere Menschenleben, egal wie viele, zu retten?

Dieser „Werbespot" ist Ausdruck kollektiver Ohnmacht: In ihm kommt die kindliche Fantasie der Studierenden zum Ausdruck, ein Unglück abwenden zu können, indem das Böse, verkörpert durch eine einzelne Person, rechtzeitig vernichtet wird. Sich dazu den sehr jungen Hitler auszusuchen, liegt vermutlich

---

[54]Siehe YouTube, „Mercedes Benz ADOLF Spot (German/Deutsch) - 2013 HD" von KinoCheck Sci-Fi, https://www.youtube.com/watch?v=bEME9licodY; Regisseur: Tobias HAASE.

darin begründet, dass dies zum einen als günstiger Zeitpunkt erscheint, da bisher noch kein Unheil geschehen ist (mit Ausnahme gegenüber dem Kind: ein Unheil, das durch diesen Beitrag leider nicht vermittelt wird), zum anderen aber auch darin, dass es einfacher ist, ein wehrloses Kind zu beseitigen als einen ausgewachsenen Mann. Die Idee, sich anbahnende Unglücke zu erkennen und zu verhindern, ist zweifelsohne richtig, doch wie in diesem Fall auch stets eine Frage der Art und Weise. Wären die Macher des Films zur Zeit der Produktion souveräne Menschen gewesen und somit – weitestgehend – frei von aufgestauten Gefühlen wie Wut oder Hass, wären sie auch in der Lage gewesen, sich des unschuldigen Kindes gewahr zu werden, es zu schonen und andere Ideen zu entwickeln, um ihr Ziel zu erreichen: Wenn es möglich ist, ein Auto durch die Zeit zu schicken, dann gilt dies auch für Menschen, z. B. für einen Sozialarbeiter oder auch einen Nachbarn, der sich des Jungen annimmt, eine Therapeutin für die Mutter oder einen Mentor für den Vater – der Fantasie sind da keine Grenzen gesetzt. Das Töten des Jungen erinnert dagegen an den biblischen König Herodes, der nach seinem Verständnis ebenfalls einen triftigen Grund hatte für den Mord an Kindern.[55]

4   Unreife und psychische Störungen

Ein wesentliches Motiv für das Unterdrücken kindlicher Bedürfnisse findet sich somit in den Verletzungen der Eltern, die entstanden sind, als diese selbst Kinder waren. Ein damit einhergehendes unvollständiges Ausreifen von Persönlichkeitsanteilen (oder gar die Ausbildung psychischer Störungen) offenbart sich z. B. in einer reduzierten Ausbildung *innerer Verbundenheit* (vgl. Abb. 3). Das bedeutet: Eltern, die sich als Kinder nicht entsprechend ihrem Bedürfnis nach Sicherheit entwickeln durften, werden kaum in der Lage sein, sich in vollem Umfang den Erwartungen ihrer Kinder zu öffnen – das Reproduzieren

---

[55] Grund war die vermeintliche Bedrohung seiner Herrschaft.

eines Mangels an Verbundenheit von Generation zu Generation ist auf diese Weise vorprogrammiert.

So wird z. B. von stillenden Müttern nicht selten das „Bedürfnis" geäußert, nach einer gewissen Zeit die Verfügungsmacht über den eigenen Körper zurückzugewinnen. Hierbei handelt es sich jedoch weniger um ein Bedürfnis im ursprünglichen Sinne als um ein Auf-Abstand-Gehen, entstanden aus einer Verletzung, einer (lange zurückliegenden) Missachtung des eigenen kindlichen Bedürfnisses nach passiver, mütterlicher Zuwendung.

Die kindliche Mangelerfahrung bewirkt, dass sich innerlich am Defizit ausgerichtet wird, um mit ihm leben zu können; der Mangel an Verbundenheit wird quasi bestmöglich verwaltet. Dies hat wiederum zur Folge, dass Zuwendungen an Andere ebenfalls nur im eingeschränkten Maße erfolgen können, selbst gegenüber den eigenen Kindern.

Mütter mit verletzter Verbundenheit (wie oben beschrieben) werden nicht selten von Schuldgefühlen geplagt, wenn sie irgendwann beschließen, dem eigenen Drang nach Abrenzung den Vorzug zu geben gegenüber einem scheinbar nicht enden wollenden Bedürfnis ihres Kindes nach Nähe und Rückversicherung; in anderen Fällen wird das Gefühl geäußert, sich dem Kind zuliebe aufzuopfern und eigene "Bedürfnisse" dabei zurückzustellen.

Ganz anders hingegen Mütter ursprünglicher Gemeinschaften:[56] Uneingeschränkte Zuwendungserfahrungen während der eigenen Kindheit haben dafür gesorgt, dass ihr Bedürfnis nach Sicherheit gestillt wurde und sich ein Zustand innerer Verbundenheit ausbilden konnte. Einer „verbundenen" Mutter käme es kaum in den Sinn, vor ihrem Kind zu fliehen, um einer „Enge" zu entgehen – sie wird diese Enge nicht empfinden, und würde sie es tun, verfügte sie ebenfalls über die Autonomie, den eigenen Bestrebungen zu folgen – ganz so, wie sie es einst als Kind gelernt hat.

---

[56] Z. B. Jäger- und Sammlerkulturen.

10. Die Kontinuumgesellschaft

Im Jahr 1975 veröffentlichte Jean LIEDLOFF das Buch *Auf der Suche nach dem verlorenen Glück – Gegen die Zerstörung unserer Glücksfähigkeit in der frühen Kindheit;*[57] dieses sollte in den Folgejahren weltweite Aufmerksamkeit erlangen. LIEDLOFF berichtet darin von insgesamt fünf Expeditionen in den Urwald Venezuelas, in deren Rahmen sie mehrere Jahre bei den dort ansässigen Yequana-Indianern verbrachte; Erfahrungen und Beobachtungen, die sie machte, erschienen ihr so essenziell, dass sie darüber das Buch verfasste. Und tatsächlich offenbart die Lektüre einen wesentlichen Aspekt: Völker, die seit Urzeiten in der Lage sind, sich zu behaupten, müssen an entscheidender Stelle etwas anders gemacht haben als andere hochentwickelte Kulturen, die irgendwann im Laufe dieser Zeit entstanden, zur Blüte gekommen und wieder vergangen sind. Suchen wir heute nach Ansätzen zur Lösung gesellschaftlicher Probleme, macht es also Sinn, sich zunächst die Frage zu stellen: *Was hat ein Volk wie die Yequana so erfolgreich gemacht?*

Zunächst war LIEDLOFF das harmonische Miteinander der Gemeinschaft aufgefallen. Als Wurzel machte sie bald den Umgang der Menschen mit ihren Kindern aus, vor allem mit Kleinkindern, der sich sehr vom Umgang mit jungen Menschen in der zivilisierten Welt unterscheidet: Die Babys der Yequana werden traditionell getragen, zudem liegt ein Säugling nachts bei seiner Mutter, sodass er kontinuierlich mit ihr in Verbindung ist. Bei allem, was sie tut, trägt sie ihn mit sich; auf diese Weise vermittelt sich ihm ein ununterbrochenes Gefühl der Geborgenheit, gleichzeitig nimmt er die mütterlichen Aktivitäten wahr, erhält somit ständig neue Reize und Impulse. Aus der geschützten Position heraus lernt er seine Umgebung und Gemeinschaft kennen, in die er hineinwächst – ganz entspannt und ohne ein Entwickeln unspezifischer Ängste. Erst im Alter von sechs bis acht Monaten, mit Beginn der Krabbelphase, werden die Kinder erstmalig abgesetzt – ihrem eigenen Willen

---

[57] Originaltitel: „The Continuum Concept".

entsprechend, nicht dem der Mütter. In diesem Umgang zeigt sich bereits ein wesentlicher Aspekt im Miteinander der Yequana: ein unbedingter Respekt, der niemanden, selbst die Kleinsten nicht ausnimmt. „Respekt" ist hier keineswegs zu verstehen als von romantischer oder höriger Natur: Die Berücksichtigung des kindlichen Willens[58] trainiert die Eigenständigkeit und Entscheidungsfähigkeit der Kinder von Anfang an, sodass die Yequana von der Annahme durchdrungen sind, dass keines der Mitglieder ihrer Gemeinschaft Entscheidungen trifft, zu denen es nicht in der Lage ist.

Laut LIEDLOFF ist die Triebkraft eines Kindes also sein eigener Wille. Diese Sicht erinnert sehr an die antiautoritäre Erziehung der 1960er- und 70er-Jahre, deren Maxime es ebenfalls war, Kinder sich entlang ihrer Bedürfnisse entwickeln zu lassen. Auslöser für die Bewegung der antiautoritären Erziehung war damals die Annahme der Nachkriegsgeneration, *„dass die in der bürgerlichen Familie entwickelten Autoritätsverhältnisse die Entstehung autoritärer Charaktere begünstige, die den Nährboden für den Faschismus geliefert haben"*.[59]

Auch wenn es heute durchaus dem Willen vieler Eltern entspricht, Kinder zu mehr Eigenständigkeit zu erziehen, so hat das Modell der antiautoritären Erziehung doch an Strahlkraft verloren. Kritiker bemängeln insbesondere eine unzureichende Ausbildung der kindlichen Sozialkompetenz (→ Entwicklung von Egoismus) sowie eine Umkehrung des Machtgefälles anstelle seiner Aufhebung, indem nunmehr Erziehende dem Willen des Kindes unterworfen sind (vgl. ebd.).

Obwohl sich die Absichten in der Tat gleichen, stimmt das Bild der antiautoritär erzogenen Kinder jedoch nicht mit dem der *Kontinuumkinder*[60] der Yequana überein. Nach Aussage von

---

[58] Dieser beinhaltet nicht nur das Bestreben, etwas zu tun, sondern auch ein Delegieren bzw. das Erwarten von Hilfe bei mangelnder Kenntnis.

[59] Vgl. Wikipedia, Antiautoritäre Erziehung; https://de.wikipedia.org/wiki/Antiautorit%C3%A4re_Erziehung.

[60] Mit dem Begriff Kontinuum wird bei LIEDLOFF jene natürliche Entwicklung beschrieben, in der wir als Kinder exakt die Erfahrungen machen, die unseren Bedürfnissen entsprechen. Das Vertrauen darauf, mit

LIEDLOFF entwickeln sich diese zu befriedeten und kooperativen Wesen, die durch Vorbilder lernen und sich ohne jeden Druck an die Gemeinschaft anpassen, in der sie leben. Erst bei genauerer Betrachtung löst sich der scheinbare Widerspruch auf: Wenn LIEDLOFF darauf verweist, dass die Kompetenzen von Kindern stets zu berücksichtigen sind, dann bezieht sie das nicht nur auf deren Freiheit, Entscheidungen (über ihre Belange) zu *treffen*, sondern auch darauf, solche zu *delegieren*, deren Ausmaß sie noch nicht überblicken können. Das heißt: Kinder brauchen sehr wohl Führung bzw. Begleitung, und zwar in allen Bereichen, die sie noch nicht überblicken können. Sie sich selbst zu überlassen, in der Absicht, sie nicht zu beeinflussen (elterliche Beeinflussung wird als hinderlich gesehen in Bezug auf eine freie Entwicklung), muss zwangsläufig zu einer immensen Überforderung führen – was wiederum bedeutet, dass das kindliche Bedürfnis nach freier Entscheidung in diesem Fall eben *nicht* erfüllt wird.

„Bei den Yequana ist die Haltung der Mutter bzw. Pflegeperson eines Babies entspannt. Gewöhnlich ist sie mit etwas anderem als Sich-um-das-Baby-Kümmern beschäftigt, aber jederzeit empfänglich für einen Besuch des krabbelnden oder kriechenden Abenteurers. Sie hört nicht auf mit Kochen oder anderer Arbeit, es sei denn, ihre volle Aufmerksamkeit wird erfordert. Sie öffnet dem kleinen Sucher nach Rückversicherung nicht ihre Arme, sondern erlaubt ihm in ihrer ruhigen, beschäftigten Art, von ihrer Person Gebrauch zu machen, oder gewährt ihm, wenn sie gerade umherläuft, einen durch einen Arm gestützten Ritt auf ihrer Hüfte. Sie initiiert die Kontakte nicht, noch trägt sie – außer auf passive Art – zu ihnen bei. Das Baby selbst sucht sie auf und zeigt ihr durch sein Verhalten, was es will. Seine Wünsche erfüllt sie vollständig und bereitwillig, aber sie fügt nichts hinzu. In ihrem gesamten Verkehr miteinander ist es der aktive, sie der passive Teil; es kommt zu ihr zum Schlafen, wenn es müde, und zum Gefüttertwerden, wenn es hungrig ist. Seine

---

allem Nötigen versorgt zu werden, wird auch als Urvertrauen bezeichnet.

Wie anders hingegen sieht der Umgang mit Kindern in unserer „zivilisierten" Welt aus: Ein eigener Wille wird ihnen nur allzu oft abgesprochen, stattdessen werden Vorgaben gemacht in Bezug auf Schlafenszeiten, Kindergarten- oder Schulbesuch und Vieles mehr. Möglichkeiten, mit anderen zu spielen, ergeben sich heute oft nur im Hort oder Kindergarten, teils in der Schule, ansonsten auf Spielplätzen, häufig in Begleitung der Eltern, oder im Zuge von Treffen, die vorab einer Organisation bedürfen. Darüber hinaus ist die Zeit beschränkt, an der Eltern ihren Kindern für körperliche Zuwendung und Rückversicherung zur Verfügung stehen; auch Berufserziehende bieten diese Möglichkeit selten, da sie sich meistens um viel zu viele Kinder kümmern müssen. Stofftiere dienen derweil als Ersatz für fehlende menschliche Nähe. Eine heftige Zuneigung, die Kinder ihnen entgegenbringen, wird als Zeichen von Eigenwilligkeit interpretiert oder gilt als niedlich. Wir akzeptieren, dass Kinder schreien, kämpfen, sich winden und versteifen („Trotzphase"), weil wir nichts Anderes kennen; das Auftauchen solcher Verhaltensweisen ist zwar in aller Regel unerwünscht, wird jedoch als normal betrachtet, sodass Eltern lediglich nach Rat suchen, wie am besten darauf zu reagieren ist.

„Kind-Sein" in unserer westlichen Welt ist somit in aller Regel ein Zustand, der gekennzeichnet ist durch

- das Aufwachsen in der Isolation einer Kleinfamilie,
- das Fehlen eines regulären, nicht-organisierten täglichen Kontakts zu einer überschaubaren – und altersmäßig durchmischten – Gruppe von Menschen außerhalb der Kernfamilie,
- das Fehlen einer kontinuierlichen Rückgriffsmöglichkeit (zur Rückversicherung) auf die Mutter (entsprechend: MBP),
- einen fehlenden Einblick in die Arbeitswelt der Eltern
- und Vieles mehr.

So gesehen ist nachvollziehbar, warum zum Teil bis heute der Glaube vorherrscht, der Mensch sei von Geburt an schlecht – bleibt uns doch nicht selten versagt, Menschen mit Kontinuumerfahrung bzw. bedürfnisgerechter Entwicklung kennenzulernen.

Unser Verhältnis zur Arbeit, insbesondere zur Erwerbsarbeit, ist in der Regel höchst zwiespältig. Wir benötigen sie, um unseren Lebensunterhalt bestreiten zu können, um Anerkennung zu erhalten und wegen des Kontakts zu anderen Menschen. Auch arbeiten wir mit Freude, wenn die Tätigkeit als befriedigend oder zielführend empfunden wird. Auf der anderen Seite erleben wir eine zunehmende Ausbeutung von Arbeitskraft, führen Anweisungen aus (anstatt selbst zu gestalten), erfahren Mobbing und Ausgrenzung; oft erleben wir die Arbeit als etwas, das „sein muss", das jedoch nichts – oder nicht viel – mit dem Leben an sich zu tun hat, und von dem wir uns an Wochenenden, Feiertagen und in Urlauben erholen müssen.

Dass wir heute über diese Auszeiten verfügen, haben wir einzig und allein verschiedenen Arbeitnehmervereinigungen zu verdanken, den frühen Gewerkschaften, denen es in den letzten 150 Jahren gelungen ist, umfangreiche Verbesserungen der Arbeitsbedingungen durchzusetzen. Der Kampf gegen die Interessen von Unternehmensführenden war notwendig geworden aufgrund eines erheblichen Mangels an Verbundenheit und Empathie: Viele von denen, die Unternehmen gründeten und dabei vor allem das Ziel des Geldverdienens fokussierten, interessierten sich wenig für das Wohlergehen der für sie arbeitenden Menschen. Es war das Pech der Arbeiterinnen und Arbeiter, dass es so viele von ihnen gab, sodass sie im Zweifelsfall nur allzu leicht ersetzt werden konnten (und somit erpressbar waren).

Aufgrund weitverbreiteter Armut konnten selbst Kinder unter Bedingungen eingesetzt werden, die uns heute – zumindest in

unserer Gesellschaft – unvorstellbar erscheinen.[61] Erst das
Eingreifen vonseiten des Staates sollte die Lebensumstände
von Kindern verbessern: Eine gesetzliche Regelung mit Einschränkung und Verbot von Kinderarbeit tauchte in Preußen
erstmals 1839 auf. Dies geschah jedoch nicht etwa aus Gründen
der Barmherzigkeit: Aufgrund des schlechten Gesundheitszu-
standes der Kinder, die in Textilfabriken oder aufgrund ihrer
geringen Größe auch in Bergwerken eingesetzt wurden, war es
schwierig geworden, taugliche Rekruten für die Armeen zu
finden.

*„Das Königreich Preußen erließ aufgrund der kinderarbeitsbe-
dingt in der körperlichen und geistigen Entwicklung zurückge-
bliebenen Rekruten 1839 ein gesetzliches Kinderarbeitsverbot,
das den Arbeitseinsatz von Kindern unter neun Jahren in Fabriken untersagte; die 9- bis 16-Jährigen durften nicht mehr als
zehn Stunden täglich arbeiten, nicht mehr an Sonntagen und
nicht mehr nachts“* (vgl. Wikipedia/Kinderarbeit).

Vor diesem Hintergrund verwundert es nicht, dass „Kind-sein-
Dürfen“ bei uns heute gleichgesetzt wird mit dem Privileg, nicht
arbeiten zu müssen, und dass ein gesetzliches Verbot als Schutz
empfunden wird. Doch hat sich das Gesetz tatsächlich bewährt,
um Kinder vor wirtschaftlichem Missbrauch zu schützen und
ihnen somit eine freie Entwicklung zu ermöglichen?
Nun, zumindest die Ausbeutung ihrer körperlichen Arbeitskraft ist heute überwunden – was jedoch vor allem damit zu
tun hat, dass durch den Einsatz von Maschinen immer weniger
Menschen für schwere körperliche Arbeiten benötigt werden.
Wir erleben heute einen Übergang vom Industriezeitalter zum
Zeitalter der Digitalisierung, sodass zunehmend andere Anforderungen an Arbeitnehmende gestellt werden. Die Schule dient
als Ort, an dem Kinder auf ihr Leben als Dienstleistende vorbe-

---

[61] Nicht nur in Fabriken, auch in der Landwirtschaft, z. B. in der Schweiz:
sog. „Verdingkinder“, ersteigerte Waisen- und Scheidungskinder, in der
Zeit 1800-1950, s. Wikipedia/Kinderarbeit.

reitet werden:[62] Lerninhalte sind optimalerweise darauf ausgerichtet, die wirtschaftliche Verwertbarkeit menschlicher Arbeitskraft zu erhöhen. Ganz im Sinne des vorherrschenden Effektivitätsglaubens soll die Zeit der Kindheit genutzt werden, um Menschen zu modellieren – mittels Frühförderung wird der Hebel dazu bereits in sehr jungen Jahren angesetzt. Das bedeutet, dass das Verbot der Kinderarbeit letztendlich zu einem fast „zahnlosen Tiger" vergreist ist: Es verhindert nicht, dass Menschen nach wie vor ihrer Kindheit beraubt werden und ihnen vorenthalten wird, sich frei zu entwickeln und zu entfalten. So ist der Preis, den wir zahlen, bis heute der gleiche geblieben: Der Verlust unserer Gesundheit, wenn auch seltener in Form von körperlichen Schäden, so doch häufig gekennzeichnet durch Krankheiten psychischer und psychosomatischer Natur.

Einer der letzten dem Tiger verbliebenen Zähne entpuppt sich heute sogar als Haken: Das Verbot von Kinderarbeit steht oftmals dem natürlichen Bestreben von Kindern entgegen, durch Teilhabe an den Tätigkeiten der Eltern in ihre Gemeinschaft hineinzuwachsen – zum Beispiel können sich Bedenken der Eltern, gegen das Verbot der Kinderarbeit zu verstoßen, an dieser Stelle als Hemmnis entpuppen. Das Mitarbeiten- oder Mitwirken-Wollen von Kindern am Geschehen in der Gemeinschaft ist jedoch Teil einer gesunden Entwicklung; das zugrunde liegende Bedürfnis entsteht automatisch und beruht dabei allein auf Freiwilligkeit.

Ich erinnere mich noch gut an zwei Jungen im Alter von neun oder zehn Jahren auf einem Töpfermarkt: Etwas abseits der Stände hatten sie eine Decke am Boden ausgebreitet und boten (ihren Angaben nach) selbstgemachte, bunt angemalte Schalen zum Kauf an. Das verdiente Geld war sicherlich nicht für den Unterhalt ihrer Familie gedacht, sondern eher zur Aufstockung des Taschengeldes. Sie machten nicht den Eindruck, als handelten sie gegen den eigenen Willen; vielmehr schien ihnen bereits das Herstellen der Schalen Spaß gemacht zu ha-

---

[62] Dies ist nur möglich aufgrund bestehender Traumatisierung: Sichere, an Selbstbestimmung gewöhnte Menschen würden sich kaum den Vorgaben des schulischen Systems unterwerfen.

ben, obwohl es sich dabei zweifellos um *Arbeit* gehandelt hatte. Kinderarbeit ist also nicht zwangsläufig gleichzusetzen mit Ausbeutung; dies gilt selbst dann, wenn die Arbeit den Kindern nicht wie im angeführten Beispiel unmittelbar zum eigenen Vorteil gereicht.

„Werden Kinder ihrem Alter und ihren Fähigkeiten entsprechend an Arbeiten beteiligt, erlangen sie Selbstbewusstsein und lernen, gemeinsam mit anderen produktiv für die Gemeinschaft zu sein" (TERRE DES HOMMES).[63]

Schließlich ist es ebenfalls bezeichnend, wenn LIEDLOFF angibt, in der Sprache der Yequana kein Wort für Arbeit entdeckt zu haben.

„Ich war Zeuge der ersten Augenblicke im Arbeitsleben eines kleinen Mädchens. Die Kleine war ungefähr zwei Jahre alt. Ich hatte sie bei den Frauen und Mädchen gesehen; während diese Maniok in einen Trog rieben, spielte sie. Jetzt nahm sie ein Stück Maniok vom Haufen und rieb es an dem Reibholz eines Mädchens in ihrer Nähe. Das Stück war zu groß; sie ließ es bei dem Versuch, es über das rauhe Brett zu führen, mehrmals fallen. Von ihrer Nachbarin erhielt sie ein liebevolles Lächeln und ein kleineres Stück Maniok, und ihre Mutter, auf das Auftauchen des unvermeidlichen Impulses schon vorbereitet, reichte ihr ein winziges Reibholz für sich allein. Das kleine Mädchen hatte die Frauen beim Reiben gesehen, solange es zurückdenken konnte, und so rieb es sofort das Klümpchen an seinem Reibebrett auf und ab wie die anderen. In weniger als einer Minute verlor es das Interesse und rannte weg, ohne daß das Maniokstück merklich kleiner geworden wäre, wobei es sein kleines Reibholz im Trog ließ. Niemand gab ihm zu verstehen, daß seine Geste komisch oder eine „Überraschung" sei; in der Tat erwarteten die

---

Frauen sie früher oder später; sind sie doch alle vertraut mit der Tatsache, daß Kinder an der jeweiligen Kultur teilnehmen, wenngleich dabei Methode und Tempo von Kräften in ihnen selbst bestimmt werden. Es steht außer Frage, daß das Endergebnis im Einklang mit der Gesellschaft stehen und auf Zusammenarbeit und völliger Freiwilligkeit beruhen wird. Erwachsene und ältere Kinder tragen nur die Hilfe und Vorräte bei, die sich ein Kind unmöglich selber beschaffen kann. Ein Kind, das noch nicht sprechen kann, ist sehr gut in der Lage, seine Bedürfnisse klar zu machen, und es ist sinnlos, ihm etwas anzubieten, was es nicht braucht; schließlich ist das Ziel der kindlichen Aktivitäten die Entwicklung von Selbstvertrauen. Bietet man ihm entweder mehr oder weniger Unterstützung an, als es wirklich braucht, so wird dieses Ziel leicht vereitelt" (LIEDLOFF, S. 111/112).

11. Die Suche nach Gerechtigkeit

Seit vielen Generationen wird das menschliche Miteinander von einer fortwährenden Suche nach Gerechtigkeit begleitet. Doch was genau bedeutet „gerecht sein"? Sobald wir dieser Frage nachgehen, offenbaren sich verschiedene Blickwinkel, von denen aus das Thema betrachtet werden kann, und der Volksmund verrät bereits, wie schwierig es ist, das Wesen der Gerechtigkeit wirklich greifbar zu machen: *Recht haben und Recht bekommen sind (oft) zwei unterschiedliche Paar Schuhe.*

Betrachten wir Gesellschaften – egal ob Völker oder Unternehmen –, so gehen wir heute wie selbstverständlich davon aus, dass sie hierarchisch strukturiert sind, womit sie jeweils über eine Regierung und Verwaltung verfügen; selbst kleineren Gemeinschaften (aus deren Verbund sich erst eine Gesellschaft ergibt) wie Familien, Gemeinden oder Vereinen liegt häufig eine ähnliche Struktur zugrunde. Die Form der hierarchischen Gesellschaft existiert seit Jahrtausenden und ist in aller Regel von patriarchalem[64] Charakter. Das bedeutet: Ihr zugrunde liegt ein System von sozialen Beziehungen, Werten, Normen und Verhaltensmustern, das männlich geprägt ist und über einen langen Zeitraum hinweg auch ausschließlich von Männern kontrolliert und repräsentiert wurde. „Patriarchat", die „Vaterherrschaft", wird im Allgemeinen auch definiert als eine auf Gewalt und Gehorsam beruhende Form traditioneller Herrschaft; darüber hinaus wurde der Begriff vonseiten der Frauenbewegung erweitert auf eine allgemeine, nahezu global verbreitete Männerdominanz.

Es gilt jedoch, den Begriff noch weiter zu präzisieren: Patriarchale Strukturen basieren grundsätzlich auf dem „Gesetz des Stärkeren", das auf einer äußeren Überlegenheit beruht, bspw. in Form von körperlicher oder militärischer Stärke; erst das Aufkommen dieses „Gesetzes" hat zur Ausbildung hierarchischer Gesellschaftssysteme geführt. Deren Spitzen sind auch

---

64 Bedeutung lt. Duden: autoritär, bevormundend, männlich dominiert/geprägt, väterlich dominiert/geprägt; (bildungssprachlich) paternalistisch; (abwertend) selbstherrlich, tyrannisch, unterdrückerisch.

heute noch überwiegend durch Männer besetzt. Ein zugrunde liegendes Machtstreben (bzw. eine Herrschsucht) geht jedoch nicht allein von Männern aus. Wie eingangs bereits erwähnt, existiert eine nahezu allgemeine und weitverbreitete Tradition, nicht nur Menschen von anderer Geschlechts- oder Klassenzugehörigkeit, sondern bspw. auch anderen Alters oder fremder Ethnien als nicht gleichwertig und somit nicht gleichberechtigt anzusehen.

In erster Linie gilt der Begriff „Patriarchat" jedoch als Synonym für männliche Herrschaft und somit vor allem für die Unterdrückung von Frauen.[65] Vor diesem Hintergrund versteht sich, dass „Gerechtigkeit" aus weiblicher Sicht vor allem eine *soziale Gleichstellung* der Geschlechter beinhaltet. Zwar dringen heute im Zuge der Gleichberechtigung immer mehr Frauen in gehobene gesellschaftliche Positionen vor, passen sich dabei jedoch regelmäßig den gegebenen Strukturen an, sodass Werte, Normen und Verhaltensmuster bisher keine relevanten Änderungen erfahren haben. Auch sind Strukturen der Macht bis heute erhalten geblieben, unterteilen auch weiterhin Menschen in verschiedene Klassen oder Schichten, wenngleich nicht mehr ganz so häufig entlang der Geschlechter, so jedoch noch immer in Hinblick auf Alter und Herkunft sowie auch auf Bildung und Vermögen.

Gender Mainstreaming

Eine grundlegende Änderung des beschriebenen Systems ist also nach wie vor nicht in Sicht. Stattdessen wird mit dem aktuellen *Gender Mainstreaming* (GM), einer Weiterentwicklung der Frauenbewegung, eine politische Strategie verfolgt, deren erklärtes Ziel es ist, Arbeit, Einkommen und auch Macht zwischen den Geschlechtern besser zu verteilen. Gründe für diese Forderung liegen klar auf der Hand: Nach wie vor sind Frauen

---

[65] Vgl. Wikipedia/Patriarchat (Soziologie)/Der feministische Patriarchatsbegriff.

Gewalt ausgesetzt[66], auch verdienen sie weniger als Männer und haben deutlich mehr Probleme bei der Vereinbarkeit von Privat- und Berufsleben.[67]

Während die heutige Frauen-/Gleichstellungspolitik der Bundesregierung noch darauf abzielt, im Falle offensichtlicher Benachteiligung korrigierend einzugreifen, gibt das Gender Mainstreaming vor, auf eine grundlegende Gerechtigkeit zwischen Frauen und Männern abzuzielen: Der Hebel soll in diesem Fall so früh wie möglich, sprich: in der Kindheit, angesetzt werden, um bereits das Entstehen von Ungerechtigkeit verhindern zu können.[68]

So weit, so gut. Dass die Bewegung dennoch höchst umstritten ist, mag zum einen daran liegen, dass die gegnerische Seite die beschriebenen Probleme bestreitet oder dass zumindest versucht wird, sie zu relativieren. Die überaus wesentliche Kritik bezieht sich jedoch auf eine zentrale These des GM, nach der ein soziales Geschlecht bei Menschen nicht angeboren ist, demnach biologische Kriterien für die Ausbildung der Geschlechterrollen unbedeutend sind.[69] Die Übernahme geschlechtsspezifischer Rollen und entsprechender Verhaltensmuster („typisch weiblich"/"typisch männlich") wird hauptsächlich bis gänzlich einer äußeren Prägung durch Erziehung und den Einfluss von Gesellschaft und Kultur zugeschrieben. Zwar wird in der Öffentlichkeit ein kultureller Einfluss an der Ausformung der Geschlechterrollen nicht oder kaum bestritten, bislang jedoch liegt keine gesicherte Erkenntnis darüber vor, wie groß dieser Anteil tatsächlich ist.

---

[66] Gewalt wird auch gegenüber anderen Gruppen ausgeübt (Transsexuelle, Homosexuelle etc.).

[67] Vgl. http://www.bpb.de/gesellschaft/gender/gendermainstreaming/147263/kein-fortschritt-ohne-bewegung.

[68] Vgl. https://de.wikipedia.org/wiki/Gender-Mainstreaming.

[69] Zugrunde liegt die These, dass Jungen und Mädchen, die „geschlechtsneutral" aufwachsen, einen egalitären Typus Mensch bilden werden. „Geschlechtsneutrale Erziehung" beinhaltet jedoch auch ein aktives Gegensteuern, sodass Kinder häufig in ihrer Entscheidungsfreiheit eingeschränkt werden.

Die Beweggründe des GM sind also nachvollziehbar: Es geht darum, Einschränkungen in der Persönlichkeitsentwicklung vorzubeugen, die entstehen, wenn wir von Geburt an auf bestimmte Rollen festgelegt werden, die uns diktieren, wie wir zu sein und welche Aufgaben wir zu erfüllen haben. Doch ein Angleichen der Geschlechter führt keineswegs in die Befreiung, das Gegenteil ist der Fall, wie ein Blick auf die aktuelle Entwicklung offenbart: Vormals geschlechtsspezifische Anforderungen werden mittlerweile auf *alle* projiziert, sodass von Frauen auch Härte und Durchsetzungsvermögen verlangt wird und von Männern, mehr Einfühlungsvermögen an den Tag zu legen und sich beispielsweise – ganz mütterlich – von Anfang an auch um den Nachwuchs zu kümmern.

Es zeigt sich, dass das Negieren eines wesentlichen Unterschiedes zwischen Frauen und Männern – in der Absicht, Gleichheit im Sinne einer Gerechtigkeit herzustellen – nicht zu mehr Frieden führt, sondern lediglich zu höheren Anforderungen und darüber hinaus zu einem weiteren Verlust von Identität.

Weit besser geeignet zur Überwindung von Ungerechtigkeiten und längst überfällig wäre da die Möglichkeit, kulturelle Errungenschaften unter die Lupe zu nehmen, an vorderster Stelle die Palette klassischer Tugenden: weiblicher Tugenden (wie Häuslichkeit, Fleiß, Zurückhaltung, Bescheidenheit, Gehorsam, Pflichtbewusstsein etc.) sowie auch männlicher Tugenden (wie z. B. Tapferkeit, Zielstrebigkeit, Verlässlichkeit, Dominanz, Besonnenheit, Rationalität). Auch wenn weibliche Tugenden heute im Vergleich zu früher erheblich an Bedeutung verloren haben – allgemein gefragt sind überwiegend die männlichen –, sind sie dennoch nach wie vor in unserem Denken verhaftet. Tugenden sind Instrumente der Normierung und dienen der Lenkung[70] von Menschen. Sie bilden geschlechtsspezifische (und dem Zeitgeist geschuldete) Positivlisten aus, mit deren

---

[70] Neben anderen wie z. B. Moral, Ethik, Pflichten, Vorschriften und Strafen.

Hilfe das Verhalten von Frauen und Männern bewertet wird, attestieren eine entsprechende Tauglichkeit und beeinflussen somit das Ansehen von Menschen innerhalb einer gesellschaftlichen Ordnung. Der springende Punkt ist hier jedoch: Mit Hilfe der klassischen weiblichen Tugenden wird Frauen in der Geschichte regelmäßig eine Stellung zugewiesen, die der männlichen untergeordnet ist.

Das allgemein gängige Frauenbild ist selbst in Frauenköpfen so stark verklammert mit der Zuschreibung weiblicher Tugenden, dass eine rein sachliche, nicht-bewertende Erklärung seitens der Biologie, es gäbe nur zwei Geschlechter (weiblich/männlich), als *Biologismus*[71] zurückgewiesen wird. Darin äußert sich der Vorwurf, es werde versucht, kulturelle Rollenzuschreibungen mithilfe biologischer Grundtatsachen als naturgegeben zu erklären. In dieser Argumentation offenbart sich, dass die Polarität Mann/Frau automatisch als Hierarchie empfunden wird. Doch anstatt zu überlegen, wie erreicht werden kann, die zugrundeliegende Wertung zu überwinden und das Weibliche und Männliche als das wahrzunehmen, was sie in Wahrheit sind – zwei Hälften eines Systems, das nur in seiner Gesamtheit überlebensfähig ist –, ist das Gender Mainstreaming durchdrungen von der Idee, einen „egalitären" Typus Mensch zu kreieren mithilfe geschlechtsneutraler Erziehung von Jungen und Mädchen.

Wie sich inzwischen zeigt, ist dies jedoch kaum möglich ohne ein massives Steuern vonseiten der Erziehenden: Kindern an einer schwedischen Grundschule sind Berichten zufolge keine Spielzeugautos mehr zur Verfügung gestellt worden, da sich herausgestellte, dass sie von Jungen nach wie vor beim Spielen bevorzugt werden; an einer anderen Schule soll die Spielzeit gestrichen worden sein, weil beim Spielen ein Rückfall der Kinder in „stereotypische Verhaltensmuster" zu beobachten war (sowie auch das neuerliche Entstehen von Hierarchien und Ausgrenzung).[72] Das hartnäckige Wiederauftauchen „alter"

---

[71] Vgl. Duden: einseitige und ausschließliche Anwendung biologischer Gesichtspunkte auf andere Wissensgebiete.
[72] Vgl. http://www.zeit.de/2012/34/C-Schule-Kindergarten-Schweden.

Muster bei den Kindern wird hier nicht etwa zum Anlass genommen, die eigene Theorie zu überprüfen, sondern führt zu rigiden Gegenmaßnahmen, selbst wenn dies lediglich zur Folge haben sollte, unerwünschte Erscheinungen von der Bildfläche verschwinden zu lassen. Die Möglichkeit eines Irrtums wird hier allem Anschein nach verdrängt.

Ebenfalls als Beleg für die Beliebigkeit von Geschlecht wird die Tatsache herangezogen, dass hin und wieder Babys zur Welt kommen, die weder eindeutig weiblich noch männlich sind:[73] Hierin äußert sich das Problem, dass ein Sich-nicht-verorten-Können im Leben regelmäßig zu Ausgrenzung und Isolation führt. Das Bundesverfassungsgericht hat schließlich den Gesetzgeber aufgefordert, bis Ende 2018 ein drittes Geschlecht zu installieren, um so auch intersexuellen Menschen zu ermöglichen, anstelle einer Offenlassung im Geburtenregister eine geschlechtliche Identität anzugeben.[74] Im Hinblick auf das gegenseitige Bewerten von Menschen – das nicht nur in unserer Gesellschaft „dazugehört" – ist ein Wunsch nach Schutz vor Diskriminierung absolut nachvollziehbar. Dennoch entbehrt die allgemeine Ausrichtung des Gender Mainstreamings nicht einer gewissen Dramatik: Indem sich darauf konzentriert wird, Profile zu verwischen, wird die historische Chance vergeben, Ansätze zu entwickeln, die weit hinaus über die alte Mann-Frau-Problematik ein Überwinden hierarchischer Strukturen ermöglichen: Strukturen, die ihrer Natur nach gar nicht anders können, als Menschen zu diskriminieren und Bedürfnisse zu unterdrücken.

---

[73] Intersexualität: Keine Eindeutigkeit des Geschlechts in Hinblick auf Fortpflanzungsorgane, Genitalien, Hormone und Chromosomen. Biologisch gesehen werden solche Abweichungen als nicht-normentsprechend und somit als keinem Geschlecht zugehörig eingestuft. Von betreffenden Menschen wird dies jedoch häufig als diskriminierend empfunden.

[74] AZ 1 BvR 2019/16. Grundlage: Schutz des Persönlichkeitsrechts. Eine Lösung könnte hier bspw. die Einführung geschlechtlicher Kategorien darstellen, die sich innerhalb der beiden Pole weiblich/männlich bewegen.

Doch zurück zum Thema „Tugenden". Unterziehen wir sie einer weitergehenden Analyse, wird eine gewisse Nähe zur Philosophie erkennbar sowie zum Konzept des *Dualismus*: Dieses besagt, dass grundsätzlich alles, was ist, aus zwei Elementen besteht, die sich unvereinbar gegenüberstehen. *Polarität* hingegen bezeichnet ein sich gegenseitiges Bedingen zweier Elemente: Armut ist somit nur denkbar in der Gegenüberstellung des Reichtums, sowie auch Kälte erst im Vergleich zur Hitze ihre Bedeutung erlangt. Erst das Wechselspiel der Pole ergibt eine Einheit, darüber hinaus eröffnen sie eine Skala, die Spielraum für Variationen bietet (z. B. **heiß** – warm – lauwarm – kühl – **kalt**; **Nacht** – Dämmerung – **Tag**). So stehen die bekannten Elemente *Yin* und *Yang* der chinesischen Philosophie für Kräfte oder auch Prinzipien, die einander entgegengesetzt (bipolar) sind, sich jedoch aufeinander beziehen; in diesem Sinn sind sie auch als *weibliche* (Yin) und *männliche* (Yang) *Prinzipien* zu verstehen.

Weibliche und männliche Prinzipien sind – im Gegensatz zu Tugenden – an keinerlei Wertung gebunden. Ihr Wesen ist stattdessen, im gegenseitigen Wechselspiel eine Balance herzustellen: So muss auf Spannung stets eine Entspannung folgen, und der Ruhe folgt wieder die Bewegung. Auch sind diese Prinzipien nicht statisch, d. h. nicht zwingend Frauen und Männern zugeordnet, sodass sich bei Frauen auch männliche und bei Männern weibliche Prinzipien entdecken lassen: Beispielsweise können männliche Bezugspersonen wie Väter oder Großväter als sehr zugewandt oder „mütterlich" empfunden werden, Frauen hingegen eher männliche Eigenschaften wie Zielstrebigkeit oder Gestaltungswillen aufweisen.

Abbildung 9 –
Gegenüberstellung weiblicher und männlicher Prinzipien

Weiblich-/mütterliche Prinzipien	Männlich-/väterliche Prinzipien
Verwurzeln, Verweilen	Aufbruch
Nähe, Verbundenheit	Weite, Freiheit
Ruhe	Bewegung
Geduld	Fordern
Passivität (Mutterrolle):	Aktivität (Vaterrolle):
Schützen	*Führen*
Vorsicht	Mut
Empfangen	Geben
Innere Stärke	Körperliche Stärke
Einfühlungsvermögen	Orientierung
Intuition	Logik
Spiritualität	Weltlichkeit
Innen, Zentrum	Außen, Peripherie
Entspannung	Anspannung
Nacht	Tag
Erde (Mond)	Sonne
Materie	Geist

Eine grundlegende Prägung von Menschen erfolgt dennoch nicht beliebig: Evolutionär gesehen hat es sich als vorteilhaft erwiesen, die Menschen in Frauen und Männer aufzuteilen, sie unterschiedlich auszustatten bezüglich geschlechtlicher Merkmale und Organe und sie (mit Hilfe von Hormonen) auch in mentaler Hinsicht auf ihre Rollen als Mütter und Väter vorzubereiten. Dabei hält die Natur einen gewissen Spielraum vor, um ein Abweichen von den ursprünglichen Rollen zu ermöglichen, wenn es die Situation erfordert. Der Blick in die Forschung bestätigt diese Art der Flexibilität: Auch wenn Männer indigener Gesellschaften beispielsweise vornehmlich aufs Jagen spezialisiert sind, Frauen (wie auch Kinder und Jugendliche) hingegen eher auf das Sammeln pflanzlicher Nahrung, so ist diese Verteilung dennoch nicht statisch.

„Die Aufgaben für einzelne Personen können sich [...] je nach Umständen und sich eröffnenden Möglichkeiten ändern. So wurde von Witwen oder bruderlosen Töchtern berichtet, die zu Jägern wurden. Bot sich eine gute Gelegenheit oder beruhte die Nahrungsgrundlage fast ausschließlich aus Pflanzenkost, sammelten auch Männer pflanzliche Nahrung.“ [75]

Vor diesem Hintergrund wird ersichtlich, dass sich im Laufe der Zeit eine Umdeutung elementarer männlicher und weiblicher Prinzipien hin zu wertenden Tugenden vollzogen haben muss. Stellt sich die Frage: Was hat dazu geführt?

Allein die Existenz von Instrumenten wie Tugenden dürfte als Hinweis darauf zu verstehen sein, dass irgendwann im Laufe der Urgeschichte die (vermeintliche) Notwendigkeit aufgekommen ist, Menschen zu regieren. Dies setzt wiederum die Beeinträchtigung eines Miteinanders bzw. einen Verlust an zwischenmenschlicher Verbundenheit voraus: Ohne einen solchen Verlust, der stets mit der Verletzung menschlicher Souveränität einhergeht, ergibt der Wunsch, sich innerhalb einer Gemeinschaft über Andere zu erheben, keinen Sinn; auch gibt es für mündige Menschen keinen Grund, auf Selbstbestimmung

---

[75] Vgl. Wikipedia/Jäger und Sammler/Arbeitsteilung.

zu verzichten. Es müssen anhaltende Stresssituationen und traumatische Erlebnisse gewesen sein, die Menschen im Laufe der Zeit dazu veranlasst haben, angeborenes Bindungsverhalten zugunsten der Selbsterhaltung zurückzustellen – und zwar in so nachhaltiger Form, dass die Zerstörung von Vertrauen bis heute ihre Kreise zieht. Ein inzwischen weitverbreiteter Mangel ist vorwiegend zurückzuführen auf die Zerstörung menschlichen *Ur*vertrauens durch das Nicht-Erfüllen von Erwartungen, sodass die Spur in die Kindheit führt und dort die Erziehung in den Fokus gerät.

Wenn wir zu der Zeit, als wir noch Kinder waren, unser Handeln an elterlichen Vorgaben ausgerichtet haben, dann oftmals zu dem Preis, dass wir eigene, freiheitliche Bestrebungen (eigene Interessen) zurückstellten. Unsere Bereitschaft dazu lag stets in der für Kinder elementaren Notwendigkeit, mütterliche Bestätigung bzw. Annahme zu erfahren. Eine Annahme wird jedoch oft vom Gehorsam des Kindes abhängig gemacht. Kinder geraten an dieser Stelle in ein klassisches Dilemma: Zur Ausbildung von Souveränität (innere Freiheit und Sicherheit) benötigen sie autonom gewählte und selbstgemachte Erfahrungen, aber eben auch Zuwendung, die gleichbedeutend ist mit mütterlichem Schutz; je geringer das Maß (bisher ausgebildeter) innerer Sicherheit bzw. je vordergründiger das Verlangen nach Verbundenheit, desto weniger sind Kinder in der Lage, durch Ungehorsam zu riskieren, die Zuwendung der Mutter[76] zu verlieren. Das Maß eines (wenn auch widerwilligen) Gehorsams gibt somit Auskunft über den Ausbildungsgrad innerer Sicherheit bzw. über das jeweilige Bedürfnis, das zu diesem Zeitpunkt im Vordergrund steht.[77] Ein nachhaltiges Unterdrücken freiheitlicher Bestrebungen[78] führt jedoch, wie am Anfang des Buches bereits beschrieben, zur Entwicklung von Aggression und negativen Gefühlen (Widerwillen, Ärger, Trotz,

---

[76] Bzw. der mütterlichen Bezugsperson.

[77] Wendepunkte: Trotzphase, Pubertät, Midlife-Crisis.

[78] Hierzu zählt auch das Einschränken kindlicher Bewegungsmöglichkeiten: Kitas und Schulen bieten zu wenig Raum oder Möglichkeiten der freien Bewegung; in Mietwohnungen ist das Laufen, Hopsen, Springen etc. aus Nachbarschutzgründen stark eingeschränkt oder verboten.

Wut). An dieser Stelle setzt nun die „gute" Erziehung ein (vgl. Abb. 2): Ihr Ziel ist es, die entstehenden „Auswüchse" in Schach zu halten, was oft nur mithilfe von Sanktionen oder deren Androhung zu bewerkstelligen ist. Unerwünschte Gefühle der Kinder wie Wut oder Hass verschwinden jedoch nicht, sondern werden häufig, wie zuvor die Bedürfnisse, unterdrückt – mit dem Ergebnis, dass sie sich an anderer Stelle entladen. Darüber hinaus verinnerlichen Kinder die Erfahrung, nicht bedingungslos angenommen (geliebt) zu werden, sondern nur, wenn sie bestimmte Erwartungen erfüllen.

Wenn wir dann erwachsen werden und die Kindheit hinter uns lassen, tragen wir, sofern nicht therapeutisch aufgearbeitet, all die traumatischen Erfahrungen (unter Umständen sind dies eine ganze Menge) nach wie vor in uns: *Was Hänschen gelernt hat, vergisst Hans nimmermehr.* Sämtliche Erfahrungen der frühen Kindheit – seien sie positiv oder negativ, bewusst oder unbewusst, aus vor-, peri- oder nachgeburtlichen Zeiträumen[79] – sind in uns gespeichert, bleiben also bestehen und wirken im Untergrund. Um Missverständnissen vorzubeugen: Missachtungserfahrungen und Verletzungen in der Kindheit sind niemals der einzige Grund, warum sich Menschen zu Machtstrebenden und aggressiven „Wutbürgern", zu Depressiven, Phlegmatikern, Rastlosen, Suchenden, Hörigen, Angstgelähmten, Psychopathen oder Verbrechern entwickeln – frühe Traumatisierungen bilden jedoch die Grundlage (mit) aus, auf der alle anderen, späteren Erfahrungen „aufpfropfen". Mit anderen Worten: Nie wieder im Leben sind wir so verletzlich wie in der Kindheit, der Hauptreifezeit unserer Persönlichkeit, und alle Erfahrungen des späteren Lebens fallen auf die Basis dieser ersten Jahre. Dass die Kindheit dennoch allgemein geringgeschätzt wird und noch immer verhältnismäßig wenig Beachtung findet, macht sie zu der am meisten unterschätzten Phase im Leben von uns Menschen.

Wie kann es an dieser Stelle weitergehen? Tausende Jahre der Erfahrung von Gewalt, Unterdrückung und Erniedrigung

---

[79] *Perigeburtlich* bezeichnet den Zeitraum der Geburt bzw. den Geburtsvorgang.

haben ihre Spuren hinterlassen und vor allem auch Frauen einen massiven Vertrauensverlust beschert, sodass der Glaube daran, Benachteiligung und Diskriminierung zugunsten eines respektvollen Miteinanders von Frauen und Männern zu überwinden, in weiten Teilen bereits gestorben zu sein scheint.

So werden, wie bereits erwähnt, nicht mehr nur Männer vonseiten der Frauenbewegung kritisiert, sondern auch Frauen, die dem neuen „Mainstream" nicht folgen mögen und es bspw. auch weiterhin vorziehen, ihre Erwerbstätigkeit einzuschränken oder sogar auszusetzen, dabei unter Umständen auf eine Karriere verzichten, um sich besser Hausarbeit und Kindern widmen zu können. Indem sie es ablehnen, mit aller Macht an die Spitzen der von Männern geschaffenen Strukturen vorzudringen, stoßen sie nicht nur auf Unverständnis, sondern sehen sich womöglich dem Vorwurf ausgesetzt, die Frauenbewegung zu verraten.

An dieser Stelle könnten sich Frauen *re-formieren* und einen neuen Ansatz schöpfen, der darauf ausgerichtet ist, weibliche und männliche Tugenden als Instrumente der *herrschaftlichen Lenkung* zu entlarven und mithin zu überwinden; sie könnten sich daranmachen, mit sich selbst ins Reine zu kommen, die Weiblichkeit nicht länger zu bekämpfen, sondern sie anzunehmen, zu behüten und in all ihren Varianten zu feiern; sie könnten die Aufgabe übernehmen, neue Ideen zu entwickeln, um sich und ihren Kindern eine selbstbestimmte Entwicklung und Reifung zu ermöglichen. Diese Frauenbewegung wird es geben, sobald wir erkannt haben: Der Schlüssel zum Überwinden von Hierarchien und Diskriminierung liegt in der *Ausbildung menschlicher Souveränität.*

Das Für und Wider von Demokratie

Die Forderung nach Gleichheit findet sich nicht nur in der Frauenbewegung, vielmehr liegt sie grundsätzlich jeglicher emanzipatorischen Bewegung zugrunde, wie sich mit Blick in die Geschichtsbücher leicht feststellen lässt. So wird beispielsweise in der Unabhängigkeitserklärung der Vereinigten Staaten von

Amerika[80] eine *Gleichheit* der Völker proklamiert,[81] ebenso ist ein Streben nach Demokratie innerhalb von Gesellschaften stets Ausdruck für das Verlangen nach Chancen*gleichheit*.

Die uralte Suche nach der „richtigen" Gesellschaftsform ist jedoch fest in einem hierarchischen Denken verhaftet. Dass die Suche bis heute keinen gültigen Abschluss gefunden hat, offenbart ein ebenso altes wie unlösbar scheinendes Problem: Konzentriert sich gesellschaftliche Macht auf einen einzelnen Herrscher (absolute Monarchie, Diktatur), besteht grundsätzlich die Gefahr, dass sich der erhoffte weise König oder „Führer" als Tyrann oder Egozentriker entpuppt; ähnlich verhält es sich bei der Verteilung von Ämtern aufgrund ständischer Zugehörigkeit. Übernimmt stattdessen das Volk selbst die Herrschaft (Demokratie=Herrschaft des Volkes), wirft dies ebenfalls Probleme auf: Ein Mitbestimmungsrecht auf allen Ebenen einer Gesellschaft (direkte Demokratie) begründet unter Umständen eine prozessuale Behäbigkeit. Darüber hinaus definierte bereits der griechische Philosoph Platon (ca. 427-347 v. Chr.) in seinem Werk *Politikos* die Demokratie als Regierung der Menge, die *„mit Gewalt oder mit ihrem guten Willen [...] über die, welche das Vermögen in Händen haben, regiert"*. Demokratie war für ihn stets eng verknüpft mit der Gefahr, dass *„die Armen siegen und ihre Gegner töten und verbannen, alle übrigen aber nach gleichem Recht an Verfassung und Ämtern teilnehmen lassen und die Ämter möglichst nach dem Lose vergeben"*[82]. Generell war für ihn die Übernahme von Macht, egal durch wen oder auch wie Viele, eng verbunden mit der Gefahr von Ausbeutung, Abwertung, Gewalt und Brutalität (Mangel an interpersoneller Reife) sowie auch mit der Möglichkeit eines Zugrunderichtens des Staates mangels benötigter Fähigkeiten (fehlende Eignung); eine gedankliche Konsequenz, indem er Machtstrukturen grundsätzlich infrage stellte, zog er hieraus jedoch nicht. Stattdessen wandte sich Platon explizit gegen eine Gleichheit, wie

---

[80] 1776 Loslösung von Großbritannien.

[81] Vgl. KERSSENBROCK, Rembert: Die Vereinigten Staaten von Europa, S. 102.

[82] Zitat aus „Platons Kritik an der Demokratie", vgl. https://freidenker.cc/platons_demokratiekritik/1.

sie vom Volk gefordert wurde („gleiches Recht für alle"): Zum einen sah er das gemeine Volk grundsätzlich als unfähig an, verantwortlich mit der eigenen Herrschaft umzugehen, zum anderen war er der Auffassung, die Menschen in der Demokratie seien nur abstrakt gleichgesetzt, aber nicht in Wirklichkeit. Somit findet sich auch hier ein Hinweis auf die allgemeine Schwierigkeit, eine Gleichheit der Menschen im Sinne von Gerechtigkeit überhaupt zu definieren. Vielmehr vertrat Platon die Idee, jeder Mensch solle die Aufgaben durchführen, wozu er der eigenen Natur nach am besten geeignet sei – was ihn letzten Endes auch zu der Schlussfolgerung brachte, Philosophen seien die Einzigen, die eine entsprechende natürliche Anlage zum Regieren mitbrächten. Es ist jedoch anzunehmen, dass er diese Meinung nicht vertrat, um sich selbst einen Vorteil zu verschaffen, sondern aus der Überzeugung heraus, dass Philosophen grundsätzlich auf der Suche nach Wahrheit und Gerechtigkeit sind und stets nach Ursachen, Hintergründen und Sinn forschen – dass es sich bei ihnen (im übertragenen Sinne) also um weitestgehend *souveräne* Menschen handelt, deren Tun nicht von Gefühlen wie Wut, Hass oder Angst geleitet wird, sondern im Dienst der Sache bzw. Menschen steht. Mit diesem Bild des „philosophischen Königs" oder „königlichen Philosophen" hat er bereits damals einen Führungstypus entworfen, der sich auch losgelöst von einem Streben nach Macht denken lässt – dennoch war Platon, wie bereits erwähnt, nicht in der Lage, sich von der Vorstellung einer Hierarchie zu trennen. Ganz im Gegenteil: Seine grundlegende Einstellung gegenüber der breiten Masse war im Prinzip die gleiche, wie sie noch heute in elitären Kreisen vorzufinden ist; ein Politiker, so seine Auffassung, ist ein *„Künstler, der eine Masse bilden oder formen muss, ohne dass er auf ihre Zustimmung angewiesen wäre".*[83]

Zwar ist die Demokratie heute eine fest etablierte und weitverbreitete Staatsform, bei genauerer Betrachtung kommt man jedoch nicht umhin festzustellen, dass meistens lediglich der Begriff in seiner Originalform erhalten geblieben ist, während die tatsächliche Herrschaft selten vom Volk ausgeht (*repräsen-*

---

[83] Vgl. Freidenker, https://freidenker.cc/platons_demokratiekritik/1.

tative Demokratie). Gegen Ende des 19. Jahrhunderts waren demokratische Bestrebungen vonseiten des Volkes nicht mehr aufzuhalten; tatsächlich durchsetzen konnte sich jedoch eine Gegenbewegung (unter dem Einfluss der Philosophie Friedrich Nietzsches), die – ähnlich der Idee Platons – das Ziel verfolgte, ein wahrhaft egalitäres, demokratisches Wertesystem nach Möglichkeit zu verhindern. Die Folge dieser Überlegungen war schließlich die Geburt der *Eliten*, wie wir sie heute kennen.

Das Bildnis der Eliten

Als „normale" Bürgerinnen und Bürger besitzen wir heute in Deutschland keine direkte Einflussmöglichkeit, was die politische Entwicklung unserer Gesellschaft betrifft. Stattdessen wählen wir unsere sogenannten „Repräsentanten": Berufspolitiker, die gemeinsam mit Leistungsträgern anderer gesellschaftlicher Bereiche (*Wirtschaft, Militär, Verwaltung, Bildung, Medien, Religion* und *Kultur*) einen elitären Kreis bilden, dessen Aufgabe es ist, sich stellvertretend (und im Sinne einer Bevölkerungsmehrheit) um gesellschaftliche Belange zu kümmern.

Elite bedeutet demnach „Auslese" und beschreibt in der Soziologie eine relativ kleine Gruppe von Menschen – historisch gesehen Männer –, deren gesellschaftliche Einflussnahme vonseiten der Bevölkerung legitimiert oder akzeptiert ist. Dies unterscheidet sie von der breiten Masse der normalen Bürgerinnen und Bürger, der sie gegenübersteht.

Anwendung in diesem ursprünglichen Sinne fand der Begriff erstmals während der Französischen Revolution: Als *élite* wurde damals die Gruppe von Personen bezeichnet, die erstmals unabhängig von ihrer Herkunft und nur aufgrund eigener Verdienste – im Gegensatz zu der Zeit von Adel und Klerus – gesellschaftliche Positionen einnahmen. Mit Beginn der Industrialisierung erfolgte eine Umdeutung im Sinne einer Abwertung, sodass der Begriff Anwendung durch das (gehobene) Bürgertum fand zur *„Abgrenzung von der Masse der Ungebildeten und Unselbständigen (den Arbeitern und Angestellten)"*. Als eine Art Gegenreaktion wurde in den 1960er-Jahren nunmehr das „Establishment", wie jetzt das gehobene Bürgertum mitsamt den Eliten genannt wurde, von Teilen der „breiten Masse" abgelehnt, allen voran von einer Jugend- und Studentenbewegung. Hierin äußerte sich der Vorwurf, das Tun der herrschenden Kräfte sei *auf Festigung ihrer Macht und Unterdrückung der nicht privilegierten Schichten ausgerichtet".*[84]

Inwieweit Eliten in Deutschland heutzutage vonseiten der Bevölkerung akzeptiert werden, hängt zu einem großen Teil von der Durchlässigkeit der Strukturen ab, sprich: von der grundsätzlichen Möglichkeit für alle, in bestimmte Positionen zu gelangen und dort gestalterisch mitzuwirken – oder zumindest davon, inwieweit eine solche Chancengleichheit *wahrgenommen* wird. Nach Aussage des Soziologen Michael Hartmann ist heute wieder ein Trend zum Schließen elitärer Kreise zu beobachten. Seinen Angaben zufolge entstammt die herrschende Klasse bereits mehrheitlich dem gehobenen Bürgertum (was nicht damit begründet werden kann, es gäbe keine andere Möglichkeit, stehen doch *„Tausende von hoch qualifizierten jungen Wissenschaftlerinnen und Wissenschaftlern, unter ihnen eine wachsende Zahl Habilitierter, auf der Straße"*[85]). Die politische Klasse sei dabei noch am durchlässigsten, so Hartmann, die Wirtschaftselite hingegen bereits weitestgehend geschlossen. Den weitverbreiteten Glauben, Eliten würden aufgrund individueller Leistungen auserlesen, bezeichnet er als Mythos.

Bei dem Versuch, den Begriff „Elite" historisch allgemeingültig zu definieren, wird deutlich, wie schwammig er im Grunde ist: Eliten verschiedener Zeiten[86] agierten mit unterschiedlichen Vorstellungen und Absichten, woraus sich erklärt, dass synonym auch ebenso verschiedene Begriffe wie „Aristokratie", „herrschende Klasse", „politische Klasse", „Oberschicht" oder

---

[84] Vgl. Wikipedia/Establishment.

[85] Vgl. bpb, Bundeszentrale für politische Bildung, SCHÄFERS, Bernd: "Elite" vom 01.03.2004, http://www.bpb.de/apuz/28476/elite?p=all.

[86] Betrachtet wird ebenso die vorindustrielle Geschichte – auch wenn der Begriff dort noch nicht existierte.

„Regierende" verwendet wurden und werden.[87] Am deutlichsten lassen sich die unterschiedlichen Auffassungen an den Begriffen „Funktionselite"[88]/„Leistungselite" (einerseits) sowie „Machtelite" (andererseits) ablesen:

„Funktionselite" oder auch „Leistungselite" beschreibt – ganz im Sinne eines demokratischen Gedankens – jeweils einen Kreis von Personen, die einem der verschiedenen gesellschaftlichen Teil- oder Funktionsbereiche angehören (Politik, Wirtschaft, Medien, Kultur, Bildung etc.); aufgrund von Wahlen oder herausragender Leistungen und Fähigkeiten wird diesen Personen, wie oben bereits erwähnt, zugestanden, im Rahmen ihrer Fachkompetenzen direkten Einfluss auf gesellschaftliche Belange zu nehmen.[89] Darüber hinaus wird ihnen auch eine gesellschaftliche Vorbildfunktion zugeschrieben. Grundannahme ist hier, dass die elitären Kreise allen Bürgerinnen und Bürgern offenstehen und das Erreichen einer Zugehörigkeit ausschließlich von individuellen Leistungen und Fähigkeiten abhängt.

Hingegen kommt der sogenannten „Machtelite" eine ganz andere Bedeutung zu:

„Der amerikanische Soziologe Charles W. Mills zeigte in seinem in der ganzen westlichen Welt bekannten Werk über die „Power Elite", dass die Funktionsbereiche und ihre Eliten nicht fein säuberlich getrennt sind, sondern sich ihr Einfluss durch Interaktionen von Militär, Politik und Industrie zu einem antidemokratischen Komplex verdichten kann. Zum elitären Bewusstsein gehört, die Basis oder die Massen gering zu schätzen oder auch das Parlament – wie es gegenwärtig häufig geschieht – einfach

---

[87] Siehe bspw. G. MOSCA, V. PARETO:
https://de.wikipedia.org/wiki/Elitesoziologie.
[88] Begriff geht zurück auf H.-P. DREITZEL, Soziologe. Vgl. REITMAYER, Morten: „Eliten, Machteliten, Funktionseliten, Elitenwechsel", 2017.
[89] Siehe dazu Otto STAMMER, Soziologe: „Demokratie und Elitenbildung". Zitat: *„Unter soziologischen Aspekten handelt es sich dabei vielmehr um Funktionseliten, deren Bestand, deren Zusammensetzung, deren Auswahl und Ergänzung von der Stellung und der Funktion abhängig sind, welche die einzelnen in Frage kommenden Führungsgremien im politischen Wirkungszusammenhang innehaben."*

zu übergehen, weil man von seiner auserwählten Position her ja weiß, wo es langgeht".[90]

Auch wenn sich Mills' Analyse seinerzeit auf die US-amerikanische Elite bezog, beschreibt er doch eine allgemeingültige Haltung, wie sie auch in elitären Kreisen anderer Demokratien wie beispielsweise der unseren zu beobachten ist. Der heutige Trend zum Schließen der Kreise offenbart, dass die Rekrutierung neuer Eliten vornehmlich aus den eigenen Reihen, dem gehobenen Bürgertum, erfolgt; parallel dazu ist häufig ein enormes Maß an Überheblichkeit zu beobachten, in der die Geringschätzung der „breiten Masse", insbesondere der sogenannten Unterschicht, einen sehr deutlichen Ausdruck findet:

„Das Elend ist keine Armut im Portemonnaie, sondern die Armut im Geiste. [...] In den vergangenen Jahrzehnten hat die Unterschicht eigene Lebensformen entwickelt, mit eigenen Verhaltensweisen, eigenen Werten und eigenen Vorbildern: die Unterschichtskultur. [...] Der schlechte Gesundheitszustand der Unterschicht ist keine Folge des Geldmangels, sondern des Mangels an Disziplin. [...] Die Unterschicht verliert die Kontrolle, beim Geld, beim Essen, beim Rauchen, in den Partnerschaften, bei der Erziehung, in der gesamten Lebensführung. [...] Die Armut ist eine Folge ihrer Verhaltensweise, eine Folge der Unterschichtskultur. In Deutschland sind nicht immer die Armen die Dummen, sondern die Dummen sind immer arm."[91]

Aussagen wie diese verdeutlichen, dass die Wurzel des Problems bei den Armen selbst verortet wird: Niemand ist schuld außer sie selbst, und staatliche Finanzhilfen fördern – im elitären Denken[92] – eher noch die Unselbständigkeit, als dass sie

---

[90] Vgl. bpb, Bundeszentrale für politische Bildung, SCHÄFERS, Bernd: "Elite" vom 01.03.2004, http://www.bpb.de/apuz/28476/elite?p=all.
[91] WÜLLENWEBER, Walter: Unterschicht/Das wahre Elend, 2004; vgl. BREMERICH, Stephanie: „Menschenbilder vom Grabbeltisch".
[92] Die Abwertung der „Unterschicht" als ideologisches Fundament einer ungleichen Gesellschaft (vgl. JONES, Owen: „Prolls. Die Dämonisierung der Arbeiterklasse").

weiterhelfen. Mit Verweis auf einen vermeintlichen Mangel an Disziplin werden andere mögliche Ursachen für das „Versagen" der Menschen kurzerhand vom Tisch gefegt oder vielmehr erst gar nicht ins Auge gefasst, wie beispielsweise die Auswirkungen der Prekarisierung von Arbeitsverhältnissen (Hartz-Gesetze), insbesondere jedoch die Ansammlung kleinerer und größerer Traumatisierungen der Menschen. Zwar ist bekannt, dass Traumata die Persönlichkeitsentwicklung beeinflussen können, jedoch werden die Folgen des „ganz normalen" Missachtens freiheits- und sicherheitsrelevanter Bestrebungen und Erwartungen – obwohl sie Urvertrauen zerstören – nicht als Traumatisierungen verstanden. Zitate wie das obige sind dabei von nicht zu unterschätzender Bedeutung: Sie verdeutlichen einmal mehr, wie wenig Verbundenheit innerhalb der Bevölkerung besteht, insbesondere zwischen der elitären Oberschicht und der sogenannten „breiten Masse". Es ist offensichtlich, dass zwischen diesen beiden nur selten Berührungspunkte bestehen, was wiederum als Beleg dafür gelten dürfte, dass die Möglichkeit eines Aufstiegs aus dem unteren Teil der Gesellschaft in elitäre Kreise im wirklichen Leben sehr viel geringer ausfällt als offiziell proklamiert wird.

So sagt das oben aufgeführte Zitat denn auch weniger über die Menschen der „Unterschicht" aus als über die Eliten selbst: Der hier durchscheinende Mangel an Empathie und innerer Verbundenheit offenbart stellvertretend, dass sich Menschen elitärer Kreise in der Regel nicht sehr von anderen unterscheiden, da sie ebenfalls über eine nur mangelhaft ausgebildete Souveränität verfügen, womit sie mental kaum in der Lage sind, die Bevölkerung in ihrer Gesamtheit zu repräsentieren und deren Belange zu berücksichtigen, wie es eigentlich ihrer Aufgabe entspricht. Vielmehr deutet die häufig geäußerte Forderung nach mehr Disziplin (anstelle von Hilfen) auf eine Persönlichkeitsstruktur hin, deren Trägerinnen und Träger als Kinder ebenfalls ein Missachten von Bedürfnissen erfahren haben, darüber hinaus jedoch – besser als das typische „Unterschichtskind" – gelernt haben, das Aufkommen negativer Gefühle sowie eines Verlangens nach Ersatzbefriedigungen zu *regulieren* (sprich: über eine „gute" Erziehung verfügen). Auch hieraus lässt sich auf einen Mangel an Souveränität schließen; dieser ist jedoch, je nach Ausprägung, mit originären Führungsaufgaben nicht zu vereinbaren.

Eine Überforderung von Menschen elitärer Kreise (Wirtschaftselite, Finanzelite, Sportelite etc.) offenbart sich immer wieder auch an anderer Stelle, insbesondere in Hinblick auf Vorwürfe – und Nachweise – von Korruption, Steuerhinterziehung oder -vermeidung, Geldwäsche und vieles mehr. Der allgemeine elitäre Habitus deutet auch hier wieder auf einen immensen frühkindlichen Vertrauensverlust hin, insbesondere auf das außerordentliche Verlangen von Menschen, etwas Besonderes darzustellen; die Suche (oder Sucht) nach Abgrenzung und Anerkennung beinhaltet jedoch ein Abwerten von Mitmenschen und geht dabei Hand in Hand mit mangelnder Empathie und einem deutlichen Streben nach Macht. Macht wird hier zum Überlebenselixier: Um sie aufrechtzuerhalten, darf das „Versagen der Unterschicht" nicht mit einer Verletzung von Menschen in Verbindung gebracht werden, sondern muss als Nachweis gelten für deren Minderwertigkeit, als etwas, das diese Menschen selbst verschuldet und somit auch selbst zu verantworten haben. Folglich werden Disziplinierungsmaßnahmen aller Art[93] gefordert und durchgesetzt – ganz so, wie man selbst es einst von den Eltern gelernt hat. Ein wirkliches Interesse an einem Ändern der Unterschicht kann jedoch kaum bestehen, weil eine positive Wende, eine konsequente Weiterentwicklung der Menschen hin zu mehr Autonomie irgendwann zur Folge haben könnte, die Existenz elitärer Kreise infrage zu stellen. Somit schwankt das Bildnis der Eliten nur allzu sehr in einem stetigen Wechselspiel von Anspruch und Wirklichkeit.

Die Vorstellung einer wissenden und verantwortungsvoll handelnden, gar weisen Elite, die sich einer unzulänglichen „Herde"[94] gegenübersieht, wurde nicht nur von Philosophen wie Platon vertreten, sondern findet sich bis heute bei Intellektuellen jeglicher Epoche, so bspw. auch bei Walter Lippmann (1889-1974), seinerzeit US-amerikanischer Journalist, Schrift-

---

[93] z. B. Hartz-Gesetze.
[94] Der Begriff findet bereits in der Bibel Anwendung.

steller und Medienkritiker. Beobachtungen und Überlegungen führten ihn zu dem Schluss, eine kleine, aber besondere, „spezialisierte" Minderheit, die *„vor dem Getrampel und Gelärm der verwirrten Herde geschützt werden müsse"*,[95] sei Lösung des Problems.

Der alte Glaube an die Notwendigkeit von Machtstrukturen hat so bis heute die Zeit überdauert. Nach wie vor werden auch Überlegungen angestellt, wie sich hierarchische Strukturen in eine nachhaltig gerechte Gesellschaftsordnung überführen lassen. Dies entbehrt jedoch nicht einer gewissen Naivität oder Realitätsverweigerung: Bereits Immanuel Kant (1724-1804), deutscher Philosoph der Aufklärung, resümierte, der Besitz der Gewalt verderbe unvermeidlich das freie Urteil der Vernunft.[96] Darüber hinaus zeigt das geflügelte Wort *„Macht korrumpiert, absolute Macht korrumpiert absolut"*[97] in aller Klarheit und Deutlichkeit, dass diese Erkenntnis längst im Bewusstsein der Menschen angekommen ist. Die Erfahrung lehrt zudem, dass Ausnahmen von dieser Regel selten und vor allem unkalkulierbar sind, was ihre Allgemeingültigkeit noch unterstreicht.

Der alte Traum von Ansehen, Reichtum und Macht ist für sehr viele Menschen gleichbedeutend mit dem Erlangen von Glück und Zufriedenheit und einem Leben in Freiheit. Wie sehr diese Vorstellung auf einer Täuschung beruht, offenbart sich kaum deutlicher als in dem folgenden Zitat des Tionontati-Indianers Kondiaronk (1649-1701), hervorgegangen aus dessen Gespräch mit dem Franzosen Baron de Lahontan[98] zu Zeiten der Kolonialisierung Nordamerikas:

---

[95] Vgl. https://de.wikipedia.org/wiki/Walter_Lippmann.

[96] Vgl. Freidenker, „Platons Kritik an der Demokratie",
https://freidenker.cc/platons_demokratiekritik/1.

[97] Vgl. https://de.wikipedia.org/wiki/John_Emerich_Edward_Dalberg-Acton,_1._Baron_Acton.

[98] Louis-Armand de Lom d'Arce (1666-1716), geb. in Lahontan/Frankreich, ein französischer Offizier und Reisender in den französischen Kolonien Nordamerikas; vgl.
https://de.wikipedia.org/wiki/Louis-Armand_de_Lom_d%E2%80%99Arce.

„Nein, ihr seid bereits unglücklich genug, und ich kann wirklich nicht sehen, wie ihr noch unglücklicher werden könntet. Was für eine Art Mensch mag der Europäer sein? [...] Im Ernst, lieber Bruder, ich fühle Mitleid mit dir vom Grunde meiner Seele. [...] Ich bin Herr meiner selbst und dessen, was mein ist. [...] Dein Körper und deine Seele dagegen sind zur Abhängigkeit von deinem großen Kommandanten verdammt; dein Gouverneur verfügt über dich; du hast nicht die Freiheit, das zu tun, worauf du Lust hast; du fürchtest dich vor Räubern, falschen Zeugen, Mördern und so weiter, und du bist der Knecht unzähliger Personen, die dir, dank ihrer Stellung, befehlen dürfen. Ist das wahr oder nicht?"[99]

---

[99] Kondiaronk (1649-1701), Häuptling der Tionontati-Huronen und Petun im Gebiet der Mackinacstraße zwischen Michigan- und Huronsee; vgl. https://de.wikipedia.org/wiki/Gleichheit.

Mehr als drei Jahrhunderte sind seit dieser Begegnung im Norden Amerikas vergangen. Vieles hat sich seitdem verändert: Die indianischen Völker wurden bis auf wenige Fragmente eliminiert, der technische Fortschritt hat die Welt erobert und die Segnungen der Zivilisation gelten im Allgemeinen als höchstes Gut. Ihre vermeintliche Überlegenheit täuscht gekonnt darüber hinweg, dass die Freiheit der Menschen – ganz so, wie in dem obigen Zitat beschrieben – im Wesentlichen auf der Strecke geblieben ist: Früh werden wir angepasst an einen vorgegebenen Rahmen, verlieren unsere Eigenständigkeit und lernen (mehr oder weniger gut), Bedürfnisse und entstehende negative Gefühle zu unterdrücken bzw. zu regulieren. Wir verlieren menschliche Verbundenheit und beschwören stattdessen eine „individuelle Freiheit", die im Grunde nichts Anderes bedient als ein Gieren nach Ersatzbefriedigung, Macht und Anerkennung.

Das Verlangen nach Verbundenheit und Autonomie ist Teil unseres Wesens und daher von höchster Bedeutung für die menschliche Entwicklung. Folglich liegt in deren Missachtung der wesentliche Grund für die mangelhafte Ausbildung souveräner Persönlichkeit. Damit erklärt sich beispielsweise auch, warum manche Menschen als Erwachsene förmlich an ungesunden Beziehungen oder Gemeinschaften „kleben", die eigene Unterwerfung in Kauf nehmen, während sich andere aus Bindungen lösen und eine „individuelle Freiheit" suchen.

Es gibt keine hierarchische, auf Ungleichheit basierende Gemeinschaft, in der nicht früher oder später Mitglieder bestrebt wären, aus der Unterdrückung auszubrechen. Dass die Menschheit bis heute überlebt hat, das heißt: in ihrer Entwicklung einen Zeitraum von rund zwei Millionen Jahren überdauert hat, ist nicht vorstellbar mit frühzeitlichen Gesellschaften, in denen Kinder vor ihren Eltern Reißaus genommen hätten oder nicht in der Lage gewesen wären, ihre Kompetenzen richtig einzuschätzen – sie hätten kaum überlebt. Auch hätte ein Auseinanderdriften von Gemeinschaften, wie bei uns heute zu beobachten, mit sehr großer Wahrscheinlichkeit in den Untergang geführt. Vorausgehende Kulturen müssen (zumindest zu einem Teil) aus Gemeinschaften bestanden haben, die in ihrem Kern befriedet waren. Dies ist jedoch nur vorstellbar, wenn Menschen die Gelegenheit hatten, sich entlang ihrer Bedürfnisse zu entwickeln.

Erst in der jüngeren Vergangenheit, einer relativ kurzen Zeitspanne von nur wenigen Jahrtausenden, wurden – begleitet von einem kontinuierlichen Verlust innerer Verbundenheit – verschiedenste Versuche unternommen, menschliches Zusammenleben zentral zu organisieren bzw. zu regulieren, einhergehend mit der Ausbildung hierarchischer Strukturen und eines – jetzt durchaus notwendigen – Instrumentariums an Vorschriften, Sanktionen, Tugenden, Moralvorstellungen, Verantwortlichkeiten und Schuldzuweisungen. All diese Maßnahmen haben jedoch nicht dazu geführt, zu einer inneren Verbundenheit zurückzufinden. Vielmehr tragen sie wesentlich dazu bei, ein Entwickeln von Individualismus, Aggressionen, Resignation und psychischen Störungen weiter voranzutreiben.

Wer hat Angst vor Psychopathen?

Vom weichen Polster des Kinosessels aus gruselt es sich wohlig, wenn Typen wie Norman Bates oder Hannibal Lecter ihre Opfer quälen, meucheln und gar zerstückeln, ohne dabei auch nur einen Funken Reue zu zeigen. Die Filmbranche und auch das Publikum lieben solcherlei Spektakel; im wirklichen Leben jedoch ist Psychopathie selten blutrünstig. In einem Online-Artikel der WELT[100] aus dem Jahr 2013 ist sogar zu lesen, dass die Persönlichkeitsstörung Psychopathie längst nicht mehr ausschließlich als Problem, d. h. als Krankheit oder Ursache für Verbrechen, angesehen wird. Richtig dosiert gilt Psychopathie

---

[100] Nkrumah, Nana: „Forscher entdecken Erfolgsmodell von Psychopathen", 1.8.2013; vgl.
https://www.welt.de/gesundheit/psychologie/article118599774/Forscher-entdecken-Erfolgsmodell-von-Psychopathen.html.

heute als Geheimrezept für die berufliche Karriere. Diese Ansicht vertritt beispielsweise die Regensburger Psychologin und Psychopathie-Forscherin Hedwig Eisenbarth:

„Wenn jemand viele psychopathische Merkmale hat, heißt das nicht gleich, dass er gefährlich ist oder eine Therapie braucht", erklärt sie und führt im Weiteren aus: *„Bei aller Vorsicht – da Psychopathen viel Schaden anrichten können – reizt uns auch die Frage, wie viel Psychopathie nützlich ist."*

Mittels Fragebögen erforscht sie die Furcht- und Skrupellosigkeit von Menschen sowie deren Fähigkeit zur Empathie; zu den von ihr getesteten Personen zählen beispielsweise auch Jura-Studierende der Universität Regensburg, die im Gegensatz zu Kommilitoninnen und Kommilitonen anderer Fachbereiche verhältnismäßig hohe Werte auf der Psychopathie-Skala erreichen. Fest steht: Psychopathische Menschen zeigen weniger Angst, fürchten kaum Konsequenzen für ihr Handeln und haben weniger Schuldgefühle.[101] Weitere Merkmale wie fehlende Reue angesichts grausamer Taten, rücksichtslose Verhaltensweisen oder auch der Einsatz von Charme, um Andere um den Finger zu wickeln, wurden bereits in den 1940-Jahren von dem US-amerikanischen Psychiater Hervey CLECKLEY beschrieben; später, in den 70er-Jahren, knüpfte der kanadische Kriminalpsychologe Robert HARE an die Forschung von CLECKLEY an und entwickelte eine Checkliste zur Erkennung von Psychopathie, die bis heute Verwendung findet. War die Psychopathieforschung in der Vergangenheit hauptsächlich auf Straftäter fokussiert (und somit auf Männer: Registrierte Straftaten gehen größtenteils auf das Konto von Männern[102]), so hat sich das Interesse zum Teil verlagert und gilt heute vermehrt dem Zusammenspiel von Psychopathie und Karriere. Und das nicht

---

[101] Aussage von Niels BIRBAUMER, Professor für Psychologie und Neurobiologie an der Universität Tübingen.
[102] Vgl. HAUSCHILD, Jana: „Warum Frauen nur einen Bruchteil aller Straftaten begehen", Berliner Zeitung vom 25.03.17; https://www.berliner-zeitung.de/wissen/forschung-warum-frauen-nur-einen-bruchteil-aller-straftaten-begehen-26248314.

ohne Grund: Psychopath*innen sind häufig in gesellschaftlichen Top-Positionen zu finden, z. B. als Börsenmakler, Politikerinnen, Unternehmensleitende, Anwältinnen oder Chirurgen. Ihnen wird eine höhere Intelligenz zugeschrieben, die sich kombiniert mit einer (in der Kindheit) antrainierten Fähigkeit, sich selbst zu beherrschen.[103] Bedeutende Erfolge auf der beruflichen Karriereleiter sind nicht selten gekoppelt an rücksichtslose Verhaltensweisen sowie ein übersteigertes Selbstwertgefühl (Überheblichkeit), zudem setzen Top-Positionen wie oben beschrieben häufig eine hohe Risikobereitschaft voraus, verbunden mit der Fähigkeit, hohem Druck standzuhalten. Doch wie genau ist die Aufmerksamkeit der Forscherinnen und Forscher gegenüber Psychopath*innen in Top-Positionen zu verstehen? Geht es hier vielleicht um ein Bestreben, Menschen mit gestörter, vielleicht sogar krankhafter Persönlichkeit im Rahmen von Inklusion in die Gesellschaft zu reintegrieren? Oder wird hier nicht vielmehr in Zeiten des Optimierungswahns eine behandlungsbedürftige Störung zur Ressource erhoben, was im Rückschluss nicht minder am Zustand unserer Gesellschaft zweifeln lässt?

Angeboren oder erworben?

Doch wie dem auch sei: Eine genetische Veranlagung für Psychopathie wird, darin sind sich die Forschenden größtenteils einig, als gegeben angesehen, weil typische Verhaltensweisen oft bereits im Kindesalter beobachtet werden; Traumata aus der Kindheit werden allenfalls als Verstärker in Erwägung gezogen.[104] Es ist jedoch anzunehmen, dass es sich genau umgekehrt verhält: Die genetische Disposition dürfte eine flankie-

---

[103] Impulskontrolle als Ersatz für die Ausbildung von Geduld und Ausdauer, die sich im Rahmen einer autonomen Entwicklung einstellen würden.

[104] NKRUMAH, Nana: „Forscher entdecken Erfolgsmodell von Psychopathen", WELT-Online vom 1.8.2013, https://www.welt.de/gesundheit/psychologie/article118599774/Forscher -entdecken-Erfolgsmodell-von-Psychopathen.html.

rende Rolle spielen, während die Hauptursachen für das Entstehen von Psychopathie in multiplen Traumatisierungen („Entwicklungstraumata") während der frühen Kindheit zu finden sind.

Mütterliche Zuwendung steht für das Gewähren existenzieller Sicherheit[105] und spielt, vor allem in den ersten Lebensjahren eines Kindes, eine außerordentliche Rolle bei der Ausbildung von innerer Sicherheit und Souveränität und somit auch bei der Ausformung von Persönlichkeit bzw. Temperament. Wird mütterliche Zuwendung *an Bedingungen geknüpft, nicht ausreichend gewährt* oder *verweigert*, geraten vor allem sehr junge Kinder unweigerlich in eine Stresssituation; ein Mangel oder auch das Infragestellen von Anerkennung (existenzieller Sicherheit) führen unter Umständen, d. h. je nach Art, Umfang und Dauer, zu kindlichem Vertrauensverlust, einem Entwickeln von Unsicherheiten[106] und Ängsten bis hin zu Gefühlen existenzieller Bedrohung.

---

[105] Sicherheit umfasst im Allgemeinen verschiedene Facetten und ist gleichbedeutend mit Vertrauen: Es geht um das Vertrauen in die eigenen Fähigkeiten und die eigene Wirksamkeit, aber auch um die Sicherheit/Gewissheit, Teil einer Gemeinschaft zu sein, von der menschliches Überleben grundsätzlich abhängt: Diese ist gleichbedeutend mit *existenzieller Sicherheit*, die an keine Bedingungen geknüpft ist.
[106] Bzgl. Selbstwertgefühl, Selbstbewusstsein, Selbstwirksamkeitsbewusstsein.

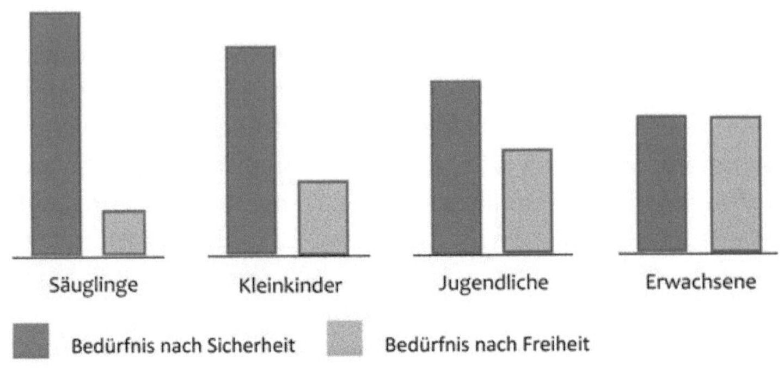

Darstellung der Bedürfniszustände in unterschiedlichen Lebensphasen. Bedürfnisgerechte Erfahrungen sind die Voraussetzung für eine reguläre Ausbildung von Souveränität.

Sicherheit: Verbundenheit, Zugehörigkeit, Anerkennung
Freiheit: Autonomie

Beispiel:

Bedingende Liebe
Wird mütterliche Anerkennung[107] an Bedingungen geknüpft (z. B. „Tue, was ich dir sage", „Tanz nach meiner Pfeife, wenn du wertgeschätzt werden willst"), bedeutet das zunächst das Einschränken kindlicher Autonomie, auf das unter Umständen (bei Missachtung der Weisung) ein (empfundener) Verlust an Sicherheit folgt. Je jünger die Kinder, desto größer ist ihr Bedarf an mütterlicher Zuwendung, die für sie von existenzieller Bedeutung ist, und umso geringer fällt ihr Widerspruch aus; durch ein kontinuierliches Ausnutzen dieser Abhängigkeit lassen sich – zum Beispiel mithilfe von Lob und Tadel – Tugenden wie Ge-

---

[107] *Mütterliche Anerkennung* (bzw. mütterliche Liebe) bezieht sich auf das mütterliche Prinzip des Gewährens von Sicherheit und wird ebenso durch Väter und andere Bezugspersonen gewährt.

horsam, Angepasstheit, Fleiß und Disziplin (je nach Kind) gezielt ausbilden (vgl. Kap. 9.3.1). Folgen Kinder elterlichen Vorgaben bereits unter deutlichem Protest, so weist dies darauf hin, dass ihr Sicherheitsbedürfnis zwar nach wie vor an erster Stelle steht, dicht gefolgt jedoch von einem Streben nach Autonomie und Selbstermächtigung; hier wird sich im Zweifelsfall auch weiterhin gefügt, um die benötigte Anerkennung zu erhalten. Ein permanentes Unterdrücken autonomer Bestrebungen führt jedoch häufig zu einem Entwickeln von Wut und einem Streben nach Macht zum Ausgleich des entstandenen Defizits („Fliehen").

Abbildung 11 – Entstehen von Wut

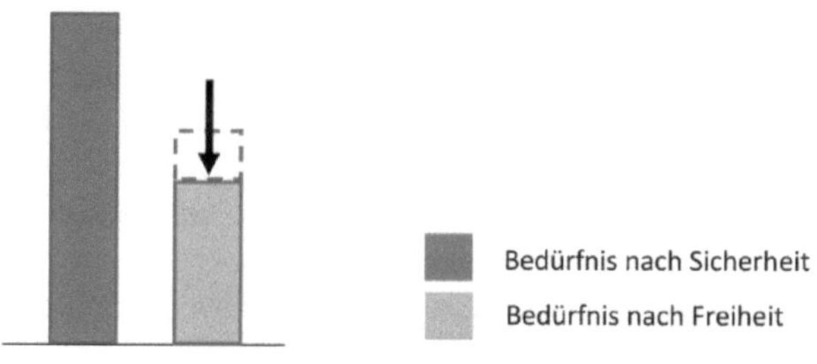

Unterdrücken autonomer Bestrebungen, Druck erzeugt Spannung. *Kindliche Priorität: Sicherheit*

Moderne versus Evolution

Doch wie umgehen mit der Wut? Wie reagieren, wenn Kinder in Rage geraten, schreien, toben, beißen, kratzen und um sich schlagen? Zauberworte der guten Erziehung heißen „Impulskontrolle" und „Selbstbeherrschung". In zivilisierten Gesellschaften wie der unseren werden Kleinkinder grundsätzlich als defizitär angesehen, ihnen wird die Kompetenz abgesprochen, ihre Fähigkeiten richtig einzuschätzen. Als Kinder sind wir noch mit zahlreichen Instinkten ausgestattet; Impulse, die hieraus entstehen, kollidieren häufig mit den Rahmenbedingungen der

Moderne und müssen, so das vorherrschende Denken, an die Gegebenheiten angepasst werden. Geben sich Kinder zum Beispiel ihren Impulsen hin und laufen los, weil sie etwas Spannendes entdeckt haben, so birgt dies häufig Gefahren aufgrund des Straßenverkehrs; entwickeln sie Zorn und Wut, weil sie permanent an etwas gehindert werden (ein natürlicher Abwehrmechanismus), passt dies nicht in unser Bild eines sozialverträglichen Menschen. Also wird von Kindern verlangt, ihre Impulse kontrollieren zu lernen und sich selbst zu beherrschen, ganz im Sinne des geltenden Paradigmas: Wir haben uns den Anforderungen der Strukturen anzupassen, nicht umgekehrt.

Das Wort „Impulse" bedarf an dieser Stelle einer genaueren Betrachtung und Differenzierung. Zum einen handelt es sich um solche, die aus Bestrebungen erwachsen, denen also evolutionäre Bedürfnisse zugrunde liegen, wie bspw. das Bedürfnis, sich zu bewegen, zu forschen, auf Entdeckungsreise zu gehen usw. (*instinktive Impulse*); andere gründen auf entwickelten Gefühlen wie Zorn, Wut, Traurigkeit oder Resignation, wie bspw. der Impuls zu schlagen oder zu schreien, zu weinen oder sich mit Essen zu trösten (*emotionale Impulse*).

Es ist davon auszugehen, dass wir dank unserer evolutionären Entwicklung mit Allem versorgt sind, was wir zum (Über-)Leben brauchen, und dass alles in uns, worüber wir als Kinder verfügen, auch tatsächlich benötigt wird. Wenn heute unsere Auffassungsgabe für ein Zurechtfinden und Überleben in der Welt nicht ausreicht, dann ist das als Hinweis darauf zu verstehen, dass eine (vor allem technische) Entwicklung stattgefunden hat, die uns Menschen überfordert; es bedeutet auch, dass wir uns zum Zeitpunkt des Krabbelns und Laufenlernens plötzlich einer Umwelt ausgesetzt sehen, die für uns nicht überschaubar ist oder die wir zuvor nicht genügend aus anderer Perspektive kennengelernt haben, weil wir nicht ausreichend getragen wurden und nicht an allen Aspekten des Lebens teilhaben durften. Werden wir angepasst an äußere Bedingungen, so erfasst dies ebenfalls innere Zustände und bedeutet ein Eingreifen in unsere natürliche Entwicklung. Das hat Konsequenzen: Werden *instinktive Impulse* „kontrolliert" bzw. unterdrückt, so dürfte es kaum verwundern, wenn sie mit der Zeit verebben und verlorengehen. So gesehen erklärt das massenhafte Anpassen von Menschen an äußere Bedingungen zum Beispiel auch, warum wir unter bestehenden Verhältnissen leiden können, ohne uns in der Lage zu sehen, irgendetwas daran zu ändern.

Strategien der Anpassung

Wird mütterliche Zuwendung an Bedingungen geknüpft, reagieren Kinder auf unterschiedliche Weise: Die einen fügen sich unter Zurückstellen des eigenen Willens, andere entscheiden sich, elterliche Vorgaben zu ignorieren und den eigenen Bestrebungen zu folgen. Dafür nehmen sie häufig Strafen in Kauf – erst an dieser Stelle wird der Verlust mütterlicher Zuwendung realisiert (Liebesentzug in Form von Beschimpfung, Zurückweisung, Ignorieren des Kindes, Verweigerung der Kommunikation etc.). Dieser Teilrückzug äußerer Verbundenheit ist, regelmäßig durchgeführt, oft Auslöser für das Entstehen von Unsicherheit und Ängstlichkeit. Eine mögliche Strategie von Kindern wird darauf ausgerichtet sein, diese zu unterdrücken, um ihnen möglichst keinen Raum zu geben und den autonomen Bestrebungen auch weiterhin folgen zu können. Angst – selbst im unterdrückten Zustand – ist stets zu sehen als Hinweis auf eine Stressreaktion, auf den Modus *Selbsterhaltung*, gleichbedeutend mit einem Verlust von Verbundenheit.

**Abbildung 12 –
Entstehen von Unsicherheit und Ängstlichkeit**

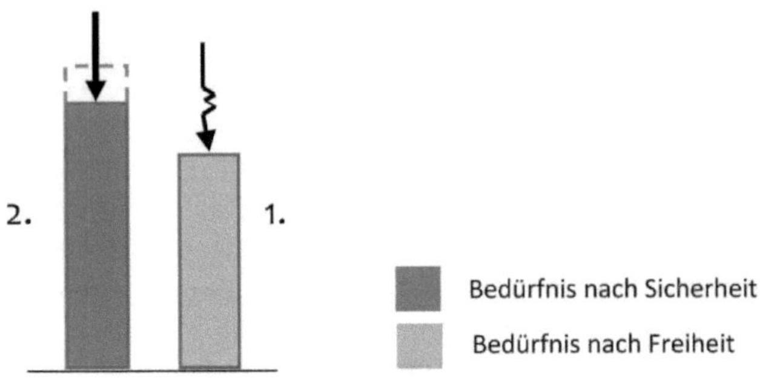

Ablehnen des Kindes (2.) aufgrund von Ungehorsam (1.). Der damit verbundene Mangel an Sicherheit führt, je nach Umfang, zur Ausbildung und ggf. zum Unterdrücken von Unsicherheit und Ängstlichkeit. Angst, auch im unterdrückten Zustand, verdrängt stets Verbundenheit (Vertrauen, Empathie). *Kindliche Priorität: Freiheit*

Sehen sich Kinder genötigt, für den Erhalt von Anerkennung bzw. Liebe bestimmte Anforderungen zu erfüllen, deckt sich diese Erfahrung nicht mit ihrem Urvertrauen, bedingungslos angenommen bzw. geliebt zu werden, was bedeutet: ohne jeden Zweifel als Teil einer (überlebenswichtigen) Gemeinschaft zu gelten. Im Prinzip sind Kinder hier gezwungen, sich zu entscheiden, ob sie ihr Bedürfnis nach Freiheit verfolgen oder ihr Bedürfnis nach Sicherheit; äußern sie Unmut oder setzen gar ihren Willen durch, riskieren sie, die Zuwendung der Eltern zu verlieren. Sich entscheiden zu müssen zwischen Autonomie einerseits und Zuwendung andererseits, kommt bei ihnen jedoch in etwa der Bedeutung gleich, zwischen Essen und Trinken wählen zu müssen: Die Entscheidung beispielsweise fürs Trinken, weil der Durst im Moment größer ist als der Hunger, birgt auf Dauer gesehen die Gefahr des (Ver-)Hungerns.[108] Und auch

---

[108] Wie bedeutungsvoll stets *beide* Bedürfnisse sind, zeigt sich bspw. daran, dass das Durchsetzen autonomer Bestrebungen gegen den

144

andere Probleme hält der Bruch der Bedingungslosigkeit parat: Fühlt sich ein Kind den elterlichen Anforderungen nicht gewachsen, so birgt dies zum Beispiel die Gefahr der Selbstentwertung: „Ich bin nicht gut genug, um geliebt zu werden" (*Bedingende Liebe I:* „Erstarren")[109]. Dies alles bedeutet Stress für ein Kind und hat entsprechende Reaktionen zur Folge, wie in Kapitel 7 bereits ausführlich dargestellt: ein Auflehnen des Kindes, bei anhaltender Missachtung ein Entwickeln von Aggressionen oder – alternativ – einen inneren Rückzug. Welche Richtung Kinder hier einschlagen, hängt im Wesentlichen von zwei Faktoren ab: von ihrem Alter (je jünger, desto größer das Sicherheitsbedürfnis, d. h. umso schneller sind sie bereit, „brav" zu sein und sich zu fügen) sowie von ihrer Veranlagung.

Die Ausbildung von Temperament

Es steht zu vermuten, dass das kindliche Bedürfnis nach Sicherheit und Freiheit – beides (!) wie gesagt von zentraler Bedeutung für die Persönlichkeitsentwicklung – von Mädchen und Jungen tendenziell unterschiedlich gewichtet wird; hierfür spricht zum Beispiel, dass Jungen grundsätzlich mit mehr Antrieb zur Welt kommen, da ihr Gehirn bereits vorgeburtlich mit Testosteron umspült wird.[110] Dies wiederum bedeutet, dass ihre Temperamente[111] genetisch unterschiedlich veranlagt sind.

---

elterlichen Willen oftmals einen Mangel an innerer Sicherheit nach sich zieht: Als Indiz dürfte gelten, dass von einem Suizid mehr Jungen/Männer (Betonung der Autonomie) betroffen sind als Mädchen/Frauen.

[109] Das Knüpfen von Zuwendung an Bedingungen bedeutet die Einführung menschlicher Wertigkeit.

[110] Vgl. YouTube, Bildungs-TV, Vortrag: „Dr. Gerald Hüther: Mädchen und Jungs - wie verschieden sind sie?", https://www.youtube.com/watch?v=V5UAgR8gyFY&t=1308s.

[111] Für „Temperament" lässt sich keine allgemeingültige Definition finden, folglich auch keine allgemeingültige Aussage zu beeinflussenden Größen. Alltägliche Beobachtungen weisen jedoch darauf hin, dass Temperament und Verhaltensweise eines Menschen im Wesentlichen geprägt werden durch sein genetisches Geschlecht einerseits sowie durch Erfahrungen im Rahmen von Sozialisation andererseits.

145

Von größerer Bedeutung für Jungen scheint der Freiheitsaspekt zu sein, für Mädchen hingegen die Sicherheit. Diese Überlegungen fußen ebenso auf alltäglichen Beobachtungen: Im Vergleich erscheinen Mädchen tendenziell ängstlicher und zurückhaltender als Jungen, fordern (wie kleine Prinzessinnen) mehr Aufmerksamkeiten und leiden als Jugendliche eher unter Depressionen.[112] Dagegen werden Jungen öfter als Mädchen mit Aggressionen in Verbindung gebracht, mit Drogen- und exzessivem Medienkonsum oder Verhaltensauffälligkeiten wie ADHS,[113] auch dürfte es sich vorwiegend um (junge) Männer handeln, die nachts durch vermeintlich leere Straßen rasen. Doch solche Verhaltensweisen als „typisch männlich" oder „typisch weiblich" anzusehen, greift zu kurz – vielmehr weisen sie darauf hin, dass Menschen auf das Missachten ihrer Bedürfnisse unterschiedlich reagieren.

Es vermittelt sich der Eindruck, als spiele bei der Gewichtung der Bedürfnisse *Sicherheit* und *Freiheit* die Ausprägung der beiden Instinkte *Vorsicht* und *Mut* eine zentrale Rolle. Die These: Jungen sind in der Tendenz mutiger als Mädchen, Mädchen *vor*-sichtiger als Jungen; Jungen verfügen über mehr Antrieb, brauchen mehr Raum und wagen eher den Schritt nach vorn, ins Ungewisse, während Mädchen eher zum Verharren und Prüfen tendieren (vgl. Abb. 9). Die Folge: Jungen reagieren auf Einschränkungen und Druck tendenziell ungehaltener und zorniger, Mädchen verhaltener und nachgiebiger. Unterbleiben Einschränkungen im Laufe der kindlichen Entwicklung, so heißt das unterm Strich: Auch Mädchen besitzen Mut (je älter, desto mutiger), sowie auch Jungen vorsichtig sind (je jünger, desto vorsichtiger). Dass eine tendenziell geschlechtliche Betonung der beiden gegenläufigen (bipolaren) Instinkte einen höheren Sinn verfolgt, lässt sich ein weiteres Mal mit Blick in unsere evolutionäre Vergangenheit erklären: Die Streuung von Mut und Vorsicht innerhalb einer Population ermöglicht ein flexible-

---

[112] Ergebnis einer Schulstudie der Heidelberger Universitätsklinik, s. https://www.welt.de/wissenschaft/article8541554/Maedchen-sind-haeufiger-depressiv-als-Jungen.html.
[113] Aufmerksamkeitsdefizit-Hyperaktivitätsstörung.

res Reagieren auf unterschiedliche Situationen, was als überlebenswichtig gelten dürfte. Der Sinn einer tendenziell geschlechtlichen Betonung offenbart sich bei näherer Betrachtung ebenfalls sehr schnell: Seit Alters her befinden sich Frauen aufgrund von Physiologie, Schwangerschaft und des Tragens kleiner Kinder in einer schwächeren, passiven Position – Kämpfen (und damit verbunden auch der entscheidende Schritt nach vorn) war nie primäre Aufgabe der Frauen, sondern der Männer.

Neben der *Instinktbetonung* im Rahmen der Ausbildung von Temperament und Verhaltensweise eines Menschen findet sich jedoch noch eine weitere bedeutende Einflussgröße: die *Qualität der kindlichen Erfahrungen.*

Beispiele:

Nicht ausreichend gewährte mütterliche Zuwendung
Erfolgt das Einschränken benötigter mütterlicher Nähe bzw. Zuwendung aufgrund äußerer Umstände, bspw. durch eine Berufstätigkeit der Mutter, den Besuch einer Kita oder die „zu frühe"[114] Geburt eines Geschwisterkindes, so schwindet hier die Möglichkeit kindlicher Einflussnahme: Selbst ein „Bravsein" kann in solchen Fällen keine Änderung der Situation bewirken. Je öfter und nachhaltiger jedoch Menschen das Einschränken ihrer Selbstwirksamkeit erleben, desto eher laufen sie Gefahr, den Glauben an die Fähigkeit zu verlieren, etwas bewirken, gestalten oder verändern zu *können* (vgl. Abb. 5).

---

[114] Zu früh aus Sicht eines Kindes, das nach wie vor ein hohes Maß an mütterlicher Zuwendung benötigt, die nun geteilt werden muss. (Kindliche) Eifersucht ist eine vorwiegend zivilisatorische Krankheit: Kinder indigener Völker, die von Geburt an getragen werden und auch sonst im Rahmen ihrer Bedürfnisse aufwachsen, erlangen schneller und umfangreicher als andere eine innere Sicherheit und „nabeln" sich entsprechend zügiger von der Mutter ab (vgl. http://matriarchat.info/zusammenleben/eifersucht.html). Eine wichtige Rolle in diesem Zusammenhang spielt auch die selbstbestimmte Empfängnisverhütung von Frauen indigener Völker (sowie unserer Urahninnen).

Verweigerung mütterlicher Annahme
Hierin findet sich der zentrale Ausgangspunkt für das Entstehen von Bedrohlichkeitsempfindungen und einer oft unerträglichen Angst sowie für ein Entwickeln von Gefühlen der Sinn- und Hoffnungslosigkeit. Erleben wir als sehr junge Menschen (zu dem Zeitpunkt also, an dem unser Bedürfnis nach Verbundenheit am größten ist) dauerhaft Zustände, die wir als bedrohlich empfinden – etwa durch ein Missachten unseres Bedürfnisses nach Körperkontakt oder aufgrund konstanter Ablehnung, die nicht durch andere Bezugspersonen aufgefangen und ausgeglichen werden kann (vgl. Abb. 8) –, so hat dies, je nach Intensität, den größten Sicherheits- und Vertrauensverlust zur Folge, der uns als Trauma ein Leben lang begleitet.

Abhängig von der Veranlagung (bzw. vom bisher ausgebildeten Temperament) eines Menschen kann dieser Mangelzustand notverwaltet werden. So gelingt den einen bspw. ein rigides Unterdrücken der Angst, sodass diese – scheinbar – kaum mehr existiert;[115] entwickelt werden stattdessen Gewinnungsstrategien und individualistische Tendenzen, später oftmals einhergehend mit einem Streben nach Geld und Reichtum, teils in Form unersättlicher Gier, aber stets mit dem Ziel, die verlorene Sicherheit bzw. Verbundenheit durch Überbetonen des Egos zu kompensieren („Mangelnde Verbundenheit", *Fliehen*). Andere (Überlebens-)Strategien finden sich bspw. in Form von Hörigkeit (Anhänglichkeit), in der Verdrängung von Erinnerungen, der Abspaltung von Persönlichkeitsanteilen[116] und anderen, stets ausufernden Möglichkeiten der Kompensation: so z. B. auch im Missbrauch von legalen und illegalisierten Drogen („Mangelnde Verbundenheit", *Erstarren*). Keine Strategie der Notverwaltung kann jedoch verhindern, dass hier grundsätzlich *Vitalität* verlorengeht: Dieser Verlust geht einher mit anhaltenden inneren Spannungszuständen, die sich z. B. in Form von Erkrankungen[117] oder mangelnder Fertilität (Unfruchtbarkeit)

---

115 Vgl. Online-Artikel „Psychopathen können doch Angst empfinden", http://www.scinexx.de/wissen-aktuell-20577-2016-09-05.html.

116 Dissoziative Identitätsstörung.

117 Z. B. Herz- und Gefäßkrankheiten, Übergewicht, Demenz, Diabetes, Krebs; vgl. „Stress, Entzündung und Übersäuerung",

äußern, ebenso mit einem Mangel an instinktiver Vorsicht, die uns vor Gefahren schützt. Versagt die Notverwaltung, drohen tödliche Erkrankungen oder Suizid als inneres Zugrundegehen – in anderen Fällen (wieder eine Frage des Temperaments) eine Zerstörung und Vernichtung von Leben im Außen.[118] Somit dürften insbesondere Mängel in der Kindheitsphase als Wegbereiter gelten für das Entstehen von Störungen bei der Entwicklung von Temperament bzw. Persönlichkeit (*Mangelnde Annahme, „Fliehen"*).

Abbildung 13 – Entstehen massiver Angst

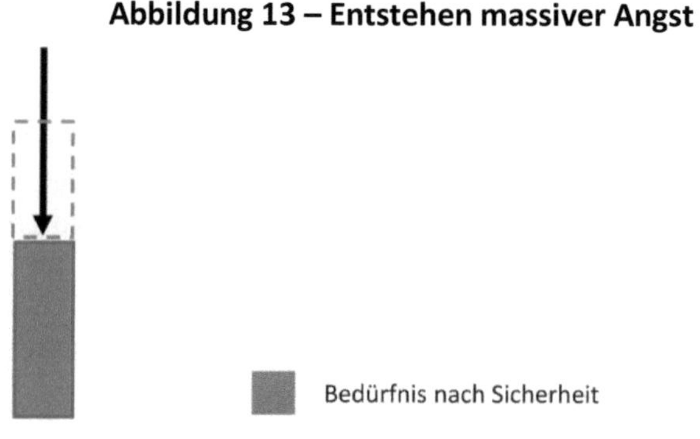

Kontinuierliches Ablehnen des Kindes (z. B. aus Desinteresse), Vorenthalten von Zuwendung und körperlicher Nähe, Bedrohung durch physische, psychische, sexuelle Gewalt. Führt zum Entstehen teils massiver Angst, daraus resultierend zum Verlust von Empathie und existenziellen Vertrauens („Erstarren"). Mögliche Bewältigungsstrategie: Unterdrücken der Angst in seiner stärksten Form, „Angstlosigkeit" („Fliehen"). *Kindliche Priorität: Sicherheit.*

Was die Kriminologie mit der Psychopathie- und Genderforschung eint

Die Frage, warum sich Menschen auf bestimmte Art und Weise verhalten, ist seit rund zweihundert Jahren Gegenstand von

---

https://gesundheitsverband.net/stress-cortisol-stoffwechsel/folgen-von-kaltem-dauerstress/stress-entzuendung-und-uebersaeuerung.
[118] Wahrscheinlich in Verbindung mit Wut und Machtstreben.

Forschung: Seit dieser Zeit beschäftigt sich z. B. die Kriminologie, die empirische Wissenschaft von Verbrechen, mit der Frage, warum Menschen gewalttätig werden. Ziel der Überlegungen war und ist einerseits, geeignete Maßnahmen zu entwickeln, um dem Entstehen von Verbrechen entgegenwirken zu können; ebenso geht es um die Frage, ob Menschen für ihr Verhalten selbst verantwortlich zu machen sind oder nicht. Gesetzmäßigkeiten wie der offensichtliche Unterschied zwischen weiblichen und männlichen Verhaltensweisen waren früh ausgemacht; Ansätze und Theorien jedoch, mit denen diese erklärt wurden, waren mitunter höchst abenteuerlich und sind es, zum Beispiel bzgl. der weiblichen Kriminalität, zum Teil bis heute: Mal wurden Frauen als zu schwach und zu wenig intelligent eingestuft, um kriminell zu werden, mal wurden Diebstähle auf eine sexuelle Unzufriedenheit zurückgeführt, oder beleidigende Kommentare auf ihr zänkisches Wesen; von einigen der heutigen Forscher werden gar Männer für das kriminelle Verhalten von Frauen verantwortlich gemacht, indem Frauen kurzerhand zu Handlangern der Männer degradiert werden.

Im Zentrum der Überlegungen stand von Anfang an die Frage, *wie* Verhalten beeinflusst wird. Die klassische Schule der Kriminologie vertrat zunächst die Ansicht, kriminelle Handlungen beruhten auf einem freien Willensentschluss und allein das Abwägen von Vor- und Nachteilen entscheide über eine Tat: Hieraus wurde die Annahme einer Eigenverantwortung von Tätern abgeleitet, die bis heute als Grundlage für die Legitimation von Strafen gilt.

Diese Sichtweise wurde zu Beginn des 19. Jahrhunderts wieder aufgegeben (wenn auch nicht die Praxis des Strafens). Stattdessen wurden nun die Anlagen des Täters und sein gesellschaftliches Umfeld als Einflussquellen diskutiert, je nach Position mit unterschiedlicher Gewichtung – mit der Folge, dass sich fortan ebenso unterschiedliche Theorien entwickelten. Mithilfe der Zwillingsforschung ist heute ein fundierter Hinweis gegeben, dass die Gene eine nicht unerhebliche Rolle spielen; eine Fokussierung allein auf die Veranlagung scheint jedoch inzwischen aufgegeben worden zu sein, sodass vermehrt die

Lebensumstände in den Fokus rücken. In einem Online-Artikel der Berliner Zeitung vom 25.03.2017 ist beispielsweise zu lesen:

„Sind die ersten Lebensjahre überschattet von Unbeständigkeit, Kälte und Misshandlung, kann das Kinderseelen auf falsche Bahnen lenken. Da sind sich Forscher einig. Aber vielleicht machen Frauen in Kindheit und Jugend seltener [solche] drastische[n] Erfahrungen als Männer und geraten daher seltener aus dem Lot. So lautet zumindest eine These." [119]

Somit bestehen heute kaum mehr Zweifel, dass für die Ausbildung von Temperament bzw. die Persönlichkeit eines Menschen neben der Sozialisation auch ein genetischer Faktor von Bedeutung ist – die genetische Komponente dürfte jedoch anders gelagert sein, als von einem Teil der Wissenschaft, der auf der Suche nach einer Art Kriminalitäts-Gen zu sein scheint, vermutet wird. Vielmehr dürfte die Aufgabe der Gene unter anderem auch darin liegen, menschliche Reaktionen in Bezug auf Stress zu steuern, ob und wann also jemand zum *Kämpfen*, *Fliehen* oder *Erstarren* tendiert. Somit ließe sich anhand des Temperaments erklären, warum Frauen (anscheinend) seltener Verbrechen begehen als Männer:[120] Kleine Mädchen sind tendenziell mehr auf Zuwendung bedacht und fügen sich elterlichen Anweisungen eher als Jungen, nehmen sich eher zurück und sichern sich so die benötigte Aufmerksamkeit; das Unterwerfen von Jungen erfordert tendenziell mehr Druck vonseiten

---

[119] Vgl. HAUSCHILD, Jana: „Warum Frauen nur einen Bruchteil aller Straftaten begehen", Berliner Zeitung vom 25.03.17; https://www.berliner-zeitung.de/wissen/forschung-warum-frauen-nur-einen-bruchteil-aller-straftaten-begehen-26248314.

[120] Dies dürfte in seiner Eindeutigkeit angezweifelt werden: Männliche Verbrechen treten wahrscheinlich nur öfter in Erscheinung als weibliche. Dass Jungen früher und ungehaltener auf Druck reagieren bedeutet nicht, dass Mädchen nicht ebenfalls mit Zorn und Wut reagieren können; weibliche Wut richtet sich eher gehen das engere soziale Umfeld (vgl. HAUSCHILD, Jana: „Warum Frauen nur einen Bruchteil aller Straftaten begehen", Berliner Zeitung vom 25.03.17; https://www.berliner-zeitung.de/wissen/forschung-warum-frauen-nur-einen-bruchteil-aller-straftaten-begehen-26248314).

der Eltern und erzeugt somit auch mehr kindlichen Zorn. Entscheiden sich Kinder, zugunsten ihrer Autonomie auf Zuwendung zu verzichten – was bei Jungen tendenziell öfter und früher als bei Mädchen der Fall ist –, neigen Jungen eher dazu, den Rückzug mütterlicher/elterlicher Verbundenheit zu kompensieren, indem sie die entstehende Angst unterdrücken und z. B. antisoziale Verhaltensweisen entwickeln – so zumindest die vorliegende Theorie.

Die Suche nach Einflussgrößen für das Verhalten von Menschen ist heute Bestandteil der Forschung unterschiedlicher Disziplinen, z. B. auch der Psychopathie- und der Genderforschung. Doch hier endet auch gleich eine Gemeinsamkeit: Während die Kriminologen nach jahrhundertelangem Hin und Her in Erwägung ziehen, beide Faktoren – Veranlagung und Sozialisation[121] – als bedeutend anzusehen, neigt bspw. die Genderforschung dazu, die genetische Komponente zu vernachlässigen, sie sogar als bedeutungslos zu beurteilen. Als Begründung wird angeführt, Eltern würden mit ihren Kindern unterschiedlich umgehen und sie bis heute geschlechtsspezifisch erziehen, Töchtern zum Beispiel mehr Aufmerksamkeit schenken oder Gefühlsäußerungen der Söhne weniger gutheißen („ein Indianer kennt keinen Schmerz" etc.). Diese Sichtweise auf die Eltern-Kind-Beziehung ist jedoch sehr mechanistisch und birgt die Gefahr, Kinder als Objekte zu betrachten, auf die einseitig ein elterliches Handeln ausgerichtet ist. Machen Eltern Vorgaben, die nicht im (originären) kindlichen Interesse liegen, werden Kinder tatsächlich zu Objekten degradiert; das elterliche Handeln ausschließlich aus dieser Warte zu sehen, ist jedoch nicht gerechtfertigt. Eltern und Kinder interagieren miteinander, und die meisten Eltern gehen (mehr oder weniger bewusst) auf individuelle kindliche Forderungen ein, gewähren z. B. ein benötigtes Mehr an Aufmerksamkeit oder auch einen größeren Freiraum, wenn dies nur möglich erscheint.

---

[121] *Veranlagung* und *Sozialisation* sind die Komponenten der Persönlichkeitsentwicklung.

13. Irrtümer der Ökonomie:
Die real existierende Marktwirtschaft

Die Suche nach Freiheit begleitet uns Menschen seit Anbeginn der Zivilisation. Viele unserer heutigen Gesellschaften gründen in politischer, wirtschaftlicher und sozialer Hinsicht auf der Theorie einer freiheitlichen Ordnung. Diese Theorie wird in ihrer Gesamtheit als *Liberalismus* bezeichnet; der Begriff steht sinnbildlich für die Überwindung absolutistischer Herrschaft (Alleinherrschaft) und für das Gründen demokratischer Systeme.[122] Der *Wirtschaftsliberalismus* als ein Teilbereich geht im Wesentlichen zurück auf Adam SMITH, den Urvater der Ökonomie und Begründer der freien Marktwirtschaft. 1723 in einer kleinen schottischen Hafenstadt namens Kirkcaldy geboren, wächst SMITH als einziges Kind in bescheidenen Verhältnissen auf; sein Vater, ein Jurist und Zollbeamter, stirbt noch vor seiner Geburt. Aufgrund seiner Begabung als Schüler erhält er ein gutbezahltes Stipendium. Er studiert Philosophie (in Glasgow und Oxford), erhält im Alter von nur 27 Jahren eine Professur an der Universität in Glasgow und macht sich im Weiteren einen Namen als Moralphilosoph.

Das politische und öffentliche Leben zu seiner Zeit, in England gegen Mitte des 18. Jahrhunderts, wird von einer kleinen, männlichen Elite bestimmt. Handwerker, Tagelöhner, Soldaten, Dienstbotinnen und Bäuerinnen fristen ein oft hartes und entbehrungsreiches Dasein. Auf Reisen erhält SMITH ebenfalls Einblick in das französische Wirtschaftssystem; es ist die Zeit des *Merkantilismus*, einer staatlich gelenkten Wirtschaftsform, die in Europa weit verbreitet ist und deren oberstes Ziel es ist, die Kassen der Herrschenden zu füllen. Die Ursprünge reichen rund hundert Jahre zurück bis zu König Ludwig XIV. in Frankreich, dem „Sonnenkönig". Unter ihm sind die Staatsausgaben extrem hoch: Prunkbauten wie das Schloss von Versailles verschlingen Unsummen, ebenso ein wachsender Beamtenapparat

---

[122] Vgl.
https://de.wikipedia.org/wiki/Liberalismus#Wirtschaftsliberalismus.

und die Soldkosten für sein Heer. Weitere Steuererhöhungen, von denen der Adel ausgenommen bleibt und die allein die Bäuerinnen und Bürger zu tragen haben, sind bald ausgereizt; durch Jean Baptiste Colbert (1619-1683), der ab 1664 weitestgehend die Regierungsgeschäfte übernimmt, werden bald darauf weitere Wege zur Erhöhung der Staatsfinanzen ersonnen.

Eine wesentliche Maßnahme stellt dabei das Erzielen von Überschüssen im Außenhandel dar. Die Merkantilisten überziehen die Wirtschaft mit Vorschriften: Sie begrenzen zum Beispiel Importe von Fertigwaren aus dem Ausland mithilfe von Zöllen und verbieten oder beschränken die Ausfuhr heimischer Rohstoffe; stattdessen werden staatliche Manufakturen betrieben, um Rohstoffe mithilfe von Arbeitsteilung in größeren Mengen verarbeiten zu können. Von maßgeblicher Bedeutung ist in diesem Zusammenhang auch der billige Import von Rohstoffen aus Kolonialstaaten.

Zur Erhöhung der inländischen Wirtschaftsleistung wird dringend billige menschliche Arbeitskraft benötigt, angestrebt werden ein höheres Bevölkerungswachstum sowie eine höhere Erwerbsquote. Bäuerliche Arbeit, zu diesem Zeitpunkt noch von mehr als 80 % der Gesamtbevölkerung geleistet, wird in der Folge vonseiten der Regierung vernachlässigt; Volk und Soldaten sollen ohnehin möglichst billig ernährt werden. Die Folge ist ein Verelenden der Bäuerinnen und Bauern, ebenso der Stadtbevölkerung, der es aufgrund niedriger Löhne in den städtischen Manufakturen kaum besser ergeht – Zustände, die sich später in der französischen Revolution entladen werden.[123] [124]

Adam SMITH sieht die beschriebenen Eingriffe vonseiten des Staates als Hemmnisse für eine wirtschaftliche Entwicklung an und beschäftigt sich mit der Frage, wie sich der Wohlstand von Volkswirtschaften erhöhen ließe, sodass er für Alle von Nutzen sei. Seine Ideen hierzu schreibt er, beeinflusst durch andere liberale Vordenker, in dem Werk *Der Wohlstand der Nationen*

---

[123] Siehe z. B. Lernvideo zum Merkantilismus:
https://www.youtube.com/watch?v=uCH5NE7va6M&t=1s
[124] Vgl. „der Merkantilismus – Geschichte Lernvideo"
https://www.youtube.com/watch?v=uCH5NE7va6M&t=1s

nieder.[125] Ihm gelingt die Beschreibung zahlreicher wirtschaftlicher Zusammenhänge, zum Beispiel den zwischen Arbeitsteilung (und Spezialisierung) einerseits sowie Wohlstandsmehrung andererseits. SMITH erkennt Eigeninteresse und Egoismus als natürliche menschliche Triebe an, denen Sympathie und Anteilnahme gegenüberstehen. In seiner Vorstellung liegt der Schlüssel für eine funktionierende Wirtschaft in dem grundsätzlichen Verfolgen von Eigennutzen. Er hält diesen Weg für effektiver als jede staatliche Planung: Der Bäcker backt seine Brötchen nicht, um anderen Menschen Gutes zu tun, sondern um Geld zu verdienen, die Nachfrage steuert dabei sein Angebot. In SMITHs Logik wird die Verfolgung des Eigennutzens dafür sorgen, dass die Menschen letztendlich mit Allem versorgt sind, was sie zum Leben benötigen. Gleichzeitig erscheint ihm die Nächstenliebe unausrottbar, zumindest sieht er eine moralische Einstellung der Besitzenden, eine rudimentäre Verbundenheit als gegeben an – diese wird in seinen Augen dafür Sorge tragen, dass niemand ernsthaft auf der Strecke bleibt.[126]

Eigennutz und Egoismus gelten fortan, anstatt wie bisher gesellschaftliche Ächtung zu erfahren, als Grundlage erfolgreichen Wirtschaftens – eine neue Sichtweise, die damals wie ein Befreiungsschlag gewirkt und wesentlich zum Erfolg des Buches beigetragen haben dürfte, sowie letztendlich auch zum Siegeszug des Kapitalismus.[127] In den kapitalistisch geprägten Gesellschaften von heute werden regulierende Eingriffe vonseiten des Staates, z. B. in Bezug auf Banken (sofern die Maßnahmen nicht gerade ihrer Rettung dienen), gerne mit Verweis auf SMITHs Theorien abgewehrt. Dabei war Adam SMITH nicht per se gegen staatliche Eingriffe, ganz im Gegenteil: Er sah es sogar als staatliche Aufgabe an, anhand gesetzlicher Regelungen zusätzlich dafür zu sorgen, dass die Eigenliebe der Menschen nicht in hemmungslose Selbstsucht umschlägt; seine Idee war

---

[125] Veröffentlichung 1776, Originaltitel: „*An Inquiry into the Nature and Causes of the Wealth of Nations*".

[126] Vgl. „Die unsichtbare Hand - Klassischer Liberalismus - Das 1x1 der Wirtschaft", https://www.youtube.com/watch?v=uUCRjl6Pf9o&t=668s

[127] Ähnlich erfolgreich ist der Slogan *Geiz ist geil* aus jüngerer Vergangenheit.

eine freie Marktwirtschaft auf moralischer Basis. Heute einen ungehemmten Kapitalismus und ungezügelte Märkte mit Verweis auf SMITH begründen zu wollen, wird ihm nicht gerecht und verdreht die ursprüngliche Absicht: Die Fähigkeit zur Selbstregulation des Marktes war für ihn abhängig von der Freiheit der Menschen, von einer freizügig organisierten Gesellschaft, die es *Allen* ermöglicht, nach eigenen Vorstellungen zu handeln. Er war Verfechter des Eigentums – vor allem aber des Eigentums an der eigenen Arbeit, sodass ihm bspw. eine freie Berufs- und Ortswahl als oberstes Prinzip galten. Seine Gedanken lassen sich grob anhand der sogenannten *Trickle-down-Theorie* nachzeichnen, oftmals auch abschätzig als *Pferdeäpfeltheorie* bezeichnet: Diese besagt, ein allgemeiner Wohlstand werde nach und nach durch Konsum und Investitionen der Reichen in die unteren Schichten der Gesellschaft durchsickern.

SMITHs berühmte Metapher von der „unsichtbaren Hand" in *Der Wohlstand der Nationen* wird für gewöhnlich mit der Selbstregulationsfähigkeit des Marktes gleichgesetzt: Wenn alle ihren eigenen Interessen folgen, befördern sie nebenbei und gänzlich unbeabsichtigt auch das öffentliche Wohl. Dieser Aspekt seiner Theorie wird heute oftmals wie eine Rosine aus dem Gesamtmenü herausgepickt. Dass SMITH gedanklich eine Art Verbundenheit (oder zumindest eine moralische Gesinnung) der Akteure voraussetzte, wird geflissentlich übersehen.

Noam CHOMSKY, US-amerikanischer Linguist und linker Intellektueller unserer Zeit, führt das selektive Zitieren, das die Absichten SMITHs letztendlich ad absurdum führt, darauf zurück, dass das mehr als 1.000 Seiten umfassende Werk wohl eher selten komplett gelesen wird.

„Adam Smith befürchtete, dass freie Kapitalbewegungen und freier Warenimport England Schaden zufügen würden. Dann würden britische Kapitalisten im Ausland investieren, aus dem Ausland importieren, was der englischen Wirtschaft schaden würde. Smith legte dann dar, wenn auch nicht sehr überzeugend, aber sein Argument lautete: Englische Investoren würden lieber in England investieren, wegen einer Art Neigung zum Heimatmarkt. Sie würden lieber im unmittelbaren Umfeld inves-

tieren, und so würde England wie durch eine „unsichtbare Hand" vor den Risiken freier Kapitalbewegungen und Importfreiheit bewahrt. Das ist die unsichtbare Hand. Was hat das mit der modernen Begeisterung für freie Kapitalbewegungen zu tun? Damit, dass amerikanische Unternehmen in China investieren, damit sie ihren Kram billig verkaufen und in China Arbeiter ausbeuten können? Das hat mit Smith nichts zu tun."

An dieser Stelle bleibt wohl festzuhalten, dass die Absicht Adam SMITHs, den Wohlstand von Nationen auf eine Art und Weise zu fördern, sodass alle Mitglieder einer Gesellschaft nachhaltig davon profitieren, letztendlich auf der Strecke geblieben ist. Die berühmte „Schere" zwischen Arm und Reich öffnet sich weltweit, Reichtum konzentriert sich auf wenige Spitzen und in absurder Höhe[128], während immer mehr Menschen, national wie international, bedroht sind von Armut und Perspektivlosigkeit. Doch wo liegen die gedanklichen Fehler des marktwirtschaftlichen Konzepts, die diese Entwicklung begünstigt haben?

Irrtum Nr. 1: Fehlinterpretation der Selbstregulationsfähigkeit
Indem SMITH die Selbstregulation eines Marktes eng an das freie Handeln aller Teilnehmenden knüpft, beschreibt er ihn als Organismus bzw. als ein lebendes System; dieses ist grundsätzlich in der Lage, sich selbst zu regulieren und seine Funktionen selbstständig aufrechtzuerhalten. Die Fähigkeit zur Selbstregulation ist jedoch abhängig von der Autonomie und Funktionstüchtigkeit der einzelnen Elemente. Und genau an dieser Stelle liegt der „Hase im Pfeffer": SMITHs Interpretation von Freiheit greift zu kurz, seine Theorie weist Lücken auf bezüglich der äußeren und inneren Freiheit eines Menschen. Nach außen werden weder Eigentumsverhältnisse infrage gestellt noch die Tatsache, dass die Entlohnung eines erwerbstätigen Menschen nicht dem vollen Ertrag seiner Arbeit entspricht. Darüber hinaus sieht SMITH den Egoismus als etwas an, das untrennbar mit

---

[128] „Acht Männer haben mehr Vermögen als die Hälfte der Menschheit", Oxfam-Vergleich, Welt-Online vom 16.01.2017.

dem menschlichen Leben verbunden ist, und verkennt somit das Wesen innerer Blockaden.

Das Recht auf Reichtum gründet in SMITHs Augen auf dem Eigentum an der eigenen Arbeit.[129] Das bedeutet: Er setzt voraus, dass materieller Eigentum und Reichtum selbst erarbeitet werden. Diese Sichtweise ist jedoch nicht korrekt: Reichtum basiert ursprünglich (und zum Teil bis heute) insbesondere auf der illegitimen Aneignung gemeinschaftlicher Güter und Ressourcen (*Boden, Rohstoffe*); auch gelangen nachfolgende Generationen durch Erbschaft zu einem Eigentum, das sie nicht selbst erwirtschaftet haben. Darüber hinaus gründet der Gewinn von Unternehmen im Wesentlichen auf einer Differenz zwischen Ertrag und Lohn, also zwischen dem, was erwerbstätige Menschen erarbeitet haben und was ihnen dafür ausgezahlt wird.

Die massenhaft zur Verfügung stehende Ressource *Menschliche Arbeitskraft* ist zudem erst durch den – endgültigen – Verlust der Autonomie der Menschen entstanden; der Raub der Allmende bzw. der Gemeinschaftsgüter hat ihnen die Möglichkeit genommen, sich selbst zu versorgen bzw. Subsistenzwirtschaft zu betreiben.[130] Die Folge ist, dass sie zum Verkauf ihrer Arbeitskraft gezwungen sind (Lohnabhängigkeit). Auf dem Markt bzw. Arbeitsmarkt bildet sich die Höhe der Löhne und Gehälter anhand von Angebot und Nachfrage aus. Wird dort eine Form von Spezialisierung nachgefragt, über die relativ wenige Menschen verfügen, gelingt es diesen in der Regel,

---

[129] *„Das Eigentum, welches ein jeder an seiner eigenen Arbeit besitzt, ist das am meisten geheiligte und unverletzliche, da es die ursprüngliche Quelle allen anderen Eigentums ist"* (Adam SMITH); vgl. Zeit-Online vom 01.01.1993, Autor: Heinz D. KURZ, „Eigenliebe tut gut", https://www.zeit.de/1993/01/eigenliebe-tut-gut/komplettansicht.

[130] Dem wird oft entgegengehalten, dass es Menschen noch nie so gut ging wie den Menschen in den Industrienationen von heute. Das Argument hält jedoch nicht lange stand, wenn man die Gründe berücksichtigt, aus denen die Menschen in früheren Zeiten in Not waren: Sie wurden häufig ausgebeutet und hatten somit kaum Gelegenheit und auch keine Unterstützung, z. B. ihre Anbaumethoden weiterzuentwickeln, um sicherere Erträge zu erzielen, wie dies heute bspw. vonseiten des ökologischen Landbaus und der Permakultur betrieben wird.

höhere Löhne durchzusetzen;[131] je geringer eine benötigte Qualifizierung, desto mehr Menschen bieten ihre Dienste an. Je größer jedoch die Austauschbarkeit von Menschen – auch durch Maschinen –, desto geringer sind die Löhne, die viele Unternehmen bereit sind zu zahlen.

Die Verfolgung und Durchsetzung individualistischer, nicht-gemeinschaftskompatibler Interessen produziert regelmäßig Gewinner und Verlierer; durchsetzen werden sich im Zweifelsfall diejenigen, die über mehr Macht verfügen (bzw. „am längeren Hebel sitzen"). Für diesen Fall hatte Adam SMITH ganz klare Vorstellungen: Er forderte, der Lohn müsse mindestens so hoch sein, dass der Mensch davon leben könne, und sogar noch darüber hinaus. SMITHs Gründe für diese Forderung waren nicht einmal altruistischer Natur, sondern Ergebnis pragmatischer und auf Nachhaltigkeit ausgerichteter Überlegungen: Ist der Lohn zu gering, ist es den Menschen nicht möglich, Familien zu gründen – mit der Folge, dass ihre Schicht (die Arbeiterklasse) ausstirbt.[132] Fraglich ist, inwieweit dieser Aspekt seiner Theorie unter heutigen Gesichtspunkten von Bedeutung ist (siehe Billigjobs, Kürzungen von Sozialleistungen etc.).

Irrtum Nr. 2: Der Tauschhandel als Grundlage menschlichen Wirtschaftens

Für Adam SMITH galt der Tauschhandel als die ursprünglichste Form menschlichen Wirtschaftens und somit als natürlich gewachsene Basis der Marktwirtschaft. Bis heute ist in den Lehrbüchern der Ökonomie zu lesen: Zuerst wurde getauscht, dann kam – um die Sache leichter handhaben zu können – das Geld hinzu und schließlich das Kreditwesen. Forscher*innen wie bspw. der US-amerikanische Anthropologe und Ethnologe David GRAEBER[133] sowie die britische Anthropologin Caroline

---

[131] Werden viele Menschen in eine Spezialisierung befördert, z. B. aufgrund falscher Arbeitsmarktzahlen (angeblicher „Fachkräftemangel"), verliert sich dieser Vorteil.

[132] Vgl. „Die unsichtbare Hand - Klassischer Liberalismus - Das 1x1 der Wirtschaft", https://www.youtube.com/watch?v=uUCRjl6Pf9o, ab Min. 10:49).

[133] Vgl. GRAEBER, David: „Schulden – Die ersten 5.000 Jahre".

HUMPHREY (Universität Cambridge) bestreiten diese Reihenfolge. Sie vertreten die Ansicht, dass die Entwicklung genau andersherum verlief: Zuerst waren die Schulden da, dann kam das Geld (um den Wert verschiedener Gegenstände taxieren zu können). Tauschhandel fand ihnen zufolge nur dann statt, wenn Menschen, die bereits an Geld gewöhnt waren, aus verschiedenen Gründen keinen oder nur eingeschränkten Zugang zu irgendwelchen Zahlungsmitteln hatten. Ebenso bildeten sich Kreditsysteme (mit Geld als Recheneinheit) erst dort aus, wo sich Menschen in größere, anonyme Verbünde wie Staaten zusammenschlossen. Das bedeutet: Erst der Verlust intensiver zwischenmenschlicher Verbundenheit durch die Zerstörung autarker kleingemeinschaftlicher Strukturen machte es erforderlich, für den Erhalt eines benötigten Gutes nun eine Gegenleistung zu erbringen (in Form eines anderen Gutes oder eines Gefallens); falls diese nicht sofort erbracht werden konnte (sondern bspw. erst zum Erntezeitpunkt), entstand ein Schuldverhältnis. Die Urform unseres Miteinanders ist somit nicht der Tauschhandel (HUMPHREY: *„Schlicht und einfach wurde nicht ein einziges Beispiel einer Tauschwirtschaft jemals beschrieben, ganz zu schweigen davon, dass daraus das Geld entstand; nach allen verfügbaren ethnografischen Daten hat es das nicht gegeben"*[134]). Die ursprünglichste Form menschlichen Miteinanders ist stattdessen das bedingungslose Geben und Nehmen, basierend auf Vertrauen und Selbstverständlichkeit sowie einer tiefen Überzeugung der Menschen, nicht moralischer Doktrin.[135]

Irrtum Nr. 3: Egoismus als grundlegend menschlicher Trieb
In SMITHs Augen ist Egoismus ein natürlicher menschlicher Trieb, dem selbst mit Moral nicht beizukommen ist, sodass diese der freien Entwicklung der Wirtschaft lediglich im Wege steht. Doch auch entgegen weitverbreiteter Ansicht ist Egoismus kein unabdingbarer menschlicher Wesenszug, hat nichts

---

[134] http://www.joerglipinski.de/blog/
[135] Vgl. „Der Kapitalismus - Arte Doku – Teil 1";
https://www.youtube.com/watch?v=BPqK_sh35zA&list=PLbschRcM9iQ bGA-aieheo9XdLyav_xYcj, Min. 11:43.

zu tun mit dem Autonomiestreben von Menschen und ist somit auch kein Zeichen souveräner Natur. Egoismus resultiert aus dem Selbsterhaltungstrieb, der in Stresssituationen ausgelöst wird und der Verbundenheit grundsätzlich übergeordnet ist; er steht für eine Überbetonung des *Ich* und beruht auf Verletzungen bzw. Traumatisierungen, die in der Regel in der frühen Kindheit entstanden sind.[136] Egoismus bedeutet, einen Vorteil erzielen zu wollen gegenüber Anderen – ein menschliches Miteinander wird nicht (weiter) verfolgt und so ein gemeinschaftliches Ungleichgewicht bedient. Egoismus und Gier sind stets Anzeiger für unreife bzw. verletzte Persönlichkeitsanteile der Menschen und somit auch für verwundete und verwundbare Gesellschaften.

Die Selbstregulationsfähigkeit der Märkte ist also tatsächlich stark eingeschränkt aufgrund fehlender Reife und Autonomie der Teilnehmenden und bedürfte daher zumindest einer souveränen staatlichen Regulierung bzw. Steuerung. Regulierungen werden jedoch von einem großen, neoliberal[137] ausgerichteten Teil der Wirtschaft kaum toleriert; der Staat soll sich heraushalten, vor allem, wenn es um die Durchsetzung wirtschaftlicher Interessen geht. Doch mit der Funktionsweise lebender Systeme, auf die sich aus diesen Kreisen berufen wird, hat diese sehr einseitige Praxis nichts zu tun.

„Unter ungünstigen Bedingungen, also immer dann, wenn der sich selbst organisierende Prozess [...] unter den Einfluss äußerer Störungen gerät, die nicht ausgeglichen und nur durch entsprechende Anpassungen [...] beantwortet werden können, kann das betreffende lebende System (eine Amöbe, ein Baum, ein Mensch oder eine Gemeinschaft) das in ihm angelegte Potential nicht entfalten. Bestimmte Interaktionen und daraus

---

[136] Wer als Kind nicht genügend in seinen Bedürfnissen wahrgenommen wird, reagiert entweder mit einer mangelnden Ausbildung von Selbstbewusstsein und Achtsamkeit in Bezug auf die eigenen Bedürfnisse, oder er/sie fokussiert diese und legt somit den Schwerpunkt auf das eigene Individuum unter Vernachlässigung der Gemeinschaft.
[137] Hier wie im Folgenden im Sinne von *marktradikal.*

erwachsende Strukturen und Leistungen werden dann auf Kosten anderer stärker und effektiver herausgeformt.“[138]

Adam SMITHs Vorstellungen von einer freien Marktwirtschaft gehören somit ins Reich der Legenden. Die heute naiv anmutende Idee von einer Zähmung des Egoismus hat diesen letztendlich nur angefacht und einen Flächenbrand verursacht, der außer Kontrolle geraten ist. Verletzungen generieren in aller Regel neue Verletzungen, Egoismus und Misstrauen werden auf die Spitze getrieben; Geld und Reichtum sollen schließlich eine verlorene Sicherheit kompensieren, die nicht ersetzt werden kann.

Ist eine andere Arbeitswelt möglich?

Die Welt schreit also wieder einmal nach Veränderung. Viele Bereiche des täglichen Lebens befinden sich in kritischen Zuständen, sei es die Landwirtschaft oder der öffentliche Wohnungsbau, die Energieversorgung, der Straßenverkehr usw. An einem Bewusstsein für die Probleme mangelt es nicht: So wurden bspw. bereits in den 1990er-Jahren völkerrechtlich bindende Vereinbarungen für den Klimaschutz getroffen.[139] [140] Die notwendigen Reformen kommen jedoch, wenn überhaupt, nur sehr schleppend voran – ausgerechnet Arbeitsplätze entpuppen sich in den Industrienationen häufig als das größte Hindernis.

Beispiel Rüstung:
Jedes Jahr werden von deutschen Firmen Waffen im Wert von mehreren Milliarden Euro ins Ausland verkauft. Dort tragen sie

---

[138] Vgl. HÜTHER, Gerald: „Etwas mehr Hirn bitte“, S. 77-78.
[139] https://www.umweltbundesamt.de/themen/klima-energie/klimaschutz-energiepolitik-in-deutschland/rechtliche-instrumente/klimaschutz-energierecht#textpart-1.
[140] https://www.bmu.de/fileadmin/Daten_BMU/Download_PDF/Klimaschutz/klimaschutz_in_zahlen_klimaziele_bf.pdf.

dazu bei, dass Auseinandersetzungen eskalieren und oftmals zweifelhafte Interessen durchgesetzt werden können. In diesem Zusammenhang werden regelmäßig Menschen getötet, verletzt, traumatisiert, entwurzelt und in die Flucht getrieben. Kritik an dieser Wirtschaftspraxis wird regelmäßig (vonseiten der Industrie und ihr nahestehenden Politikern) zurückgewiesen, zum einen mit dem Argument: „Wenn wir nicht liefern, tun es Andere", vor allem aber mit einem Verweis auf Arbeitsplätze: Rund 55.000 Menschen, so die Berechnung der gewerkschaftsnahen Hans-Böckler-Stiftung für das Jahr 2015, arbeiten in einem Rüstungsunternehmen oder in der Rüstungssparte eines Mischkonzerns.[141]

<u>Beispiel Energie:</u>
Ebenfalls in 2015 plante Bundeswirtschaftsminister Sigmar Gabriel, alte Braunkohlekraftwerke mit einer gesonderten Abgabe zu belegen, um das gesteckte Klimaziel der Bundesregierung bis 2020 erfüllen zu können. Der Energieriese RWE erklärte daraufhin, 100.000 Jobs seien durch die Pläne in Gefahr: 30.000 in der Braunkohleindustrie plus weitere 70.000 in direkter und indirekter Folge.[142] Dies rief wiederum Gewerkschafter und Wirtschaftspolitiker auf den Plan, mit der Folge, dass der Vorschlag bald zurückgezogen wurde.[143] – Drei Jahre später, dasselbe Unternehmen: RWE beabsichtigt, sein Braunkohletagebaugebiet zu erweitern und dafür den Hambacher Forst, einen Restbestand jahrtausendealten Waldes, zu roden. Der Entschluss fällt zu einer Zeit, in der die Bundesregierung längst eine Kommission einberufen hat, die generell darüber ent-

---

₁₄₁ Vgl. Spiegel-Online, „Rüstungsexporte – Deutschlands Geschäft mit dem Krieg" vom 25.01.2018, von Marcel PAULY und Vanessa STEINMETZ; http://www.spiegel.de/politik/ausland/ruestungsexporte-so-steht-es-um-die-branche-in-deutschland-a-1189627.html.
₁₄₂ Vgl. WDR, Online-Beitrag „Arbeitsplätze in der Braunkohle-Industrie – Wie viele Jobs sind wirklich in NRW gefährdet?" vom 25.03.2015, Autorin: Sabine TENTA; https://www1.wdr.de/archiv/braunkohle/arbeitsplaetze-braunkohle-100.html.
₁₄₃ Vgl. https://de.wikipedia.org/wiki/Nationaler_Klimaschutzbeitrag.

scheiden soll, ob Tagebaugebiete noch erweitert werden dürfen. Die Landesregierung in Nordrhein-Westfalen fackelt jedoch nicht lange und stimmt der Erweiterung zu, ohne das Urteil der Kommission abzuwarten – nach Aussagen von RWE stehen diesmal rund 5.000 Arbeitsplätze auf dem Spiel.[144]

Beispiele wie diese gibt es zuhauf, und sie alle verdeutlichen vor allem eins: Arbeitsplätze sind das goldene Kalb unserer Zeit, für das kein Opfer zu groß erscheint. Doch diese Haltung ist nicht nur gefährlich (wichtige Reformen zur Sicherung unserer Lebensgrundlagen bleiben so auf der Strecke), sondern sogar von höchst zweifelhaftem Nutzen. Die Wirtschaft lebt davon, dass Menschen zu viel essen, zu viel rauchen und Alkohol trinken, unter Druck stehen, krank und straffällig werden, dass sie unzufrieden sind und in der Folge viel Geld ausgeben für Schönheit, Status, Reisen, Mobilität und sonstigen Konsum (als Ersatzbefriedigung). Von diesem fragwürdigen gesellschaftlichen Zustand sind Millionen von Menschen wirtschaftlich abhängig: Sie arbeiten als Ärztinnen, Apotheker und medizinisches Hilfspersonal, als Psycho- und Physiotherapeuten, in Verwaltungen und der Forschung, als Polizistinnen, Richter und Anwältinnen, in Reisebüros, der Auto-, Tabakwaren-, Lebensmittel-, Pharma-, Unterhaltungs- und Konsumgüterindustrie (etc.). Die Tatsache, dass in der gleichen Gesellschaft, basierend auf souveränen Persönlichkeiten, ein Großteil dieser Leistungen nicht nachgefragt würde, verleiht der derzeit existierenden Arbeitswelt einen faulig aufgeblähten Charakter.

Darüber hinaus finden sich eine Menge Jobs, die bereits heute so offensichtlich überflüssig sind, dass viele Menschen aufgrund fehlender Sinnhaftigkeit unter ihnen leiden.

Als im Jahr 2013 der Anthropologe David GRAEBER von einem Redakteur der Londoner Zeitschrift *Strike!* aufgefordert wurde, einen provokanten Artikel für das Blatt zu verfassen, schrieb er ein Essay, das unter dem Titel *Über das Phänomen der Bullshit-*

---

[144] RWE hat auch noch andere Argumente für die Abholzung des Hambacher Forstes ins Spiel gebracht, z. B. eine drohende Unterversorgung deutscher Stromkunden; vgl. https://www.n-tv.de/wirtschaft/Bsirske-Kohleabgabe-ist-Jobkiller-article14845781.html.

Jobs veröffentlicht wurde. GRAEBER vertritt darin die Ansicht, der technologische Fortschritt habe nicht wie vorhergesagt zu mehr Freizeit geführt, sondern zur Schaffung von Arbeitsplätzen, die im Grunde zwar nicht benötigt werden, aber für Beschäftigung sorgen.[145]

„Ausgangspunkt für den Artikel war eine Vermutung. Jeder von uns kennt berufstätige Menschen, die nach dem Eindruck von Außenstehenden eigentlich nicht viel tun: Personalberater, Kommunikationskoordinatoren, PR-Wissenschaftler, Finanzstrategen, Anwälte für Gesellschaftsrecht oder die (im akademischen Umfeld allgemein bekannten) Leute, die ihre Zeit in Gremiensitzungen zubringen und über das Problem überflüssiger Gremien diskutieren."[146]

Einen weiteren Grund für GRAEBERs Überlegungen stellte der Verlust von Arbeitsplätzen dar, insbesondere in den Bereichen Industrie, Land- und Hauswirtschaft (z. B. Hausangestellte) im Zeitraum von knapp hundert Jahren (1910-2000); in der gleichen Zeit soll einem Bericht zufolge die Anzahl der Jobs in den Bereichen Gewerbe, Verwaltung, Behörden, Verkauf und Dienstleistungen *„von einem Viertel auf drei Viertel der Gesamtzahl der Beschäftigten"* gewachsen sein.

GRAEBERs Artikel erlebte nach seiner Veröffentlichung eine gewaltige Resonanz und *„verbreitete sich mit rasender Geschwindigkeit. Schon nach wenigen Wochen war er in mindestens ein Dutzend Sprachen übersetzt worden, darunter Deutsch,*

---

[145] *„Im Jahr 1930 prophezeite John Maynard Keynes, die Technologie werde bis zum Ende des Jahrhunderts so weit fortgeschritten sein, dass Länder wie Großbritannien und die Vereinigten Staaten bei einer 15-Stunden-Arbeitswoche angekommen wären. Wir haben allen Grund zu glauben, dass er recht hatte. Aus technischer Sicht wären wir dazu durchaus in der Lage. Und doch kam es nicht so. Wenn überhaupt, wurden mithilfe der Technologie neue Wege erschlossen, damit wir alle mehr arbeiten. Um das zu bewerkstelligen, musste man Jobs schaffen, die letztlich nutzlos sind"*; vgl. GRAEBER, David: „Bullshit-Jobs – vom wahren Sinn der Arbeit", Klett-Cotta-Verlag, S. 13.
[146] Vgl. GRAEBER, David: „Bullshit-Jobs – vom wahren Sinn der Arbeit", Klett-Cotta-Verlag, S. 11.

Norwegisch, Schwedisch, Französisch, Tschechisch, Rumänisch, Russisch, Lettisch, Polnisch, Griechisch, Estnisch, Katalanisch und Koreanisch. Zeitungen von der Schweiz bis nach Australien druckten ihn nach. Die Website von Strike! erzielte mehr als eine Million Klicks und brach unter der hohen Belastung immer wieder zusammen."

In Unmengen von Leserbriefen schilderten Menschen daraufhin ihre Situationen, fragten um Rat oder verkündeten, sich nach einer sinnvolleren Arbeit umsehen zu wollen. Doch unter diesen Umständen drängt sich vor allem die Frage auf, wie eine solche Situation überhaupt entstehen kann. GRAEBER glaubt nicht an einen Zufall.

„Konzerne nehmen zwar ständig erbarmungslose Kürzungen vor, aber von Entlassungen und Mehrarbeit sind regelmäßig diejenigen Menschengruppen betroffen, die tatsächlich Dinge herstellen, transportieren, reparieren und instand halten. Durch eine seltsame Alchemie, die niemand erklären kann, wird die Zahl der bezahlten Aktenschieber am Ende immer größer, und immer mehr Angestellte arbeiten – sowjetischen Arbeitern eigentlich nicht unähnlich – auf dem Papier 40 oder sogar 50 Stunden in der Woche, aber effizient arbeiten sie, wie Keynes[147] es vorhergesagt hatte, nur 15 Stunden. Die übrige Zeit dient dazu, zu organisieren, an Motivationsseminaren teilzunehmen, Facebook-Profile zu aktualisieren oder Fernsehserien herunterzuladen."

Während GRAEBER den Anteil sogenannter Bullshit-Jobs zunächst bei rund 20 % vermutete, ging später aus zwei Umfragen hervor, dass ganze 37 % der Befragten in Großbritannien[148] und 40 % in den Niederlanden die eigene Arbeit als überflüssig beurteilen. Wie sinnvoll ein Job tatsächlich ist, lässt sich laut

---

[147] John Maynard KEYNES, 1883-1946, war ein britischer Ökonom („Keynsianismus"), Politiker und Mathematiker; vgl. https://de.wikipedia.org/wiki/Keynesianismus.
[148] Durchgeführt vom britischen Markt-und Meinungsforschungsinstitut YouGov.

GRAEBER ohne Weiteres herausfinden, indem man sich vorstellt, es gäbe ihn plötzlich nicht mehr.

„Man kann über Krankenschwestern, die Mitarbeiter der Müllabfuhr oder Automechaniker sagen, was man will, aber eines liegt auf der Hand: Würden sie sich plötzlich in Luft auflösen, die Folgen wären sofort spürbar und katastrophal. Auch eine Welt ohne Lehrer oder Hafenarbeiter würde schnell in Schwierigkeiten geraten [...]. Dagegen ist nicht ganz klar, wie die Welt leiden würde, wenn alle Private-Equity-Manager, Lobbyisten, Public-Relations-Forscher, Versicherungsfachleute, Telefonverkäufer oder Rechtsberater auf ähnliche Weise verschwinden würden."[149]

Es bleibt wohl festzuhalten, dass die Arbeitswelt von heute auf keinen gesunden Füßen steht und bedenklich aufgedunsen wirkt. Die Annahme, der Verlust von Arbeitsplätzen sei in der Vergangenheit stets durch das Entstehen neuer, sinnvoller Jobs ausgeglichen worden, dürfte unter diesen Umständen wohl als Trugschluss gelten. In Hinblick auf das Fortschreiten der Digitalisierung lässt dies nicht viel Gutes erahnen, im Gegenteil: Es bedarf keiner Hellsichtigkeit um vorauszusagen, dass weitere Belastungen des Arbeitsmarktes imstande sind, das Gesamtsystem in ernsthafte Schwierigkeiten zu bringen. Dieser Aspekt wirft sogleich eine grundlegende und sehr ernste Frage auf:

Darf aus diesem Umstand resultieren, dass eine positive, souveräne Entwicklung von Menschen nicht erwünscht ist, weil sie auf Dauer und im größeren Maßstab das System schädigen würde?

Diese Frage ist nicht von der Hand zu weisen, denn immerhin bedeutet ein Mehr an Souveränität auch automatisch ein Weniger an pathologischen Anspannungen, folglich eine Abnahme gesundheitlicher Probleme, eine sinkende Kriminalität und

---

[149] GRAEBER, David: „Bullshit-Jobs – vom wahren Sinn der Arbeit", Klett-Cotta-Verlag, S. 19.

insbesondere einen geringeren Bedarf an Ersatzbefriedigungen durch Konsum – was wiederum bedeutet, dass ein Bedarf an Medizinerinnen, Juristen, Warenproduzentinnen, Händlern etc. kontinuierlich sinkt. Entscheiden wir, dass ein Verhindern souveräner Entwicklung *nicht* die Folge sein darf, dann stellt sich sogleich die Frage, wie sinnvoll es ist, den Erhalt von Arbeitsplätzen grundsätzlich über alles Andere zu stellen. Doch wie auch immer diese Frage beantwortet wird: Durch sie wird deutlich, wie störanfällig und wenig zukunftsfähig das derzeitige System ist und wie dringend es neuer Ideen und Konzepte bedarf.

14. „Rechts" gegen „links":
Warum der Kampf absurd ist

Der Verlust des eigenen Arbeitsplatzes dürfte wohl bei den meisten von uns ein Empfinden von Unsicherheit auslösen. Nach wie vor existieren zwar staatliche Ersatzleistungen, dauert die Jobsuche jedoch länger als geplant[150] (was heute durchaus der Fall sein kann), gerät plötzlich all das in Gefahr, was zuvor vielleicht über Jahre hinweg finanziell aufgebaut wurde.[151] Eine der Folgen ist, dass auch ein mühsam erspartes Polster für die Altersvorsorge vernichtet werden kann. Die Konsequenzen von Erwerbslosigkeit sind also potenziell weitreichend und die Angst der Menschen vor einem Verlust ihres Arbeitsplatzes ist durchaus nachvollziehbar.

Im Verbund mit anderen Ängsten (bzgl. Umweltthemen, Zuwanderung etc.) sowie Ärgernissen über vermeintliche Ungerechtigkeiten und Frustrationen aufgrund empfundener Machtlosigkeit ergeben sich gesellschaftliche Anspannungen und Unzufriedenheiten, die verschiedene Strömungen aufweisen aufgrund individueller Schwerpunkte, die von uns Menschen gesetzt werden. Hieraus formieren sich Gruppierungen verschiedenster Couleur, die sich mal friedlicher, mal offen feindselig gegenüberstehen: religiöse Gruppierungen, Konservative, PEGIDA (und ähnliche Bewegungen), Friedensbewegte, Naturschützer, Globalisierungskritikerinnen, Anarchisten, Punks, Rocker, Wirtschaftsverbände, Lobbyisten und viele mehr. Deren Haltungen und Einstellungen finden sich im Wesentlichen in drei gesellschaftspolitischen bzw. ideologischen Richtungen wieder, die im Folgenden (jeweils in ihrem heute allgemeinen

---

[150] Ein Bedarf an Arbeitslosengeld II („Hartz-IV") kann sich aus anderen Gründen ergeben, z. B. durch das Begleiten Minderjähriger in isolierten Wohn- und Lebensverhältnissen, aufgrund niedriger Lohnniveaus („Aufstocker") etc.

[151] Die derzeitigen Regelungen geben vor, dass dem Gewähren von Arbeitslosengeld II der Verzehr von eigenem Vermögen vorauszugehen hat.

Verständnis) näher beschrieben werden: der Konservatismus, der Sozialismus und der Liberalismus.

Ziel der Konservativen, der „politischen Rechten", ist das Durchsetzen von Regelungen, die zur Gestaltung und Bewahrung gesellschaftlicher Strukturen, aber auch zur Sicherung von Privilegien als notwendig erachtet werden; damit verbunden ist häufig das Festhalten an – oder die Rückkehr zu – traditionellen Gesellschaftsstrukturen,[152] die sich in den Augen der Konservativen bewährt haben. Einzelinteressen treten dabei in den Hintergrund, sodass der Konservatismus von gegnerischer Seite oft als bevormundend (autoritär), einengend und überholt empfunden wird. Konservatismus steht für den Versuch, gesellschaftliche Fliehkräfte zu bändigen, und ist als ein Symptom für brüchige Strukturen zu verstehen. Diese gilt es für Konservative zusammenzuhalten, was jedoch grundsätzlich nur mit Hilfe von Vorschriften, Verboten, Sanktionen, Disziplinierungen, Verantwortlichkeiten, Pflichten, Schuldzuweisungen, Moralitäten und Tugenden gelingen kann.

Von ihm unterscheidet sich der Sozialismus, die „politische Linke", deren Geist geprägt ist von der Forderung nach Freiheit, Gleichheit (im Sinne von Gerechtigkeit) und Solidarität. Westliche sozialistische Bewegungen beziehen sich heute vornehmlich auf ein demokratisches bzw. parlamentarisches Mitbestimmungsrecht im Rahmen einer staatlichen Ordnung (Sozialdemokratie). Für Anarchisten hingegen bedeutet *Freiheit* die Ablehnung jeglicher Herrschaftsform und hierarchischer Struktur. Ihre Forderung nach einer freien Gesellschaft berücksichtigt dabei jedoch nicht das vorherrschende Verlangen vieler Menschen nach Sicherheit, die sich ihnen vermittelt durch eine (angenommene/unterstellte) ordnende Staatsmacht; eine Gleichheit im sozialistischen Sinne wird von vielen Menschen als experimentell und beliebig empfunden.

Auf den ersten Blick erscheint da der Liberalismus in einem ganz ähnlichen Licht, trägt sein Name doch die Freiheit bereits in sich. Und tatsächlich wendet er sich vehement gegen Zwang und Gewalt vonseiten des Staates und steht für die Freiheit des

---

[152] Diese sind häufig religiös motiviert.

Individuums, für garantierte Grundrechte, ein Recht auf Mitbestimmung, Rechtsstaatlichkeit und Gewaltenteilung. Auch die Idee der freien Marktwirtschaft geht zurück auf den Liberalismus. Ein wesentlicher Unterschied zum Freiheitsbegriff der Sozialisten ist hier jedoch, dass Anhänger des Wirtschaftsliberalismus eine staatlich garantierte Sicherheit für privates Eigentum fordern. In ihren Augen scheint es keinerlei Unrechtmäßigkeit zu geben bezogen auf das Aneignen von Eigentum bzw. Reichtum: Infrage gestellt werden weder der ursprüngliche Raub gemeinschaftlicher Güter wie Boden und anderer Ressourcen, noch die Praxis, Erwerbstätigen einen (manchmal nicht unerheblichen) Teil ihres Arbeitsertrages vorzuenthalten. Letzteres ist keinesfalls mit Hinweis darauf zu begründen oder zu legitimieren, es läge schließlich in der Freiheit der Menschen, ihre Arbeitskraft zu veräußern („Vertragsfreiheit"): Durch den Mangel an Alternativen, basierend auf dem Raub der Allmende, bleibt ihnen de facto keine andere Wahl, was einen Verlust ihrer Entscheidungsfreiheit bedeutet. Der Freiheitsbegriff der Liberalen beschränkt sich somit häufig auf die Gestaltungsfreiheit von Menschen, die eine definierte Gruppe bilden und in der Regel über Eigentum (vor allem an Produktionsmitteln) verfügen, und dürfte daher als Euphemismus gelten – weniger im Sinne einer Beschönigung als einer Täuschung. Eine Freiheit, die gleichbedeutend ist mit einem Jeder-gegen-Jeden unter ungleichen Bedingungen, noch dazu bei fehlendem oder unzureichendem Schutz der Schwächeren vonseiten des Staates, bedeutet nichts Anderes als ein Ausgeliefertsein benachteiligter Menschen. Dürfen sich derart „liberale" Verhältnisse ungebremst weiterentwickeln und ausbreiten, entsteht ein Marktradikalismus:[153] Dieser reduziert die Funktion der Staatsmacht schließlich auf die eines Handlangers,

---

[153] Auch „Marktfaschismus", „Marktideologie" oder „Marktfundamentalismus" genannt. „*Der Marktfundamentalismus ist inzwischen so mächtig, dass alle politischen Kräfte, die sich ihm zu widersetzen wagen, kurzerhand als sentimental, unlogisch oder naiv gebrandmarkt werden*"; vgl. George SOROS „Die Krise des globalen Kapitalismus" (The crisis of Global Capitalism), Alexander Fest Verlag, Berlin 1998.

dessen vornehmliche Aufgabe es ist, Wirtschaftsinteressen gegen die einer Bevölkerungsmehrheit durchzusetzen.

Während die Ideologie des Konservatismus also gekennzeichnet ist von Kontrolle und Überheblichkeit (auch in Verbindung mit Wut), steht der Sozialismus für (zornigen) Protest, Gegenwehr und ein Betonen der Gleichheit; der Liberalismus hingegen beruht auf einer Überbetonung des *Ich*, die sich ausdrückt in Individualismus und Egoismus (basierend auf Angst). Alles in Allem fällt auf, dass ein Kampf für Freiheit oder Gerechtigkeit selten grundlegend ausgefochten wird, sondern für gewöhnlich nur bis zu dem Punkt, an dem das Ziel in den Augen einer bestimmten Gruppe von Menschen als erreicht angesehen wird: So wird nicht nur von Liberalen, wie oben erwähnt, Freiheit häufig auf die Durchsetzung wirtschaftlicher Interessen reduziert; auch wurden in der Französischen Revolution gegen Ende des 18. Jahrhunderts die bürgerlichen Grundrechte zwar für alle Bevölkerungsschichten, jedoch ausschließlich für Männer durchgesetzt.[154] Und auch Frauen, die weltweit nach wie vor um Gleichberechtigung kämpfen, betreiben diesen Kampf um Gerechtigkeit häufig selektiv, indem bspw. wiederum die Rechte von Erwachsenen und Kindern mit zweierlei Maß gemessen werden. Das Durchsetzen bestimmter Interessen führt also in aller Regel zu einer Vernachlässigung anderer Teile der Bevölkerung und ist als ein Zeichen nicht-souveräner Gesellschaften zu verstehen. Die Folge ist ein gesellschaftliches Ungleichgewicht, das auf Dauer gesehen in der Lage ist, eine kollektive Wut zu befördern; in dieser wiederum liegt, unabhängig von politischer oder religiöser Ausrichtung, grundsätzlich die Gefahr des Entstehens von Extremismus und Terrorismus sowie von totalitären bzw. faschistischen Strukturen (siehe *Nationalsozialismus, Stalinismus* oder *Marktradikalismus*).

---

[154] Siehe Französische Revolution: 1789 Stürmung der Bastille, Menschen- und Bürgerrechte werden bald gesetzlich verankert („*Alle Menschen werden frei und gleich an Rechten geboren*"); 1791 werden Frauen von Wahlen wieder ausgeschlossen, politische Rechte werden ihnen abgesprochen. Vgl. https://www.youtube.com/watch?v=ye-3qF-eLd0

Der Verlust der Glaubwürdigkeit
politischer Parteien

Angelehnt an die drei oben beschriebenen gesellschaftspolitischen Ausrichtungen, haben sich in der Bundesrepublik Deutschland verschiedene Parteien etabliert, z. B. Christdemokraten (CDU), Sozialdemokraten (SPD) und Freie Demokraten (FDP). Diesen – und nicht nur ihnen – wird für gewöhnlich vom Wahlvolk unterstellt, eine Politik zu betreiben, die sich an den von ihnen repräsentierten Ideologien ausrichtet. Diese Annahme hat sich jedoch schon mehr als einmal als Trugschluss erwiesen: Parteien schlagen, vor allem zu Regierungszeiten, auch schon einmal Richtungen ein, die nicht der eigenen Programmatik entsprechen (Beispiel: Zustimmung der rot-grünen Regierung unter Schröder/Fischer zur Beteiligung der Bundeswehr am Kosovokrieg im Jahr 1999[155]). Dabei riskieren sie regelmäßig, an Glaubwürdigkeit zu verlieren und von Wählerinnen und Wählern abgestraft zu werden. Doch wie erklärt sich unter diesen Umständen die auch weiterhin vorhandene Beliebigkeit und Unzuverlässigkeit in der politischen Zielsetzung von Parteien?

Zunächst einmal sei an dieser Stelle angemerkt, dass die beschriebenen Ideologien selten in ihrer Reinform auftreten; menschliche Haltungen sind äußerst facettenreich und Schwerpunkte können sehr unterschiedlich gesetzt sein. (So gesehen wird vielleicht nachvollziehbarer, wie es dazu kommen kann, dass Sozialisten für die gleichen Rechte aller Menschen kämpfen, nur um sie anschließend – ganz im Sinne einer individualistischen bzw. „liberalen" Haltung – ihren Frauen vorzuenthalten.)

Interessante Hinweise zum Entstehen politischer Beliebigkeit finden sich z. B. in dem sozialgeschichtlichen Buch *Bourgeois und Volk zugleich? Zur Geschichte des Kleinbürgertums im 19.*

---

155 Ohne UN-Mandat. Siehe hierzu z. B. YouTube, RT Deutsch „Gerhard Schröder: "Wir haben gegen das Völkerrecht verstoßen"" sowie „DER FEHLENDE PART: Der NATO-Angriff auf Jugoslawien – Beginn einer Epoche des Krieges [S2 E71]", beides vom 24. März 2016.

und 20. Jahrhundert.[156] Das dort beschriebene Kleinbürgertum, seinerzeit bestehend aus Kleinhändlern, kleinen Industriellen und Handwerkern, verortet sich innerhalb der damaligen Gesellschaft zwischen Arm und Reich (d. h. zwischen Bäuerinnen und lohnabhängigen Arbeitern einerseits und der vermögenden Bourgeoisie andererseits). Die „gesellschaftliche Mitte" wird vom Autor nicht nur in ihrer Struktur, sondern vor allem auch in ihrer Einstellung bzw. Haltung als äußerst heterogen und wenig greifbar dargestellt: Vom Sozialismus bis zum Nationalismus findet sich in ihr die gesamte Bandbreite an möglichen Haltungen wieder. Dieser Umstand erschwert jedoch eine genaue Definition und kategorische Einstufung des Kleinbürgertums; es lässt sich weder eine eindeutige Nähe zum Großbürgertum noch zur Arbeiterklasse erkennen. Wenn die gesellschaftliche Mitte dennoch seinerzeit von regierenden wie auch oppositionellen Parteien umworben wird, dann vor allem aufgrund der Tatsache, dass sie wegen ihrer Masse einen nicht unerheblichen Einfluss auf Wahlentscheidungen ausübt. Das bedeutet: Das Umwerben der Mittelschicht durch konservative wie auch sozialistische Parteien lässt sich anscheinend weniger auf deren Absicht zurückführen, die Interessen der betreffenden Menschen zu vertreten, als vielmehr darauf, mithilfe zusätzlicher Stimmen gesellschaftlichen Einfluss bzw. die eigene Macht zu mehren und zu sichern. Hieraus ergibt sich (theoretisch) für die Parteien, eine Balance finden zu müssen zwischen den Interessen der Menschen, deren originäre politische Vertretung sie sind (oder zu sein vorgeben), und den Interessen jener, deren Stimmen es zu sichern gilt. Diese Art politischen Machtkalküls findet bis heute ihre Fortsetzung. Allerdings läuft sie auch immer wieder aus dem Ruder, wie sich nicht zuletzt am Beispiel der Agenda 2010 und den daraus resultierenden kontinuierlichen Wahlverlusten für die Sozialdemokraten ablesen lässt. Darüber hinaus hat das Vorgehen dazu beigetragen, dass die Konturen der beiden Positionen „rechts" und „links" zunehmend verwischen und eine Einteilung in sie oftmals beliebig,

---

[156] Autor: HAUPT, Heinz-Gerhard, deutscher Historiker. Erschienen im Campus-Verlag (Frankfurt/Main, New York) 1978.

wenn nicht gar fragwürdig erscheint. Ein Beispiel hierfür liefert die derzeit amtierende Bundeskanzlerin Angela Merkel, Mitglied der (konservativen) CDU und Betreiberin einer überwiegend wirtschaftsliberalen Politik: Aufgrund ihrer Flüchtlingspolitik wird ihr vorgeworfen, die CDU einem „Linksruck" ausgesetzt zu haben. Ein anderes Beispiel ist die sich häufende Praxis, Kritik am Kapitalismus, die als undifferenziert empfunden wird, nicht minder pauschal als "Antiamerikanismus" oder „Antisemitismus" zu bezeichnen – dies hat zur Folge, dass die Kritiker*innen Gefahr laufen, in einem rassistisch-rechtsextremen Licht zu erscheinen.

In dieser Gemengelage stellt sich nun die Frage, ob eine genaue Analyse der Situation überhaupt noch möglich ist oder ob nicht jeder weitere Versuch aufgrund von Uneindeutigkeiten und sprachlichen Doppeldeutigkeiten von vornherein zum Scheitern verurteilt ist. In der Antwort darauf bleibt festzustellen, dass die Möglichkeit durchaus existiert – sie hängt jedoch unzweifelhaft von der Bereitschaft ab, sich mental auf eine Meta-Ebene zu begeben und dort eine übergeordnete Sichtweise zuzulassen.

Bei einer solchen Betrachtung offenbart sich Folgendes: So wie jede der Ideologien im Kern etwas Wahres enthält, liegen die Übersetzungen dazu auch regelmäßig daneben. Das bedeutet: Nicht nur der konservative, bewahrende (sichernde) Blick auf die Gesellschaft hat seine Begründung (ohne Gemeinschaft sind wir nicht lebensfähig), sondern auch die Absicht des Sozialismus, die Autonomie zu stärken – wir sind eben nicht „nur" soziale Wesen, sondern *soziale Individuen*. So gesehen ist selbst der Liberalismus nachvollziehbar in seiner Forderung, das Individuum zu fördern; dabei ruht sein Blick jedoch nicht auf originären menschlichen, individuellen Bedürfnissen, sondern auf individualistischen, gemeinschaftszersetzenden Kompensationsstrategien.

Fassen wir es noch weiter zusammen: Der Konservatismus strebt stets nach kontrollierender Sicherung, der Sozialismus als sein Gegenpart nach Autonomie; individualistische Tendenzen unter dem Deckmantel des Liberalismus deuten auf die Suche nach einer pathologischen Freiheit hin, die alle Grenzen überschreitet und dabei einen existenziellen Mangel an innerer Sicherheit verrät. Daraus lässt sich ableiten, dass allen drei Richtungen genau zwei menschliche Bedürfnisse zugrunde liegen: das Streben nach Sicherheit und nach Freiheit. Diese äußern sich nicht immer direkt, sondern häufig in Form eines Bedarfs an Kompensation bzw. Ersatz; dieser wiederum ist ein verlässlicher Anzeiger für unausgereifte bzw. verletzte Persönlichkeitsanteile von Menschen. Das bedeutet im Detail:

1. Ein **Mangel an äußerer Sicherheit** führt in der Regel zur Ausbildung von bestimmten, auf die Ursache bezogenen Unsicherheiten oder Ängsten,
2. ein **Mangel an äußerer Freiheit** provoziert zornige Proteste und Abwehrkämpfe.
3. Hingegen äußert sich ein **Mangel an innerer (existenzieller) Sicherheit** durch das Ausbilden unbestimmter/diffuser Ängste in Verbindung mit einem Bedarf an Projektionsflächen, der sich ergänzen kann durch den Drang zu persönlicher Absicherung mithilfe von Geld und Reichtum;
4. ein **Mangel an innerer Freiheit** zeigt sich wiederum in Form innerer Blockaden (z. B. in Form von Angst und Wut), ebenfalls in Verbindung mit einem Bedarf an Projektionsfläche, sowie in der Flucht aus Bindungen und auseinanderstrebenden Tendenzen (vgl. Abb. 8).

Der Zustand heutiger Industrienationen steht somit für eine paradoxe Situation: Vor allem „Rechte" (mit einem Mangel an Sicherheit) und „Linke" (mit einem Mangel an Freiheit) stehen sich immer unversöhnlicher gegenüber und verweigern zum Teil jedes Gespräch. Das führt jedoch dazu, dass wahre Bedürfnisse, die hinter (oftmals haarsträubenden) Forderungen, Strategien und Projektionen stehen, immer seltener verstanden werden. Auf diese Weise schwindet mehr und mehr das Bewusstsein, dass Freiheit und Sicherheit zusammengehören wie die beiden Seiten einer Medaille und nur vereint überhaupt von Bedeutung sind.

15. Die Legende vom segensreichen Wirtschaftswachstum

„Deutschland geht es gut!", so einer der Lieblingssätze von Bundeskanzlerin Angela Merkel. Im Chor der Gleichgesinnten, der sich zu einem nicht unerheblichen Teil aus Pressevertreter*innen rekrutiert[157], wird man nicht müde, den Slogan gebetsmühlenartig zu wiederholen. Zum Beweis wird auf das deutsche Wirtschaftswachstum verwiesen, das seit Jahren auf rekordebrechenden Exporten basiert, begleitet von einem historischen Tief der Arbeitslosenzahlen. Doch leider wird damit nicht die gesamte Geschichte erzählt.

Zum einen: Die Arbeitslosenstatistik ist erheblich „frisiert". Den derzeit 2,5 Millionen offiziell als arbeitslos ausgewiesenen Menschen sind rund eine weitere Million hinzuzufügen, die zuvor aus verschiedenen Gründen aus der Statistik herausgerechnet wurden: darunter Ältere,[158] die als nicht (mehr) vermittelbar gelten, Dauererkrankte,[159] Ein-Euro-Jobber, privat Vermittelte sowie auch Menschen in einer Fortbildung.[160]

---

[157] Vgl. bspw. Welt-Online, „Nie zuvor ging es der Mehrheit der Deutschen so gut" vom 09.01.2017, Autorin: Dorothea SIEMS, https://www.welt.de/wirtschaft/article160984996/Nie-zuvor-ging-es-der-Mehrheit-der-Deutschen-so-gut.html.

[158] Wer mindestens 58 Jahre alt ist und wenigstens zwölf Monate Hartz IV bezieht, ohne ein Jobangebot bekommen zu haben, gilt nicht als arbeitslos. Vgl. https://www.n-tv.de/politik/Arbeitslosenstatistik-ist-geschoent-article5101146.html.

[159] Langzeit*erkrankte* gelten nicht als arbeitslos, denn nach offizieller Definition kann nur als arbeitslos zählen, wer tatsächlich auch vermittelbar ist; vgl. https://www.n-tv.de/politik/Arbeitslosenstatistik-ist-geschoent-article5101146.html. Langzeit*arbeitslose*, die 6 Wochen oder länger erkrankt sind, gelten zudem nicht mehr als solche, da sie nach Beendigung der Unterbrechung statistisch als Neuzugänge erfasst werden. Die Folgen: Notwendige Gelder für ihre Integration werden zurückgefahren und Plätze in Werkstätten gestrichen; vgl. https://www1.wdr.de/nachrichten/landespolitik/statistik-arbeitslose-westpol-100.html.

[160] Langzeitarbeitslose, die an einer 6-wöchigen Weiterbildung teilnehmen, gelten nicht mehr als solche, da sie nach Beendigung der Unter-

Zum anderen: Die wirtschaftlichen Erfolge der letzten Jahre basieren unter anderem auf der neoliberalen Agenda 2010 (eingeführt durch die Regierung Schröder/Fischer [SPD/Grüne] im Jahr 2003). Erzielt werden sie dabei zu einem großen Teil auf dem Rücken in- und ausländischer Arbeiterinnen und Arbeiter, die sich vielfach prekären Beschäftigungsverhältnissen ausgesetzt sehen, in Deutschland bspw. in Form von Werkverträgen und Leiharbeit, mit niedrigen Löhnen, schlechten Arbeitsbedingungen und befristeten Verträgen. Die Folge: Parallel zum Wirtschaftsboom sind in Deutschland rund 13 Millionen Menschen von Armut bedroht,[161] darunter knapp zwei Millionen Kinder, rund drei Millionen Ältere (Ü65; Tendenz: steigend) sowie jeder zehnte Beschäftigte.[162] Rund 6 Millionen Menschen leben derzeit von Arbeitslosengeld II.[163] Fast jede/r zweite Beschäftigte verdient heute weniger als vor 20 Jahren,[164] knapp drei Millionen sind auf einen Zweitjob angewiesen.[165] Und auch der große Bedarf an Tafeln – deutschlandweit existieren mittlerweile rund 1.000 mit mehr als 2.000 Ausgabestellen – wird vornehmlich mit der Einführung der Agenda 2010 (Hartz-IV) in Verbindung gebracht.

Die Entwicklung der Vermögensverteilung innerhalb der Gesellschaft zeigt an, dass seit vielen Jahren eine Umverteilung von unten (über die Mitte) nach oben stattfindet: Während

---

brechung statistisch als Neuzugänge erfasst werden. Die Folgen: Z. B. werden notwendige Gelder für ihre Integration zurückgefahren und Plätze in Werkstätten gestrichen; vgl. https://www1.wdr.de/nachrichten/landespolitik/statistik-arbeitslose-westpol-100.html

[161] http://www.spiegel.de/wirtschaft/soziales/armutsbericht-in-deutschland-ist-die-armut-auf-neuem-hoechststand-a-1137030.html.

[162] http://www.spiegel.de/wirtschaft/soziales/jeder-zehnte-beschaeftigte-trotz-arbeit-von-armut-bedroht-a-1122437.html.

[163] http://www.o-ton-arbeitsmarkt.de/o-ton-news/724-millionen-menschen-leben-von-arbeitslosengeld-oder-hartz-iv-leistungen.

[164] Andrea NAHLES: „40 % der Beschäftigten haben 2015 real weniger verdient als Mitte der 90er-Jahre", vgl. "Deutschland geht es gut" - BASTA!, https://www.youtube.com/watch?v=i8GxTg5boJI, ab Min. 2:16.

[165] http://www.spiegel.de/wirtschaft/soziales/zweitjob-2-7-millionen-menschen-haben-noch-einen-nebenjob-a-1165019.html.

(hierzulande wie weltweit) die Zahl der Extremreichen ansteigt und ihre Vermögen absurde Höhen erreichen,[166] geraten auf der anderen Seite immer mehr Menschen in finanzielle und existenzielle Schwierigkeiten. Doch anstatt die Situation wirklich ernst zu nehmen, wird vielfach über eine gültige Definition des Begriffs „Armut" diskutiert. Und es stimmt sogar: Armut in Deutschland ist sicherlich nicht die gleiche wie in vielen anderen Ländern und wenig Geld zu haben bedeutet nicht zwangsläufig, abgehängt und benachteiligt zu sein, wie sich am Beispiel von Studierenden erkennen lässt. „Armut" ist also stets als relativ zu betrachten; dennoch – entgegen allen anderen Verlautbarungen – ist sie für sehr viele Menschen in Deutschland auch manifest. Laut Arbeitsagentur standen im Jahr 2017 rund 4,3 Millionen Hartz-IV-Empfängern/Empfängerinnen lediglich 730.000 offene Stellen gegenüber. Allein schon in Anbetracht dieser Diskrepanz wird der gern bemühte Spruch, jeder könne es bei entsprechender Bemühung aus Hartz-IV „herausschaffen", als unsinnige Täuschung entlarvt: *Jeder* bedeutet längst nicht *alle*.[167]

Und ansonsten? Worin bemisst sich, wie gut es uns geht? Ist unser Wohlergehen allein davon abhängig, über wie viel Kaufkraft wir verfügen? Zweifelsohne ist Deutschland ein reiches Land: Jede/r von uns besitzt laut Aussage der Bundesbank ein Vermögen von durchschnittlich 214.500 €.[168] Andere Aspekte sind da schon deutlich weniger amüsant:

---

[166] Siehe ntv.de, „Schere klafft weiter auseinander – Deutschland hat immer mehr Superreiche" vom 22.11.2016; https://www.n-tv.de/wirtschaft/Deutschland-hat-immer-mehr-Superreiche-article19153831.html sowie Spiegel-Online „BMW-Großaktionäre: Quandt-Erben kassieren eine Milliarde Euro Dividende" vom 11.03.2018, http://www.spiegel.de/wirtschaft/unternehmen/bmw-milliarden-dividende-fuer-stefan-quandt-und-susanne-klatten-a-1199186.html.

[167] Siehe YouTube, „Antwort an Jens Spahn : Hartz IV IST Armut!" von #funk, https://www.youtube.com/watch?v=ZgDkAaGrmLU.

[168] Abzüglich aller Schulden; vgl. https://www.focus.de/finanzen/geldanlage/krasse-vermoegensverteilung-so-viel-geld-brauchen-sie-um-zu-deutschlands-obersten-zehn-prozent-zu-gehoeren_id_7230071.html. Damit dürfte

- Die Gesellschaft driftet auch weiterhin auseinander: Die Zahl der Singles in Deutschland wächst ungebrochen[169]
- 20 % der Eltern sind alleinerziehend (Frauen: 91 %)[170]
- Die Scheidungsquote liegt bei knapp 40 %[171]
- 20 % der Kinder weisen psychische Auffälligkeiten, 10 % Prozent deutliche psychische Störungen auf[172]
- 15 % der Deutschen (jeder sechste Erwachsene) leiden unter einer Angststörung[173]
- 10.000 Menschen versterben jährlich durch Suizid, darunter mehr als 200 Kinder und Jugendliche[174]
- Rund 200.000 Gewaltdelikte werden pro Jahr verübt[175]
- Etc.

Diese Zahlen bilden keinesfalls eine bloße Randnotiz; sie sind nicht als Kollateralschäden einer ansonsten intakten Ordnung zu verstehen. Vielmehr liefern sie uns ein Bild von der zunehmenden Fragmentierung und Fragilität unserer westlichen Kultur. Dieser Trend dürfte einzig unter der Bedingung zu stoppen und umzukehren sein, dass es uns gelingt, nach und nach zu mehr menschlicher Souveränität zurückzufinden. Doch wie lässt sich dieses Ziel erreichen?

An dieser Stelle sei betont, dass es nicht die Absicht des vorliegenden Buches ist und auch nicht die Aufgabe unserer Gene-

---

deutlich werden, dass nicht nur die Armut, sondern auch der Reichtum eine relative Größe ist.

[169] https://www.marktforschung.de/nachrichten/marktforschung/steigende-zahl-von-singles-in-deutschland/.

[170] https://wir-sind-alleinerziehend.de/alleinerziehende-in-deutschland/.

[171] https://de.statista.com/statistik/daten/studie/76211/umfrage/scheidungsquote-von-1960-bis-2008/.

[172] http://www.achtung-kinderseele.org/html/themen/psychische%20stoerungen.html.

[173] https://www.stern.de/gesundheit/angststoerungen-und-depressionen-jeder-dritte-europaeer-psychisch-krank-3921064.html.

[174] https://de.statista.com/themen/40/selbstmord/.

[175] https://de.statista.com/statistik/daten/studie/153880/umfrage/faelle-von-gewaltkriminalitaet/.

ration sein kann, eine neue Gesellschaft am Reißbrett zu entwerfen – wenn sie wirklich frei sein soll, dann *kann* sie nicht durch einzelne Menschen bzw. Gruppen gestaltet werden, sondern bedarf einer freien Entwicklung, die von kollektiver Intelligenz getragen wird. Dies ist jedoch nur unter der Voraussetzung zu erreichen, dass Menschen zu dieser Aufgabe befähigt werden, was grundsätzlich möglich ist.

Interessenskonflikte

Einer der zentralen Punkte bei der Rückgewinnung menschlicher Souveränität liegt in der Neugestaltung unseres Umgangs mit Kindern. Somit richtet sich der Fokus, wie der öffentliche Diskurs offenbart, unvermittelt auf einen neuralgischen Punkt innerhalb der Gesellschaft.

Menschliche Souveränität ist zu einem großen Teil abhängig von der Ausbildung innerer Verbundenheit, die sich in der frühen Kindheit vor allem durch einen bedürfnisgerechten Körperkontakt zur Mutter (bzw. mütterlichen Bezugsperson) vermittelt. Allerdings ist heutzutage die Arbeitskraft von Frauen wieder heiß begehrt, sodass schon seit Jahren mithilfe staatlicher Anreize in Form von Elterngeld und Kita-Ausbau versucht wird, familienbedingte Auszeiten zu reduzieren. Und das mit Erfolg: Die Erwerbstätigkeit von Müttern konnte in den vergangenen zehn Jahren erheblich gesteigert werden.[176] Demnach streben mehr und mehr Frauen nach der Geburt eines Kindes so bald wie möglich zurück auf den Arbeitsmarkt. Die Motive der Frauen sind dabei recht unterschiedlich: Die einen flüchten aus häuslicher Isolation, suchen nach Abwechslung, Gemeinschaft und Austausch, haben Freude an ihrer Beschäftigung oder suchen nach beruflicher Anerkennung; andere hingegen benötigen schlicht und ergreifend das daraus resultierende Einkommen. Ungefähr 800.000 Kleinkinder unter drei Jahren werden heute in deutschen Kindertagesstätten bzw. Kinderkrippen

---

[176] https://www.zeit.de/gesellschaft/familie/2018-10/elterngeld-erwerbstaetigkeit-muetter-gestiegen-elternzeit.

betreut, weitere rund 200.000 Plätze müssten noch geschaffen werden, um geltendes Recht umzusetzen.[177] [178] Die Praxis der Fremdbetreuung, begründet mit der Förderung von Frauen, weist jedoch einen bislang unterschätzten bzw. ignorierten Nebeneffekt auf: Wissenschaftliche Studien belegen seit Jahren unmissverständlich, dass (frühe) Fremdbetreuung eine wesentliche Ursache für kindlichen Stress begründet. Dieser Stress gilt als Auslöser für aggressives Verhalten, motorische Unruhe mit Aufmerksamkeitsdefiziten, Hyperaktivität und Impulsivität sowie auch für Angst und Depressionen.

Insbesondere der amerikanischen NICHD-Studie, einer vom *National Institute of Child Health and Development* großangelegten Studie ab dem Jahr 1991, kommt aufgrund ihrer Fülle an Daten eine hohe Bedeutung innerhalb der Betreuungsforschung zu.[179] [180] So lassen sich im Wesentlichen drei Erkenntnisse zusammenfassen:

- *„Höhere Betreuungsqualität führt zu etwas besseren kognitiven Leistungen.*
- *Die Dauer früher Betreuung ist linear mit einer Zunahme aggressiven und impulsiven Verhaltens verbunden, und zwar unabhängig von der Betreuungsqualität(!) und insbesondere in Krippen. [...]*

---

[177] https://www.welt.de/wirtschaft/karriere/bildung/article182669070/Ranking-So-viele-Kita-Plaetze-fuer-unter-Dreijaehrige-fehlen-in-Ihrem-Bundesland.html.

[178] https://www.kindergartenpaedagogik.de/1650.html.

[179] Vgl. NICHD-Studie (Belsky et al. 2007, 2010, 2010 a), FCCC - Family, Children and Child Care Study – (Stein et al. 2012, Eryigit 2013), Schweizer Studie (*Averdiyk* et al 2011), Quebecer Projekt „5 Dollar pro Tag für Kindesbetreuung" (BAKER/MILLIGAN 2008); https://www.fuerkinder.org/kinder-brauchen-bindung/experten-meinen/404-fruehkindlicher-stress-in-der-fremdbetreuung-und-seine-langfristigen-folgen.

[180] Siehe. z. B. „Das Kita-Handbuch" von Textor/Bostelmann, https://www.kindergartenpaedagogik.de/fachartikel/qualitaet-und-qualitaetssicherung/qualitaet-standards-forderungen-studien/1602.

– Die Effekte elterlicher Erziehung sind wesentlich stärker als jene außerfamiliärer Betreuung.
Aus diesen Resultaten leitete das Autorenkollektiv drei unmittelbar plausible Grundsatzforderungen ab:
– Die Qualität frühkindlicher Betreuung muss hoch sein.
– Die Dauer frühkindlicher Betreuung sollte niedrig sein.
– Elterliche Erziehung sollte besonders unterstützt und gefördert werden.

International, besonders aber auch in Deutschland, wird derzeit praktisch ausschließlich die erste Forderung debattiert (deren Umsetzung in weiter Ferne liegt), während hinsichtlich der zweiten und dritten Forderung weitgehendes Stillschweigen herrscht.“ [181]

Die Ergebnisse der NICHD-Studie werden durch zahlreiche andere internationale Publikationen bestätigt[182] und Studien der Stressforschung, basierend auf der Auswertung von Speichelproben (die Konzentration des Stresshormons Cortisol lässt sich relativ einfach bemessen), untermauern ihrerseits die Resultate der Betreuungsforschung.

Die deutsche Politik reagiert schließlich im Jahr 2013: Am 1. August des Jahres wird im Bundestag auf Initiative der Fraktionen CDU/CSU und FDP die Einführung eines Betreuungsgeldes in Höhe von 100 €, ab August 2014 in Höhe von 150 € pro Monat beschlossen. Der Betrag soll Eltern künftig Wahlfreiheit zwischen Fremd- und Eigenbetreuung ihrer Kinder ermöglichen. Die staatliche Leistung wird jedoch vonseiten der oppositionellen Sozialdemokraten, Linken und Grünen kategorisch abgelehnt, erfährt als „Herdprämie“ eine breite öffentliche Diffamierung und wird später durch das Bundesverfassungsge-

---

[181] Vgl. BÖHM, Rainer: „Stress – Das unterschätzte Problem frühkindlicher Betreuung“, Argumente und Materialien zum Zeitgeschehen 2013, https://www.fachportal-bildung-und-seelische-gesundheit.de/hanns-seidel-stiftung-bildung-braucht-bindung-boehm.pdf.
[182] Siehe Zukunft/CH, Informationsblatt Oktober 2015, „Krippenbetreuung aus wissenschaftlicher Sicht“, http://www.zukunft-ch.ch/wp-content/uploads/2016/05/Zukunft-CH-Infoblatt-Kinderkrippen.pdf.

richt mit Verweis auf Formfehler für verfassungswidrig erklärt. Doch worin liegen die Gründe für die breite und vehemente Ablehnung?

Die Argumente der Gegner und Gegnerinnen des Betreuungsgeldes lauten im Allgemeinen:

- „Kleine Kinder benötigen Kontakt zu anderen Kindern sowie eine pädagogische Betreuung, um ein Sozialverhalten auch außerhalb der Familie auszubilden und eine gezielte Schulung und Entwicklung von Fähigkeiten (z. B. Sprachkenntnissen) zu erhalten; dies ermöglicht insbesondere Kindern aus schwächeren sozialen Schichten eine bessere Bildung und gesellschaftliche Teilhabe.
- Auch kleine Kinder sind durchaus in der Lage, zu Erzieher*innen enge Beziehungen aufzubauen, zudem haben Kinder ein Recht auf Bildung.
- Die Ermöglichung einer Berufstätigkeit verbessert die Situation der Mütter, was zu einer Verringerung von psychischen Belastungen – verursacht durch häusliche Isolation – führt.
- Durch das Betreuungsgeld entstehen überdies erhebliche Zusatzkosten für den jährlichen Bundeshaushalt von schätzungsweise 1-2 Mrd. €: Geld, mit dem zahlreiche Kitaplätze eingerichtet bzw. qualitativ besser ausgestattet werden könnten.
- Die Förderung stellt einen finanziellen Anreiz für Eltern dar, auf einen staatlich verbrieften Rechtsanspruch zu verzichten; damit wird das Ziel verfolgt, die mit dem Ausbau der Plätze verbundenen Kosten für die Kommunen zu senken. Erreicht werden mit dieser Strategie (wie Erfahrungen aus Finnland, Norwegen und Schweden zeigen) vor allem Mütter mit geringem Einkommen, niedrigem Bildungsniveau und Migrationshintergrund: Insbesondere für diese stellt das Betreuungsgeld einen Anreiz dar, den Kitaplatz gegen eine Geldleistung einzutauschen.
- Wissenschaftliche Untersuchungen zeigen deutlich, dass mit einem Betreuungsgeld Mütter eher zu Hause bleiben und somit der Wiedereinstieg von Frauen in den Beruf er-

schwert wird. Auf diese Weise werden jedoch alte, überholte Rollenbilder verfestigt, die die Frauen gefangen halten und sie von einer eigenen sozialen Absicherung abhalten, sodass sie perspektivisch einem höheren Armutsrisiko unterliegen. Parallele politische Bemühungen, eine gleiche Teilhabe von Frauen am Erwerbsleben zu fördern, werden durch das Betreuungsgeld konterkariert.

- Und auch aus arbeitsmarkttechnischen Gründen ist die Förderung falsch: Zum einen hat sie einen negativen Einfluss auf Angebot und Nachfrage von Kindertagesbetreuungsplätzen, zum anderen bleiben durch eine lange Auszeit die Potentiale vieler vornehmlich gut ausgebildeter Mütter bzw. Eltern ungenutzt. Auf diese Weise unterläuft das Betreuungsgeld die politische Zielvorgabe, die Vereinbarkeit von Erwerbs- und Familienleben zu verbessern und somit die Erwerbsbeteiligung von Frauen zu erhöhen. Diese spielt vor dem Hintergrund des demografischen Wandels, der die deutsche Wirtschaftskraft und Innovationsfähigkeit bedroht, eine wichtige Rolle: Ein Gegensteuern ist nur mittels Einwanderungspolitik oder einer Erwerbstätigkeit von Frauen möglich.

- Mit dem Betreuungsgeld wird keine Wahlfreiheit geschaffen: Zum einen soll mit ihm nur eine bestimmte Art der Erziehungsleistung (die elterliche) gewürdigt werden, zudem kann von freier Wahl keine Rede sein, solange nicht genügend öffentliche und qualitativ hochwertige Betreuungsplätze zur Verfügung stehen. Hinzu kommt, dass bei Familien in Hartz-IV-Bezug das Betreuungsgeld als Einkommen angerechnet und somit wieder abgezogen wird, was eine weitere Ungleichbehandlung darstellt. Ein Gesetz jedoch, das dem Ziel der tatsächlichen Gleichberechtigung zuwiderläuft, ist verfassungswidrig."

In manchen Punkten erscheint die Argumentation der Gegner*innen durchaus schlüssig: So sollten sich bspw. Frauen nicht zwischen Kind und Beruf entscheiden müssen; ihnen zu helfen, wenn sie eine berufliche Perspektive suchen, ist zweifelsohne ein guter Ansatz. Eine echte Wahlfreiheit hängt allerdings nicht allein davon ab, ob Betreuungsplätze bei Bedarf zur Verfügung stehen, sondern auch davon, ob es Müttern (oder auch Vätern) finanziell möglich ist, ihre Kinder selbst zu begleiten, wenn sie dies wünschen. Dieser Punkt steht dem kindlichen Recht auf Bildung nicht entgegen: Die Ergebnisse der NICHD-Studie zeigen, dass Kinder in der Fremdbetreuung nicht wesentlich bessere kognitive Fähigkeiten erzielen als in elterlicher Obhut. Hieraus leitet sich im Weiteren die Forderung der Autoren ab, die Erziehungskompetenz der Eltern zu stärken und diese auch finanziell zu unterstützen, anstatt sie weiterhin (pauschal) zu diskreditieren.

Die Befreiung von Müttern und Kindern aus häuslicher Isolation spielt unwidersprochen eine wichtige Rolle. Frauen (sowie auch Männer) profitieren in aller Regel durch den Austausch mit anderen Erwachsenen, wenn sie Arbeiten in Gesellschaft verrichten und auf diese Weise nicht allein auf ihre Kinder fokussiert sind. Und auch Kinder profitieren von größeren, überschaubaren Gemeinschaften – vor allem dann, wenn diese aus Menschen verschiedener Altersklassen bestehen. Auf diese Weise wird den Kindern (neben dem für sie wichtigen Spielen und Forschen) ermöglicht, von einer größeren Anzahl von Menschen, die über mehr Erfahrung und Wissen verfügen als sie selbst, zu lernen. Doch genauso, wie ein Sich-entscheiden-Müssen zwischen Kind und Beruf der Vergangenheit angehören sollte, darf die Befreiung aus häuslicher Isolation nicht dazu führen, dass Mütter (und Väter) ihren Kleinkindern nicht ausreichend für deren Rückversicherung zur Verfügung stehen – diese ist im Rahmen der kindlichen (und somit auch der gesellschaftlichen) Entwicklung von herausragender Bedeutung. Dem oft bemühten Einwand, Erzieher und Erzieherinnen seien ebenfalls in der Lage, enge Beziehungen zu Kleinkindern aufzubauen, sei entgegengehalten, dass die benötigten Voraussetzungen für einen annähernd äquivalenten Ersatz – ein Betreuungsschlüssel von 1:3, nicht-wechselnde und feinfühlige Bezugspersonen – in den seltensten Fällen erfüllt werden. Somit ist es an der Zeit, ein Entwickeln von neuen bzw. alternativen Konzepten, sowohl bezüglich des Wohnens als auch des Arbeitens, an die oberste Stelle einer politischen Agenda zu setzen.

Im Weiteren stellt das Vorhaben von Union und FDP, eine Förderung, die als Würdigung der Erziehungsleistung angedacht ist, nicht an alle betreffenden Eltern auszuzahlen, tatsächlich eine Ungleichbehandlung dar.[183] Wäre der Fokus wirklich darauf ausgerichtet, Frauen zu fördern, ließe sich eine Benachteiligung an dieser Stelle relativ einfach vermeiden, indem ein Teil des Geldes, der für den Ausbau der Kitaplätze benötigt wird, direkt an alle betreffenden Mütter bzw. Eltern ausgezahlt wird: Diese könnten dann autonom entscheiden, ob sie ihre Kleinkinder selbst begleiten (und mit dem Geld z. B. eine eigene Altersvorsorge finanzieren, „Babysittern" bei Bedarf eine kleine Aufwandsentschädigung zukommen lassen o. ä.) oder ob sie – alternativ – von dem Geld die Gebühren für einen Kitaplatz bezahlen. Die Mehrkosten, die bei einer solchen Vorgehensweise zunächst entstehen, weil das Betreuungsgeld *allen* betreffenden Eltern zusteht, könnten durch den zu erwartenden Minderbedarf an Betreuungsplätzen (zumindest teilweise) wieder aufgefangen werden.[184]

Doch diese Art der Förderung von Frauen, vor allem von geringverdienenden und erwerbslosen Müttern, scheint nicht das Anliegen der Gegner*innen eines Betreuungsgeldes zu sein. Vielmehr vermittelt sich der Eindruck – insbesondere durch das Argument, Frauen würden in alten Rollenbildern gefangen gehalten –, dass hier wieder einmal das Bild der hilflosen, unmündigen und zu bevormundenden Frau transportiert wird. Vor allem geringverdienenden, schlecht ausgebildeten Frauen sowie Frauen mit Migrationshintergrund wird die Fähigkeit – und auch das Recht – abgesprochen, eigene Entscheidungen zu treffen. Diese konservativ-autoritäre Haltung ist umso verwunderlicher, da sie selbst von Feministinnen vertreten wird, die in

---

[183] Eltern fremdbetreuter Kinder sowie Eltern in Hartz-IV-Bezug sollten vom Erhalt des Betreuungsgeldes ausgeschlossen werden.
[184] Durchschnittliche Gesamtkosten für einen Kitaplatz pro Jahr: 25.000 €, entspricht einer mtl. Förderung von ca. 1.000 €. Durch die Einsparung eines Platzes wären somit sechs Auszahlungen eines Betreuungsgeldes in Höhe von 150 € ohne Zusatzkosten möglich. Vgl. z. B. https://www.faz.net/aktuell/wirtschaft/25-000-euro-fuer-einen-platz-kostspieliger-krippenausbau-12163471.html.

der Tradition einer Frauenbewegung zu stehen vorgeben, welche vor Jahrzehnten mit dem Slogan *„Mein Bauch gehört mir!"* explizit für das Recht auf Selbstbestimmung von Frauen gekämpft hat.

So liegt der Verdacht nahe, dass es hier nicht wirklich um die Durchsetzung von Fraueninteressen geht, sondern diese lediglich als Vorwand genutzt werden, um zum Beispiel wirtschaftliche Interessen durchsetzen zu können. Indizien hierfür finden sich in der widersprüchlichen Argumentation, wonach das Betreuungsgeld einerseits zu einer Unterbrechung dringend benötigter mütterlicher Erwerbsarbeit führt, andererseits aber auch einen beruflichen Wiedereinstieg erschwert. An dieser Stelle ist nicht ganz klar, woher bei einem so dringenden Bedarf dieses Hemmnis rühren soll; böse Zungen behaupten, der Alarm um den Fachkräftemangel (in den Ingenieurberufen) sei nichts als eine Finte der Wirtschaft gewesen, um einen Überschuss an Arbeitskräften zu produzieren und auf diese Weise Gehälter drücken zu können.[185] Darüber hinaus passt auch die Behauptung, ein Betreuungsgeld würde hauptsächlich von Geringverdienerinnen beansprucht, nicht so ganz zu dem Argument, eine lange Auszeit verhindere die Potenzialausschöpfung vieler gutausgebildeter Frauen.

Hingegen findet sich ein unbestrittener Fachkräftemangel derzeit in vielen anderen Bereichen, außer in der Erziehung z. B. auch in der Pflege, im Maschinenbau[186] und im Handwerk.[187] Ein simples Reduzieren der Nachfrage – wie bereits erwähnt, wäre das im Bereich der Erziehung durchaus möglich

---

[185] Von dieser Praxis sollen auch heutige IT-Studiengänge betroffen sein; vgl. „Das Märchen vom Fachkräftemangel", http://www.manager-magazin.de/unternehmen/artikel/das-maerchen-vom-fachkraeftemangel-a-1136647.html.

[186] Mangel an Auszubildenden vor allem in den Berufsgruppen Feinwerk- und Werkzeugtechnik, Technische Produktionsplanung und Energietechnik; https://www.der-maschinenbau.de/newsarchiv/vdma-fachkraeftemangel-im-maschinenbau-steigt.

[187] Vgl. „Das Märchen vom Fachkräftemangel", http://www.manager-magazin.de/unternehmen/artikel/das-maerchen-vom-fachkraeftemangel-a-1136647.html.

– dürfte allerdings schon aus politischem Kalkül nicht von gro-
ßem Interesse sein: Auf diese Weise würden weniger neue
Arbeitsplätze bereitgestellt (nicht nur für Erzieher*innen und
Tagesmütter, sondern auch für Fachkräfte, die diese ausbilden
etc.), mit der Folge, dass sich das Bild einer positiven Entwicklung des Arbeitsmarktes nicht darstellen bzw. aufrechterhalten
ließe.

Und schließlich wäre da noch der Bedarf an billiger Arbeitskraft. Das Heer der Menschen in unterbezahlten Beschäftigungsverhältnissen, für die es oftmals eine Herausforderung
bedeutet, sich und ihre Familien finanziell über Wasser zu halten, könnte durch die Zahlung eines Betreuungsgeldes in einem
nicht unerheblichen Maße schwinden – mit der (theoretischen)
Folge, dass sich aufgrund des nunmehr verminderten Angebots
an Arbeitskräften (Angebot < Nachfrage) Lohnforderungen
leichter durchsetzen ließen.[188] Der Haken ist jedoch: Nur wenn
auch weiterhin Ressourcen billig zu haben sind (dazu zählen
auch unterbezahlte Arbeitskräfte im In- und Ausland), bleiben
versorgende Waren (Nahrung, Kleidung, Haushaltszubehör
etc.) und Dienstleistungen (erbracht durch Putzfrauen und
Fensterputzer, Küchen- und Bürohilfen, Verkäuferinnen, Paket-
zusteller, Pflegerinnen, Kellner, Friseurinnen etc.) für die breite
Masse der Bevölkerung erschwinglich. Auf diese Weise bleibt
ein Großteil von deren Kaufkraft erhalten, der für weiteren
Konsum zur Verfügung steht („Spielgeld"); dieser wiederum
sorgt für zusätzliche Beschäftigung (wiederum: zumindest theoretisch[189]) sowie höhere Umsätze und trägt so zum Eindruck
einer gedeihlichen Marktwirtschaft bei.

---

[188] In der praktischen Umsetzung erfolgt eher die Klage eines Fachkräf-
temangels mit dem Ruf nach ausländischen Facharbeitern.
[189] Vorausgesetzt, Arbeitsplätze werden nicht ins Ausland verlagert
oder durch Maschinen ersetzt.

16. Wie neuronale Botenstoffe unser Verhalten steuern

Wenn wir die gegenwärtige Situation mit offenen Augen betrachten, dann lässt sich kaum bestreiten, dass die Strukturen unserer Gesellschaft (die uns durchaus eine Art Wohlstand beschert[190]) zu einem großen Teil auf Missachtung und der Ausbeutung von Menschen, Tieren und anderen „Ressourcen" gründen;[191] eine deutliche Sprache sprechen hier bspw. menschliche Reaktionen in Form von Zorn, Wut, Angst und Depressionen, die als Begleiterscheinungen nicht auszumerzen sind. Die Entstehung negativer Gefühle hat dabei tiefgehende Ursachen: Zugrunde liegen häufig bestimmte Muster, die sich während der kindlichen Entwicklungsphase eines Menschen herausgebildet haben und auf ungünstige Beziehungserfahrungen zurückzuführen sind. Einige dieser Wirkmechanismen lassen sich heute mit Blick in die Neurobiologie gut nachvollziehen.

Die Steuerung des menschlichen Organismus erfolgt im Großen und Ganzen mithilfe biochemischer Prozesse, das bedeutet: Verschiedene Botenstoffe wie Hormone und Neurotransmitter sorgen für eine Kommunikation zwischen Zellen und Geweben, indem sie Informationen, die z. B. über die Sinneskanäle (Augen, Ohren etc.) eintreffen, weiterleiten. Einige von ihnen sind in der Öffentlichkeit allgemein bekannt, bspw. die „Glückshormone" Dopamin und Serotonin[192], das „Kuschelhormon" Oxytocin[193], das „Stresshormon" Adrenalin[194] oder

---

[190] Mit „Wohlstand" ist in der Regel ein finanzieller Wohlstand gemeint.
[191] Beispiele für die Ausbeutung von Menschen und Ressourcen im Ausland liefern die Bekleidungs-, Gemüse-, Kaffee- und Palmölindustrie. Zum Thema „Green Economy" (z. B. Palmöl) siehe auch das Buch „Aus kontrolliertem Raubbau" von Kathrin HARTMANN; vgl. auch youtube, Kathrin HARTMANN: »Aus kontrolliertem Raubbau« (Blessing Verlag)", https://www.youtube.com/watch?time_continue=233&v=z-X9RHJ2xzw.
[192] Dopamin ist ein Neurotransmitter, Serotonin ist sowohl Hormon als auch Neurotransmitter.
[193] Oxytocin ist ein Hormon, das im Gehirn gebildet wird.

auch die Geschlechtshormone Östrogen und Testosteron. Nur bei einigen von ihnen handelt es sich tatsächlich um Hormone; *Hormone* werden (insbesondere) in Drüsen produziert und von dort in den Körperkreislauf abgegeben, um an bestimmten Orten bestimmte Reaktionen auszulösen. Im Gegensatz dazu werden *Neurotransmitter*, die Botenstoffe des Gehirns (z. B. Dopamin), in entsprechenden Nervenzellen bzw. Neuronen gebildet (Dopamin bspw. in dopamin*ergen* Zellen) und auch nur an solche weitergeleitet.

Umweltreize fordern unsere Aufmerksamkeit in unterschiedlichem Maße. Die Herausforderung für unser Gehirn besteht darin, wichtige von unwichtigen Signalen (Sinneseindrücken) zu unterscheiden, d. h. die einen weiterzuleiten (damit wir entsprechend reagieren können) und die anderen herauszufiltern; beides geschieht, um uns zu schützen. Ziel eines jeden Systems ist stets die Herstellung von Gleichgewicht – insofern ist auch das menschliche Gehirn bestrebt, eine Ausgewogenheit zwischen Erregung und Hemmung seiner Nervenzellen herzustellen. Vor allem Glutamat als schnell erregender, stimulierender Botenstoff bzw. Neurotransmitter (→ macht wach und rege) und das ebenfalls schnell[195] hemmende GABA (→ wirkt beruhigend, angstlösend, schmerzlindernd und schlaffördernd) treten dabei in Konkurrenz zueinander: Stehen Nervenzellen unter dem Einfluss von Glutamat, senden sie Impulse aus, während GABA bestrebt ist, eine Stimulation und Impulsaussendung zu verhindern.[196]

Nervenzellen sind (in der Regel) nicht miteinander verbunden und daher auch nicht in der Lage, empfangene Signale (*elektrische Aktionspotenziale*) direkt weiterzuleiten. Die Übertragung

---

[194] Adrenalin kommt sowohl als Neurotransmitter in Nervenzellen vor als auch als Hormon im Blut, gebildet im Nebennierenmark und ausgeschüttet bei Stress; vgl. https://psychotherapie-rupp.com/tag/unterschied-zwischen-hormon-und-neurotransmitter.

[195] Vgl. https://www.dasgehirn.info/grundlagen/kommunikation-der-zellen/neurotransmitter-botenmolekuele-im-gehirn.

[196] Vgl. YouTube-Beitrag „Neurotransmitter GABA - Funktion & Wirkung auf Muskulatur und Schlafqualität", https://www.youtube.com/watch?v=6ndFsaOy3S0&t=133s.

von einer Zelle zur anderen erfolgt daher an speziellen Kontakt-
stellen – jeweils einer sehr schmalen Fuge, dem *synaptischen
Spalt* – mithilfe chemischer Übersetzung. Das bedeutet: Botenstoffe der einen Zelle werden ausgesendet und docken an die
Rezeptoren der anderen an; Rezeptor und Transmitter verhalten sich dabei wie Türschloss und Schlüssel, sodass die Tür zur
Nachbarzelle geöffnet und eine entsprechende Reaktion ausgelöst werden kann.[197] Ist eine Aufgabe erledigt, wandern die
Botenstoffe zurück in ihre *Vesikel*, die Vorratsbläschen der
aussendenden (*präsynaptischen*) Zelle, oder sie werden zerlegt
und beseitigt.

Die Wirkweisen der einzelnen Transmitter können dabei sehr
unterschiedlich sein. Beispiel: Die „Belohnungsdusche" Dopamin wird ausgeschüttet, wenn wir rege und aktiv sind und ein
selbstgestecktes Ziel erreichen (Erfolg haben); dann baden wir
in Zufriedenheit und sind auch weiterhin tatkräftig. Erhöhen
sich die Anforderungen an uns und wir erleben eine Stresssituation, die jedoch überschaubar ist und sogar als positiv empfunden werden kann (z. B. beim Sport), erfolgt u. a. eine Ausschüttung des Botenstoffs Adrenalin:[198] Blutdruck, Herzfrequenz und Blutzuckerspiegel werden gesteigert, um Energiere-
serven bereitzustellen, die uns leistungsstark machen (*Eustress*,
„Kampf": Überwinden der Stresssituation; Abwenden einer
Gefahr → Rückkehr zum Gleichgewicht). Beruhigt sich die Situation, wird das freigesetzte Adrenalin wieder abgebaut. Bleibt

---

[197] Jeder Transmitter hat in der Regel einen eigenen, spezifischen Rezeptor, aber nicht unbedingt nur einen. Hier gibt es verschiedene Möglichkeiten: Variante 1: Ein bestimmter Transmitter passt zu verschiedenen Rezeptoren („Subtypen", *Multischlüssel*), z. B. Serotonin.
Variante 2: Unterschiedliche Transmitter passen auf den gleichen Rezeptor; hierbei handelt es sich entweder um a) Boten mit gleicher
Wirkweise („Agonisten", *Zweitbesetzung* oder *Double*) oder um
b) Boten mit anderer Wirkweise, die den Rezeptor blockieren („Anta-
gonisten", *Besatzer*).
[198] Eustress bewirkt eine Aktivierung des Organismus durch den Neurotransmitter Adrenalin
(https://www.youtube.com/watch?v=P3YxoMUpRl8). Adrenalin gehört
mit Dopamin und Noradrenalin zur Gruppe der Katecholamine, vgl.
https://de.wikipedia.org/wiki/Katecholamine).

jedoch der Stresslevel bestehen, hat dies Konsequenzen: Es kommt zu einer andauernden, übermäßigen Produktion von Adrenalin, sodass auf Dauer beanspruchte Organe wie Herz und Kreislauf in Mitleidenschaft gezogen werden können.

Erleben wir hingegen Situationen, die drohen, uns zu überfordern[199] bzw. an der Erreichung eines selbstgesteckten Ziels zu hindern (*Dysstress,*[200] Ziel im weitesten Sinne ist stets das Sicherstellen des eigenen Überlebens), erfolgt bald ein Anstieg des (Anti-)Stresshormons Cortisol – der Körper soll auf diese Weise vor den negativen Folgen einer langanhaltenden Adrenalinausschüttung geschützt werden. Cortisol wird in den Nebennieren produziert (ebenso das Adrenalin), ist ständig im Organismus präsent[201] und hat unterschiedliche Funktionen; es reguliert das Immunsystem und den Blutzuckerspiegel,[202] wirkt schmerz- und entzündungshemmend und schützt den Körper durch Eindämmen bzw. Beenden einer Stresssituation („Kampf oder Flucht"; vorrangiges Ziel: Überwinden der Stresssituation; Abwenden einer Gefahr → Rückkehr zum Gleichgewicht). Extremer Stress hat also zur Folge, dass eine höhere Dosis Cortisol produziert und ausgeschüttet wird. Der erhöhte Spiegel unterdrückt jetzt z. B. das Immunsystem, um dort den Energiebedarf zu drosseln, baut Eiweiß (in Muskeln) und Fett (zu Fettsäuren) ab und sorgt für eine Erhöhung des Blutzuckerspiegels, sodass weitere Energie bereitgestellt wird – wiederum mit dem Ziel, die Situation zu bewältigen, d. h. um kämpfen oder notfalls fliehen zu können. Kann der Stress auch an dieser Stelle nicht überwunden werden („Erstarren"), bleibt eine erhöhte Produktion des Cortisols erhalten (*Permastress*). Dies hat jedoch zur Folge, dass gesundheitliche Schäden drohen, z. B. durch die Entstehung eines Diabetes mellitus, einer unkontrollierten

---

[199] Arten der Überforderung: physikalisch (z. B. durch Hitze, Kälte, Lärm), körperlich (z. B. Hunger, Durst, Schmerzen) und geistig (z. B. Angst).

[200] Die griechische Vorsilbe δύς (dys) bedeutet „miss-, schlecht"; vgl. https://de.wikipedia.org/wiki/Stressor.

[201] Zu verschiedenen Zeiten mit unterschiedlichen Pegeln: Morgens ist der Cortisolspiegel am höchsten, nach Mitternacht am niedrigsten.

[202] Gemeinsam mit Insulin.

Zunahme von Bauchfett (das zuvor freigesetzte Fett wird hier gespeichert) oder auch durch den Verlust von Knochenmasse (Osteoporose). Unter Umständen führt die kontinuierliche Überproduktion zu einer Überlastung und Erschöpfung der Nebennieren, mit der Folge, dass diese nicht mehr in der Lage sind, ausreichende Mengen des Botenstoffs bereitzustellen und jetzt ein Mangel entsteht: Dieser wiederum befördert das Entstehen von zu niedrigem Blutdruck, Unterzuckerung, Allergien, Asthma und Nervosität, trockener, dünner Haut, Verdauungsstörungen etc.[203]

Unter diesen Umständen stellt sich die Frage:

Woran liegt es, dass erwachsene Menschen häufig nicht in der Lage sind, auf körperliche Signale zu reagieren und sich einer Stresssituation zu entziehen?

Der Grund hierfür dürfte (in unseren westlichen Industriegesellschaften) selten in der lebensbedrohlichen Übermacht eines Gegners (Stressors) zu finden sein, sondern vielmehr darin, dass der gestresste Mensch selbst bestimmte, ihn hemmende Verhaltensmuster aufweist – eine mangelhaft ausgebildete innere Sicherheit und Freiheit –, deren Entstehungsgeschichten in seiner frühkindlichen Entwicklung zu finden sind. Genauer gesagt: in der frühen Entwicklung seines Gehirns.

Wie am Anfang des vorliegenden Buches (Kap. 6) bereits erwähnt, erfolgt die genaue Ausbildung unseres Gehirns bzw. Großhirns nicht anhand genetischer Programme. Zwar sind bei der Geburt bereits alle Nervenzellen angelegt, funktionsfähige Neuronen und Netzwerke bilden sich jedoch – insbesondere im Stirnhirn, dem vorderen Teil des Großhirns – erst nach und nach anhand von Erfahrungen aus. Die Reifung des Stirnhirns ist gleichbedeutend mit dem Heranwachsen bzw. Erwachsenwerden eines Menschen: Der Vorgang dauert im Wesentlichen rund 20 Jahre und umfasst die sukzessive Ausbildung von motorischen, sozialen und kognitiven Fähigkeiten. Auf diese Weise

---

[203] Vgl. http://www.heilpraktiker-heitland.de/diagnostik/cortisol-stress-und-nebennieren-erschopfung-adrenal-fatigue.

wird das Stirnhirn in seiner Ausprägung maßgeblich durch das soziale Umfeld beeinflusst und ist als Sitz von Persönlichkeit und Sozialverhalten zu verstehen.

Damit junge Nervenzellen und Netzwerke gut gedeihen können, benötigen sie vor allem eins: Dopamin. Der Botenstoff unterstützt das Wachstum wie feiner Dünger; gleichzeitig nimmt er Einfluss auf unsere Motorik und Motivation, oder anders gesagt: auf unseren körperlichen und geistigen Antrieb. Können Nervenzellen ungestört heranwachsen, sind sie nachfolgend in der Lage, zur Weiterleitung von Signalen

a) Neurotransmitter aufzunehmen und auf sie zu reagieren (durch die Ausbildung von Rezeptoren) sowie
b) Neurotransmitter zu produzieren und auszuschütten.

Sobald *dopaminerge* Zellen hierzu in der Lage sind, unterstützen sie durch die Eigenproduktion von Dopamin das Wachstum anderer Neurone und Netzwerke, die bereits in nachfolgenden Arealen heranreifen. Diese Funktionsweise beschreibt ein sich selbst verstärkendes System: das sogenannte *Reward-System*.

Das Ausschütten des Dopamins erfolgt allerdings nicht ohne Weiteres – sondern, wie oben beschrieben, immer dann, wenn wir aktiv und erfolgreich sind, wenn wir uns also für etwas begeistern und selbstgesteckte Ziele erreichen.[204] Aus diesem Grund wird das Reward-System häufig auch als „Belohnungssystem" bezeichnet: Erfolgreiche Aktivität führt zu einer Ausschüttung des begehrten Dopamins, woraufhin sich ein Wohlbefinden einstellt, das bald darauf zu erneuter Aktivität verleitet.

Genau an dieser Stelle dürfte sich eine Antwort auf die Frage finden, warum kindliche Neugier und Begeisterungsfähigkeit in so vielen Fällen auf der Strecke bleiben und sich selten ins Er-

---

[204] Gelegenheiten, bei denen Dopamin ausgeschüttet wird, sind (neben anderen selbstinszenierten Tätigkeiten mit der Verfolgung eigener Ziele) auch Essen und Sex – also grundsätzlich alle Tätigkeiten, die der Lebenserhaltung des Menschen bzw. seiner Spezies dienen. Dazu zählt insbesondere auch das Forschen, Begreifen und Lernen von Kindern aus Eigeninteresse.

wachsenenalter „hinüberretten" lassen: Wird das Belohnungssystem kleiner Kinder, deren Hirn sich wie gesagt im Aufbau befindet, ständig unterbrochen, indem sie (durch Verbote und Vorschriften) an der Ausübung autonom gewählter Aktivitäten gehindert werden, bleiben viele der benötigten Dopaminduschen aus. Logische Schlussfolgerung: Das kontinuierliche Unterdrücken kindlicher Autonomiebestrebungen wirkt sich nachteilig auf die Hirnreifung und den Antrieb von Menschen aus.[205] Die Folgen können dabei sehr unterschiedlich sein; sie hängen zum einen ab von der Art und Weise (Dauer, Intensität und Regelmäßigkeit) der Unterdrückung sowie zum anderen von der Persönlichkeit eines Kindes.

Ein verminderter Antrieb liefert jedoch noch keine hinreichende Erklärung auf die Frage, warum Menschen (egal welchen Alters) häufig nicht in der Lage sind, sich ihren Stressoren zu entziehen, und stattdessen Ziele verfolgen, die nicht ihren eigenen entsprechen (zumindest vordergründig). Um hierauf eine befriedigende Antwort zu finden, sei noch einmal auf das Prinzip der Polarität und dort auf das zweite große, übergeordnete menschliche Bedürfnis (neben dem nach Freiheit) verwiesen: das Bedürfnis nach Sicherheit.

In der Zeit der Adoleszenz – jener Zeit also, in der Menschen heranwachsen und Fähigkeiten ausbilden, die der eigenständigen Lebenserhaltung dienen – sind (insbesondere kleine) Kinder in einem hohen Maße auf die Hilfe und den Schutz durch Bezugspersonen und ihre Gemeinschaft angewiesen. Im übertragenen Sinn bedeutet das: In Zeiten, in denen wir Menschen nicht in der Lage sind, für uns selbst zu sorgen, ist unsere Existenz durch die Annahme und Fürsorge durch Andere dennoch gesichert. Mit dieser Erwartung werden wir als Kinder geboren (→ Urvertrauen); bestätigt sich diese Haltung im Wesentlichen durch entsprechende Erfahrungen, reift in uns eine *innere Si-*

---

[205] Suppressive (unterdrückte) Dopaminreifung in präfrontalen Regionen. Siehe dazu TEUCHERT-NOODT, Gertraud: „Die Entwicklung des kindlichen Gehirns untersteht dem Dreiklang aus Aktivität, Dynamik und Kompensation", vgl.
https://eliant.eu/fileadmin/user_upload/Conference2017/Teuchert-Noodt_Trauma_2-2016_02-05.pdf.

cherheit heran: die Überzeugung oder Gewissheit, stets bestmöglich versorgt und gesichert zu sein.

Bezogen auf eine optimale Entwicklung des Menschen kommt den beiden Aspekten *Sicherheit* und *Freiheit* somit stets der gleiche Stellenwert zu, d. h. beide sind gleichermaßen wichtig: Erst in ihren Wechselwirkungen sorgen sie für ein notwendiges Gleichgewicht unseres hirnorganischen Systems.

Abbildung 14 – Wechselwirkungen von innerer und äußerer Sicherheit und Freiheit

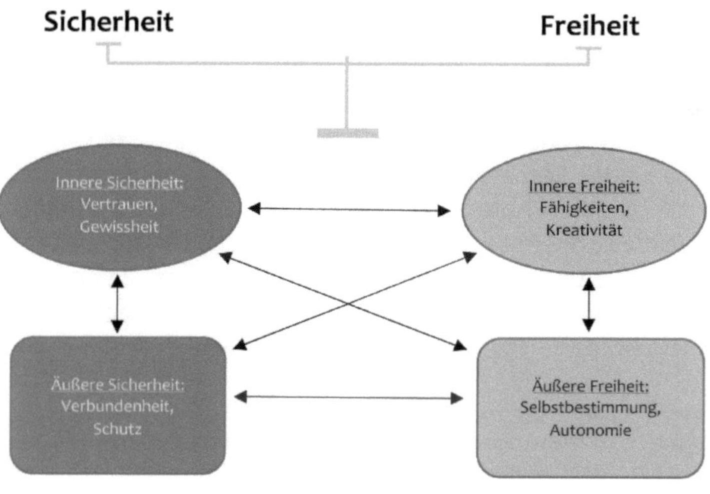

Innere und äußere Sicherheit sowie die innere und äußere Freiheit bedingen und beeinflussen sich wechselseitig. Zum Beispiel setzt das Erlangen einer inneren Sicherheit voraus, dass erfahrenere Menschen Sicherheit gewähren (äußere Sicherheit); umgekehrt verlangt das Gewähren von Schutz (äußerer Sicherheit) eine eigene innere Sicherheit.

Während zum Beispiel Dopamin ein Vertreter des großen Bereichs der *bewussten Wahrnehmung* ist, der Wachheit und Aufmerksamkeit, der Neugierde und des Lernens, des Zeugens, Wachsens und Gedeihens sowie auch des Kämpfens und Abwehrens[206], findet sich auf der anderen Seite das Reich des *Unbewussten,* des Gespürs, auch des Entspannens und Loslassens, des Schlafens, Vertrauens und Aufgehoben-Seins; als bekanntester Botenstoff dürfte hier das Serotonin gelten.[207] Beide Bereiche sind für uns, wie gesagt, von lebenswichtiger Bedeutung: Der eine fördert Autonomie, Wissen und Kreativität, lässt uns Talente entdecken und Fähigkeiten entwickeln, um unser Leben meistern, Herausforderungen bestehen und Sicherheit vermitteln zu können; der andere verleiht Intuition und versichert uns den Schutz der Gemeinschaft in Zeiten, in denen wir ermüden und regenerieren, schlafen oder genesen, in denen Frauen gebären und Kinder das Laufen lernen.

Werden kleine Kinder in ihren autonomen Bestrebungen beschnitten, erfolgt zunächst ihr Protest, der – je nach Alter und Persönlichkeit – sehr unterschiedlich ausfallen kann: Je stärker ein Sicherheitsbedürfnis im Vordergrund steht (v. a. kleine Kinder, Mädchen), desto eher sind Kinder im Zweifelsfall bereit, in ihrer Autonomie zurückzustecken. Ein drohendes Abwenden vonseiten der Mutter (mütterlichen Bezugsperson) stellt in diesem Moment für sie den größeren Stressfaktor dar; das Abwenden steht für einen Verlust von Verbundenheit und Sicherheit, der – aus evolutionärer Sicht – eine Bedrohung der

---

[206] Andere Vertreter dieses Bereichs sind Testosteron, Noradrenalin, Adrenalin, Glutamat etc.

[207] Andere Vertreter sind hier z. B. Oxytocin, GABA und *Anandamid.* Anandamid wird auch „Modekül der Glückseligkeit" genannt. So wie bspw. körperfremde Opioide (z. B. Opium, Heroin, Morphium) direkt an die Rezeptoren der körpereigenen (endogenen) Substanz *Endorphin* andocken, passen körperfremde Cannabinoide (z. B. THC, CBD der Hanfpflanze) an die Rezeptoren der körpereigenen Substanz *Anandamid.* Aufgaben dieses Transmitters sind u. a.: Dämpfen von Stressreaktionen, Beruhigung, Schmerzlinderung, Auslösen von Glücksgefühlen/Euphorie, Schutz vor Reizüberflutung (durch Glutamat), Erhaltung der Handlungsfähigkeit *(kein Erstarren!).* Es wird angenommen, dass Anandamid (vermutlich, wenn ausreichend vorhanden) bestimmte Krebszellen vernichtet. Vgl. Gedankenwelt, „Anandamid: ein Neurotransmitter, der das Glück beeinflusst", https://gedankenwelt.de/anandamid-ein-neurotransmitter-der-das-glueck-beeinflusst/.

kindlichen Überlebensfähigkeit bedeutet.[208] Steht hingegen das Bedürfnis nach Autonomie im Vordergrund (v. a. größere Kinder, Jungen), fällt der Protest schon deutlich entschiedener aus, jetzt aufgrund eines drohenden Mangels an Gelegenheit zur Ausbildung benötigter Kenntnisse und Fähigkeiten (z. B. der Entscheidungsfähigkeit); ein Abwenden der Mutter bzw. MBP wird hier im Zweifelsfall in Kauf genommen. In beiden Fällen wird auf diese Weise zwar das jeweils vordergründige Bedürfnis befriedigt, das andere, nicht minder wichtige, bleibt dabei jedoch auf der Strecke. Die Folge ist, dass sich mit der Zeit ein systemisches Ungleichgewicht einstellt, welches sich fortan als Muster in unser Gehirn einschreibt und auf diese Weise – zum Beispiel – dafür sorgt, dass wir selbst als Erwachsene häufig nicht in der Lage sind, uns Stresssituationen zu entziehen:

Wir ver-lernen, auf körperliche Signale (Impulse) angemessen zu reagieren.

Letztendlich basiert unser heutiger Stress vornehmlich auf einem vor langer Zeit erlittenen Verlust an Autonomie und Verbundenheit.[209] Unsere Ängste sind häufig das Produkt mangelnder *innerer* Sicherheit (nicht der *äußeren*) und somit die Antwort auf eine Überforderung; permanenter Stress und Cortisolüberschuss gehen dabei (auch) einher mit einer verminderten Ausschüttung von Serotonin,[210] dessen entspannende Wirkung hier fehl am Platz ist.[211] Serotonin wird jedoch vielfältig

---

[208] Wesentliche Ursache für den erhöhten Cortisolspiegel kleiner Kinder.

[209] Die Angst Erwachsener vor einem Verlust an Sicherheit bezieht sich vornehmlich auf den Verlust von Einkommen und Vermögen, da *Sicherheit* für sie – aufgrund mangelnder Fähigkeiten und Verbundenheit im Rahmen kleingemeinschaftlicher Strukturen – in erster Linie eine finanziell-materielle Sicherheit bedeutet.

[210] Cortisol baut Eiweiß bzw. Protein ab; Serotonin wird produziert aus L-Tryptophan, das Bestandteil von Proteinen ist.

[211] Angst gründet auf einem dauerhaft erhöhten Cortisolspiegel und geht somit einher mit einem Mangel an Serotonin (u. a.). Ein erhöhter Cortisolspiegel hat ebenfalls eine Verringerung der Geschlechtshormone, z. B. des Testosterons, zur Folge.

benötigt: Der Botenstoff wirkt z. B. regulierend auf Darmaktivität, Schlaf-/Wachrhythmus, Sexualverhalten, Gefäßmuskulatur, Körpertemperatur und Schmerzempfinden. Entsprechend spielt ein Mangel an Serotonin eine wesentliche Rolle bei der Entstehung von Angst, Depressionen und Aggressionen, bei Reizdarm, Schlafstörungen, mangelnder Libido, erhöhtem Schmerzempfinden und Migräne. (Ergänzung: Ein Überschuss des Transmitters verursacht – oder ist beteiligt an – Unruhe, Panik, Verwirrtheit, Herzrasen, Bluthochdruck, erhöhte Muskelspannung und unnatürlichen Bewegungsdrang, Muskelzucken, Schüttelfrost, Fieber, Schwitzen, Übelkeit, Erbrechen, Durchfall etc.[212])

Befinden wir uns in einem Zustand des Gleichgewichts, dann reden wir davon, in der *Balance*, in unserer *Mitte* oder mit uns selbst *im Reinen* zu sein; dies vermittelt sich uns durch ein körperlich-geistig-seelisches Wohlbefinden. Das Bestreben eines jeden Menschen (und auch einer jeden Spezies) ist, dieses Wohlbefinden aufrechtzuerhalten, oder – bei einem vorüber-

---

[212] In einem wesentlichen Punkt unterscheidet sich der Botenstoff Serotonin von anderen Neurotransmittern: Serotonin wird zum größten Teil (> 90 %) im Magen-Darm-Trakt hergestellt, dort wiederum zu einem Teil im sogenannten Bauchhirn bzw. enterischen Nervensystem (ENS; auch der Botenstoff GABA wird dort gebildet). Das ENS steuert als eigenständiges, autonom arbeitendes Nervensystem nicht nur die Verdauung, sondern reguliert auch das Immunsystem und ist sehr wahrscheinlich als Sitz von „Bauchgefühl", Intuition und Unterbewusstsein zu verstehen. Das ENS stammt aus *vorbewussten* Zeiten und ist somit das ältere „Hirn". Seine Funktion wird im Wesentlichen durch verschiedene Bakterien beeinflusst, dem sog. Mikrobiom, das sich z. B. bei natürlicher Geburt und Stillen regulär im Darm ansiedelt. Bakterien zerlegen bspw. einen Teil unserer Nahrung und stellen die gewonnene Energie bereit, ebenso vermindert die Zufuhr von Bakterien (Joghurt) mutmaßlich das Entstehen von Angst (vgl. Kirsten Tillisch, Center of Neurobiology of Stress, Los Angeles; vgl. „Der kluge Bauch - Unser zweites Gehirn | Doku |ARTE", https://www.youtube.com/watch?v=bFFZo4TkEV8). Enterales und zentrales Nervensystem stehen über den Nervus Vagus (Hirnnerv, vgl. Wikipedia: https://de.wikipedia.org/wiki/Nervus_vagus) miteinander in Verbindung. Z. B. Antibiotika haben einen ungünstigen Einfluss auf die Zusammensetzung des Mikrobioms; viele andere Einflüsse auf Zusammensetzung und Funktionsweise sind noch weitgehend ungeklärt.

gehenden Verlust – sobald wie möglich zu ihm zurückzufinden. Befinden wir uns hingegen (an einer oder mehreren Stellen) in einem manifestierten Ungleichgewicht (Mangel an Serotonin, Dopamin o. a.), so steht uns – je nach Bedarf – eine Art „Notprogramm" mit entsprechenden Ausgleichskomponenten zur Verfügung. Den meisten von uns dürften sie wohlvertraut sein: Es handelt sich um Zucker, Fett,[213] Fleisch,[214] Kaffee, Nikotin, Alkohol,[215] Fernsehen, digitale Medien, allgemeinen Konsum, Sex, Sport, Geschwindigkeit u. v. m. All diese Sachen dienen uns ab einem bestimmten Maß als *Ersatzbefriedigungen*,[216] können entweder beruhigend/entspannend oder auch antriebssteigernd wirken. Fühlen wir uns bspw. nicht wohl aufgrund eines Mangels an Serotonin, erleben wir häufig einen gesteigerten Appetit; unser Zustand lässt sich in diesem Fall durch Essen, zum Beispiel durch die Zufuhr von Kohlenhydraten, beeinflussen. Zwar ist Serotonin in sehr vielen Nahrungsmitteln enthalten, in dieser Form nützt uns der Botenstoff jedoch nur wenig, da er auf dem Verdauungsweg mutmaßlich die *Blut-Hirn-Schranke* nicht oder nur unzureichend überwinden kann. Kohlenhydrate hingegen, vorhanden in Brot, Nudeln, Kuchen, Kartoffeln usw., werden von uns zu Glucose verdaut, was eine vermehrte Produktion von Insulin zur Folge hat, um den Zucker in die Zellen überführen zu können. Das freigesetzte Insulin bewirkt jedoch auch, dass mehr *Tryptophan*[217] in unser Gehirn

---

[213] Vgl. Ärztezeitung-online, „Fett macht glücklich" vom 01.08.2011; https://www.aerztezeitung.de/panorama/article/664480/fett-macht-gluecklich.html.

[214] Vgl. männersache.de, „Steaks gegen Depressionen – Studie bestätigt: Fleisch macht Menschen glücklich" vom 08.01.2018; https://www.maennersache.de/studie-fleisch-macht-gluecklich-3111.html.

[215] Auch andere Drogen/Medikamente.

[216] Substanz*basierte* Ersatzbefriedigungen wie Zucker, Fett, Alkohol etc. sowie substanz*freie* Ersatzbefriedigungen wie Fernsehen, Konsum digitaler Medien oder Konsum allgemein.

[217] Der Eiweißbaustein Tryptophan konkurriert mit anderen Aminosäuren (Valin, Leucin, Isoleucin, Phenylalanin, Tyrosin) darum, die Blut-Hirn-Schranke zu überwinden. Insulin schleust alle außer das Tryptophan in Muskelzellen ein, sodass sich der relative Tryptophananteil im Blut

gelangen kann – jener Stoff, aus dem letztendlich das Serotonin gebildet wird.[218] So bewirkt in diesem Fall die Zufuhr von Kohlenhydraten *indirekt* eine Erhöhung des „Glückshormons" Serotonin.

Es dürfte sich um eine grundsätzliche Funktionsweise handeln, dass mithilfe von Ersatzbefriedigungen fehlende Botenstoffe ausgeschüttet, von außen zugeführt[219], ersetzt oder in ihrer verfügbaren Menge erhöht werden können[220] – dies alles jedoch, ohne die Ursache eines zugrunde liegenden Mangels zu beheben. Auf diese Weise ist ein Erfolg nur von kurzer Dauer und es bedarf der Wiederholung; darüber hinaus führt die Manipulation oft zu einer Überdosierung (*Flutung des synaptischen Spalts*), die zu Beeinträchtigungen der Nervenzellen und in der Folge zu einer Gewöhnung führen kann (→ Suchtpotenzial). Der übermäßige Bedarf an Genuss- und Ersatzmitteln hat auch noch weitere Nebenwirkungen: Ein hoher Bedarf an Zucker kann z. B. Karies oder Übergewicht verursachen, eine hohe Nachfrage nach Fleisch lässt uns an Gicht erkranken und ist die Ursache für ein massenhaftes Leiden von Tieren; auch geht eine übermäßige Nutzung digitaler Medien häufig zulasten direkter Sozialkontakte u. v. m.

Die Wirkungen von Ersatzbefriedigungen haben zudem ihre Grenzen; je größer ein Ungleichgewicht ausfällt, desto deutlicher kann das Defizit der einen Seite eine Überbetonung der anderen hervorrufen. So kann bspw. das erfolgreiche Unterdrücken kindlich-autonomer Bestrebungen eine Überbeanspru-

---

erhöht und der Stoff besser die Blut-Hirn-Schranke überwinden kann. Mahlzeiten sollten also neben Kohlenhydraten auch etwas Eiweiß enthalten. In Tests hat sich eine kohlenhydratreiche, eiweißarme Ernährung offenbar als stimmungserhellend erwiesen.

[218] Vgl. Online-Beitrag „Serotonin: Zum Glück gibt's was zum Essen"; https://www.ugb.de/serotonin/serotonin-schokolade-fischoel-kohlenhydrate. Eine weitere Möglichkeit zur Erhöhung des Tryptophans bietet Bewegung (Muskelarbeit); vgl. YouTube-Beitrag „Das Glückshormon Serotonin", https://www.youtube.com/watch?v=fXJhJibIrwQ.

[219] Die Zufuhr erfolgt *direkt* oder *indirekt*.

[220] Oft wird ihre Präsenz im synaptischen Spalt erhöht, indem etwa ihre Wiederaufnahme in die Vesikel der ausschüttenden Zellen verhindert wird (z. B. durch Psychopharmaka).

chung der Verbundenheit zur Folge haben, die sich ausdrückt in Unterwerfung, Anhänglichkeit oder Abhängigkeit; eine Beeinträchtigung der Verbundenheit wiederum wird oft kompensiert durch ein Fokussieren des Selbsterhalts, das einhergeht mit antisozialen Verhaltensweisen, bspw. einem Hang zu Egoismus, Individualismus oder gar Psychopathie.

Doch was geschieht, wenn unser hirnorganisches System überfordert und nicht mehr in der Lage ist, ein entstandenes Ungleichgewicht auf die eine oder andere Weise auszugleichen? Depressionen zum Beispiel dürften einen solchen Kompletteinbruch darstellen: eine Störung, die einen übergreifenden Mangel an Botenstoffen zur Folge hat (hier: Dopamin, Noradrenalin, Serotonin, Anandamid). Depressionen sind Ausdruck eines Vertrauensverlustes, der in seiner Ausprägung und Gewichtung stark variieren kann, vermutlich jedoch (zu diesem Zeitpunkt) alle Bereiche des Lebens eines Menschen umfasst: den Glauben an sich selbst *(Verlust der Selbstwirksamkeit)*, den Glauben an ein Miteinander *(Verlust der Geborgenheit)* sowie – daraus resultierend – den Glauben an die Bedeutung des Lebens *(Verlust der Vitalität)*;[221] dies verdeutlicht sich bspw. durch eine bei Depressionen gesteigerte Suizidgefahr. Doch die Gefahr geht nicht ausschließlich von einem mangelnden Lebenswillen aus, sondern auch von Krankheiten wie Krebs, Morbus Parkinson,[222] Alzheimer[223] und vielen anderen, die ebenfalls übergreifende Störungen in der Hirnchemie aufweisen. Hieraus lässt sich schließen, dass ein Mangel an Souveränität – ein Mangel an Vorstellungskraft und Möglichkeiten, Störungen beseitigen oder auszugleichen zu können –, gleichbedeutend ist mit einem Verlust an Vitalität, mit einer generellen Bedrohung des Lebens.

---

[221] Vgl. Kognitive Triade nach BECK, z. B.
https://de.wikipedia.org/wiki/Kognitive_Theorie_der_Depression oder
http://www.gesler-praxis.com/blog/kognitive-triade. Ein Verlust von Vitalität kann zu Aggressionen und Gewalt gegenüber sich selbst und Anderen führen.
[222] Z. B. Mangel an Dopamin, Serotonin.
[223] Z. B. Mangel an Acetylcholin, Serotonin.

17. Substanzbasierte Ersatzbefriedigungen

In den meisten Fällen bewegen sich unsere mentalen Ungleichgewichte in überschaubaren Dimensionen; sie sind dermaßen „normal", dass sie selten weiter auffallen und ihre „Behandlung" sich ohne Weiteres in den Alltag integriert. Mehr noch: Unser Alltag ist auf das Behandeln von Ungleichgewichten ausgerichtet.

Wer kennt sie nicht, die vielen Dinge, die uns ankurbeln, unser Wohlbefinden steigern, das Leben verschönern oder auch nur erträglicher machen, die uns morgens beleben, den Tag über bei Laune halten und abends oder am Wochenende entspannen lassen? Zu welchen Mitteln und Maßnahmen wir jeweils greifen, ist eine Frage von Persönlichkeit und Art des Mangels. Und sollte die dargebotene Palette einmal nicht genügen – sei es, weil sie ein Bedürfnis nicht abzudecken vermag oder sich bereits eine psychosomatische Symptomatik entwickelt hat –, dann stehen noch weitere Möglichkeiten zur Verfügung, etwa Arzneien und Heilkräuter, Physio- und Psychotherapien und noch viele andere gewöhnliche und unkonventionelle, teils umstrittene Maßnahmen und Substanzen – darunter auch die (nicht ohne Weiteres verfügbare) Gruppe der illegalisierten Drogen.

Seit alters her üben Drogen eine starke Anziehungskraft auf uns aus; der Verlauf unserer Kulturgeschichte sowie der heutige Konsum von Alltagsdrogen wie Kaffee,[224] Nikotin[225] und Alkohol[226] sprechen eine deutliche Sprache. Wenn wir allerdings von „Drogen" sprechen, sind selten jene gemeint, die staatlicherseits zugelassen und als Genussmittel oder Medika-

---

[224] Pro-Kopf-Konsum von Bohnenkaffee in 2017: 162 Liter; vgl. https://de.statista.com/themen/171/kaffee.

[225] Jeder vierte Mann und jede fünfte Frau in Deutschland rauchen; vgl. https://www.zeit.de/wissen/2017-04/rauchen-raucheranteil-rueckgang-gesundheit.

[226] Pro-Kopf-Konsum von Bier in 2017: 101,2 Liter; vgl. https://de.statista.com/statistik/daten/studie/4628/umfrage/entwicklung-des-bierverbrauchs-pro-kopf-in-deutschland-seit-2000.

mente fester Bestandteil unseres Lebens sind. Der Begriff „Drogen"[227] bezieht sich auf all die anderen, verbrämt-verbotenen Substanzen und vermittelt den pauschalen Eindruck einer besonderen Gefährlichkeit – eine Kategorisierung, die ein differenziertes Betrachten oftmals verhindert, dadurch Potenziale verschenkt und somit eine Aufarbeitung erfordert.

Die Liste der illegalen Drogen ist lang, wird laufend erweitert und umfasst sowohl natürliche (pflanzliche) als auch synthetische Stoffe. Wie bei den legalen Drogen, sind auch hier die Wirkweisen sehr unterschiedlich: Einigen von ihnen, z. B. *Kokain* (Methylbenzoylecgonin), *Speed* (Amphetamin[228]) oder *Crystal Meth* (Methamphetamin[229]), wird eine stimulierende, aufputschende Wirkung zugeschrieben; andere wiederum gelten als beruhigend, entspannend und schmerzlindernd, z. B. Cannabis, aber auch Opium, Morphium und Heroin. Wieder andere finden Anwendung in einem Rahmen, der glücklich bis euphorisch stimmt, Gefühle von Verbundenheit vermittelt, das Bewusstsein erweitert und oft als spirituell bezeichnet wird: Hierzu zählen bspw. das als Ecstasy bekannte *MDMA* (3,4-Methylendioxy-N-Methylamphetamin), *Iboga*[230], *DMT*[231] (Di-

---

[227] Abgeleitet von *dröge* bzw. trocken.

[228] Eine chemische Abwandlung des Amphetamins (Derivat) wird bspw. als Mittel gehen ADHS eingesetzt, bekannt als *Ritalin* (Wirkstoff: Methylphenidat); vgl. Drogenlexikon online, https://www.drugcom.de/?id=drogenlex&sub=1&idx=232.

[229] Metamphetamin war ein unter dem Namen „Pervitin" bekanntes Arzneimittel, das verwendet wurde zur Dämpfung von Angstgefühlen und zur Steigerung der Leistungs- und Konzentrationsfähigkeit. Unter anderem fand es damals Anwendung im Ersten Weltkrieg und im Vietnamkrieg.

[230] *Tabernanthe iboga* ist ein Strauch, der im tropischen Zentralafrika verbreitet ist.

[231] DMT=N,N-Dimethyltryptamin (ähnlich: 5-MeO-DMT=5-Methoxy-N,N-Dimethyltryptamin, höhere Potenz als DMT). DMT ist ein körpereigener Neurotransmitter und eng verwandt mit dem Serotonin, passt also gut an dessen Rezeptoren. Darüber hinaus ist die Substanz in vielen Pflanzen enthalten (bekannt sind z. B. *Ayahuasca*, ein psychedelischer Pflanzensud der Schamanen Amazoniens, sowie das neuere *Changa*, eine rauchbare Ayahuasca-Variante). Zudem wird DMT auch synthetisch hergestellt; vgl. YouTube-Beitrag „Crashkurs DMT | Drug Education

methyltryptamin), *Meskalin*[232] (3,4,5-Trimethoxy-phentenyl-amin), *LSD* (Lysergsäurediethylamid), *Zauberpilze* bzw. *Magic Mushrooms* (Psilocybin/Psilocin) sowie auch der allgemein bekannte *Fliegenpilz* (Amanita muscaria).

Eine besondere Klasse bildet eine Gruppe von Nachtschattengewächsen: Die Rede ist nicht etwa von Kartoffeln, Tomaten oder Tabak, gemeint sind vielmehr alte Rausch- und Ritualpflanzen wie *Alraune, Bilsenkraut, Engelstrompete, Goldkelch, Stechapfel* oder *Tollkirsche*, oft auch als „Hexen"-, „Schamanen"- oder „Zauberpflanzen" bezeichnet. Wo sie heute noch in Gärten zu finden sind, dienen sie in der Regel als reine Zierpflanzen. Die legale Nutzung ihrer Inhaltsstoffe ist (wie auch im Fall vieler anderer Drogen) in Deutschland stark eingeschränkt und im *Betäubungsmittelgesetz* (BtMG) geregelt.[233] Im Mittelalter hingegen war eine Nutzung weit verbreitet, regulär verwendet wurden sie vor allem durch kräuterkundige Frauen, die sie teils zu Heilzwecken, teils als berauschende, visionäre Zaubermittel einsetzten.[234] Während diese Pflanzen bis heute in

---

Agency (65)",
https://www.youtube.com/watch?v=qA7kOZiKXxw&t=1249s. In den USA wird Metamphetamin bzw. (S)-Methamphetamin-Hydrochlorid (Desoxyn) z. B. zur Behandlung von ADHS verwendet; vgl.
https://de.wikipedia.org/wiki/Methamphetamin.

[232] Meskalin, auch als EA-1306 bezeichnet, wird auch als „Ur-Entheogen" bezeichnet, ist z. B. im Peyote-Kaktus (Lophophora williamsii) enthalten (Vorkommen: Mittelamerika), ebenso in Kakteen der Gattung Echinopsis (Vorkommen: Mittelamerika, z. T. im Süden Nordamerikas); vgl. https://de.wikipedia.org/wiki/Mescalin sowie YouTube-Beitrag „Crashkurs Meskalin (Teil 1) | Drug Education Agency (101)",
https://www.youtube.com/watch?v=kJEukP4GUic. Meskalin lässt sich auch synthetisch herstellen.

[233] Siehe z. B. RA SCHÜLLER zum Thema „Alraune",
https://www.strafverteidiger-schueller.de/schwerpunkte/drogen-von-a-z/alraune-legal-wirkung-strafe-gramm-menge.

[234] Als Heilwirkung von Tollkirsche, Bilsenkraut und Stechapfel wird bspw. ein narkotischer Schlaf angegeben, der vor Albträumen schützt (Nachtschaden → Nachtschatten). Weitere historische Verwendung bei Asthma, Depressionen, Entzündungen, Schmerzen, Krampfleiden u. v. a.; vgl. Online-Hanf-Magazin, „Nachtschattengewächse",
https://www.hanf-

verschiedenen Ländern und Kulturen ihren Platz einnehmen, sind sie aus unserem Bewusstsein nahezu verschwunden;[235] ihre medizinische Anwendung ist auf wenige Bereiche wie die Augenheilkunde[236] und die Homöopathie beschränkt, und allenfalls die Tollkirsche, die mit ihren schwarz-glänzenden Früchten zum Naschen verführt, ist (insbesondere Eltern) als Giftpflanze in Erinnerung geblieben. Und tatsächlich sind Bilsenkraut, Tollkirsche & Co. giftig bis extrem giftig: Eine unsachgemäße Handhabung und Überdosierung führen schnell zu Vergiftungserscheinungen, die im Zweifelsfall tödlich enden.[237]

Der Konsum von Drogen wird nicht allein ihretwegen, sondern ganz allgemein in einen engen Zusammenhang gestellt mit gesundheitlichen Schädigungen, die in Einzelfällen auch zum Tode führen können; insbesondere Ärztinnen, Rettungskräfte, Polizisten und Sozialarbeiterinnen werden mit den Folgen eines Missbrauchs regelmäßig konfrontiert. Jedes Jahr werden in Deutschland mehr als 1.000 Drogentote gezählt[238] – als Ursachen gelten häufig Überdosierungen (z. B. beim Gebrauch von Heroin), ein Mischkonsum verschiedener Substanzen oder auch Langzeitschäden. Ein Gebrauch von Drogen kann also grundsätzlich weitreichende Konsequenzen nach sich ziehen und ist nicht zu unterschätzen. Selbst Cannabis, dem eine verhältnismäßig geringe Gefährlichkeit nachgesagt und das heute bereits

---

maga-zin.com/drogenkunde/schamanenpflanzen/nachtschattengewaechse.

[235] In der Homöopathie werden sie auch weiterhin genutzt.

[236] Belladonna (Tollkirsche) wird in der Augenheilkunde zur Pupillenerweiterung eingesetzt.

[237] Vgl. Online-Hanf-Magazin, „Nachtschattengewächse" vom 22.10.18; https://www.hanf-maga-zin.com/drogenkunde/schamanenpflanzen/nachtschattengewaechse.

[238] Im Verhältnis dazu versterben rund 74.000 Menschen in Deutschland jährlich durch Alkohol (oder einen kombinierten Konsum von Alkohol und Tabak), mehr als 100.000 an den Folgen des Rauchens. Da beide Gruppen nicht zu den Drogentoten gezählt werden, bleiben sie in der Statistik unberücksichtigt; vgl. https://www.zeit.de/wissen/gesundheit/2015-05/drogenbericht-dhs-drogen-konsum-deutschland.

wieder zu therapeutischen Zwecken eingesetzt wird, kann sich mutmaßlich nachteilig auf die Hirnreifung junger Menschen auswirken; auch werden vor allem psychedelische Drogen immer wieder mit dem Auslösen von Psychosen in Verbindung gebracht. Besteht das Verbot der Drogen am Ende also zurecht? Um dieser Frage auf den Grund zu gehen, erscheint es notwendig, eine möglichst umfassende Bestandsaufnahme zu erstellen, die unter anderem auch den heutigen Status Quo illegaler Substanzen in unserer Gesellschaft (und darüber hinaus) beschreibt; zudem sollen maßgebliche Hintergründe beleuchtet werden sowie auch die Argumente, die für eine Rücknahme der Verbote sprechen.

Immer mehr Menschen weltweit konsumieren Drogen,[239] so wie sich auch immer mehr Menschen, nicht nur in Deutschland, für eine Aufhebung der Prohibition in ihrer jetzigen Form aussprechen.[240] Die einen fordern, zumindest Besitz und Konsum von Kleinstmengen an Cannabis zu entkriminalisieren oder sogenannte „weiche" Drogen freizugeben, während andere auf die im Grundgesetz verankerte Freiheit mündiger Bürger und Bürgerinnen verweisen und die Freigabe aller Drogen verlangen. Ihr wesentliches Argument: Das Verbot von Drogen richtet mehr Schaden an, als es nützt. Diese Aussage stützt sich auf folgende Argumentationen bzw. wird von ihnen unterstrichen:

- In einer freien Gesellschaft steht es Menschen frei, eigene Entscheidungen zu treffen.[241] Die Annahme, insbesondere junge Menschen seien in manchen Fällen dazu noch nicht reif genug, bildet keine ausreichende Rechtfertigung für das Einschränken der Rechte der Allgemeinheit. Stattdessen sind Schutzmaßnahmen zu installieren, die kein anderes Ziel verfolgen als eine sachlich-neutrale und umfas-

---

[239] Vgl. https://www.zdf.de/nachrichten/heute/un-drogenkonsum-so-hoch-wie-nie-100.html.
[240] Wenn sich nach wie vor ein großer Teil der Gesellschaft gegen eine Aufhebung der Verbote ausspricht, so hängt dies zweifelsohne mit einer jahrzehntelangen Öffentlichkeits- und Erziehungsarbeit zusammen, die als undifferenziert und wenig hilfreich zu bezeichnen ist.
[241] Persönliche Freiheitsrechte, siehe Grundgesetz.

sende Aufklärung der Schutzbedürftigen und somit auf eine Ausbildung der Mündigkeit setzen.

- Das politische Ziel, mittels Verboten insbesondere junge Menschen von einem Drogenkonsum abzuhalten, um sie vor möglichen Negativfolgen zu schützen, hat sich als untauglich erwiesen: Das Verbieten verringert nicht den *Bedarf* und wo ein Wille ist, da ist auch ein Weg. Mit anderen Worten: Drogenverbote sind ein denkbar ungeeignetes Mittel, um den Konsum zu verhindern, sie sind oft nicht einmal in der Lage, ihn zu reduzieren, und bergen stattdessen unkalkulierbare Risiken. Daraus lässt sich schließen, dass ein weiteres Festhalten an der bestehenden Prohibition nicht allein mit einem beabsichtigten Gesundheitsschutz begründet werden kann.[242]

- Allein die willkürlich erfolgte Einteilung in legale und illegale Drogen lässt bezweifeln, dass der Gesundheitsschutz wirklich an erster Stelle steht. Untersuchungen belegen z. B., dass eine der größten Gefahren vom legalen Alkohol ausgeht, eine geringere zum Beispiel vom illegalen Cannabis bzw. Hanf.[243] Das häufig verlautbarte Argument, hier sei zu berücksichtigen, dass der Genuss von Alkohol fester Bestandteil deutscher Kultur ist, darf als Augenwischerei bezeichnet werden: Hanf als alte, heimische Kultur- und Nutzpflanze[244] ist vor allem aufgrund der Prohibition, be-

---

[242] Laut dem Wissenschaftlichen Dienst des Deutschen Bundestages (WD) gibt es keinen Beleg für einen gesteigerten Konsum bei Liberalisierung der Cannabispolitik; vgl. YouTube, Deutscher Hanfverband, DHV-News vom 07.02.20: „Klatsche für Union oder AfD vom Wissenschaftlichen Dienst | DHV-News #236"; https://www.youtube.com/watch?v=EV6rnWkGbbl.

[243] Siehe Hanfverband-Online, „Neue Studie zur Gefährlichkeit von Drogen erschienen", https://hanfverband.de/nachrichten/news/neue-studie-zur-gefaehrlichkeit-von-drogen-erschienen.

[244] Vgl. Rätsch, Christian: „Der heilige Hain", AT-Verlag, S. 84: *„Oft wird behauptet, der Hanf sei für die Deutschen eine kulturfremde Droge. Aber alles deutet daraufhin, dass der Hanf seit der Steinzeit in Mitteleuropa bekannt und vielfach genutzt wurde. Der älteste archäologische Fund von Hanfblüten bzw. -samen stammt nicht etwa aus Asien, sondern aus den Schichten der Bandkeramikkultur (ca. 7500 Jahre alt) von Eisenberg in*

gleitet von einer massiven Negativpropaganda, in vielen Bereichen unseres täglichen Lebens beinahe in Vergessenheit geraten.

- Durch die Illegalisierung sind Handel, Umlauf und die Einnahme von Drogen zwar offiziell weitgehend reglementiert, anstelle einer heimischen Wirtschaft hat sich jedoch eine weltweit agierende Schattenwirtschaft entwickelt, die mit der Deckung des Drogenbedarfs steuerfreie Gewinne in einem gigantischen Ausmaß erzielt.

- Ein weiteres Resultat der Prohibition: Aufgrund fehlender staatlicher Kontrollen gelangen Substanzen ungeprüft in den Verkehr, was zur Folge hat, dass für Konsumentinnen und Konsumenten kaum Verlässlichkeit besteht bzgl. Qualität und Dosierung. Somit sind Überdosierungen und Gesundheitsschäden häufig zurückzuführen auf die Beliebigkeit der Inhaltsstoffe und schwankende Substanzkonzentrationen; der Schwarzmarkt ermöglicht, Drogen wahllos mit anderen Stoffen zu „strecken", wodurch sich höhere Verkaufserlöse erzielen lassen.[245] [246]

Thüringen. Im Neolithikum war Hanf schon weit verbreitet. In den Schichten der baltischen Narva-Kultur wurden reichlich Hanfpollen festgestellt. In germanisch-keltischen Gräbern, die etwa 2500 Jahre alt sind, wurden Hanfblüten als Grabbeigaben gefunden."

[245] Ein Beispiel für unzuverlässige Inhaltsstoffe ist *Ecstasy*, das häufig mit MDMA gleichgesetzt wird. Seit den 1990er-Jahren sind jedoch Pillen im Umlauf, die oft auch Koffein und andere Substanzen enthalten, worauf die heutige Gefährlichkeit von *Ecstasy* überwiegend zurückzuführen ist; vgl. YouTube, „MDMA - Was passiert in meinem Gehirn?", https://www.youtube.com/watch?v=xGoW6mnXaDY.

[246] Ein weiteres Beispiel: *Heroin* an sich ist keine tödliche Droge. Das von Bayer um 1900 entwickelte Medikament, das u. a. selbst Kindern als Hustensaft verabreicht wurde, kann jedoch unbestritten zu Abhängigkeit führen (aus der herauszukommen schwierig, aber nicht unmöglich ist). Die Substanz an sich ist nicht toxisch und richtet keine körperlichen Schäden an. Gesundheitsgefahren und Todesfälle gehen in erster Linie zurück auf die Zugabe schädlicher Streckmittel sowie auf schwankende Substanzkonzentrationen, welche Überdosierungen zur Folge haben können; vgl. YouTube-Beitrag „Heroin Drogeninfo - Guter Alkoholersatz?", https://www.youtube.com/watch?v=QzC9QQH9Wwg.

- Eine staatliche Kontrolle des Drogenflusses ist auch jenseits des Marktes für Cannabis, Amphetamine usw. nicht möglich. Seit Jahren besteht ein sogenannter „Graumarkt", ein ständiger Zufluss an neuen psychoaktiven Substanzen (*NPS, Legal Highs*), z. B. in Form synthetischer Cannabinoide oder amphetaminähnlicher Stoffe, die bspw. harmlosen Kräutermischungen[247] zugefügt oder als Badesalze deklariert werden. Händler und Staat liefern sich hier ein Katz-und-Maus-Spiel. Bis vor Kurzem galt: Sobald die Behörden eine der betreffenden synthetischen Substanzen verboten, wurde in irgendeinem Labor durch minimale Abweichungen an der chemischen Struktur aus dem alten Stoff ein neuer hergestellt, der durch das Betäubungsmittelgesetz (BtMG) vorläufig nicht erfasst war, dafür jedoch unbekannte Wirkweisen und Gefahren beinhaltete. Die Politik reagierte darauf im Jahr 2016 mit Einführung des *Neue-psychoaktive-Stoffe-Gesetzes* (NpSG): Mit diesem wurden ganze Stoffgruppen illegalisiert, darunter auch die Gruppe der Cannabinoide, die bisher als halbwegs „legaler" Cannabisersatz gegolten hatten. Doch selbst auf diese Weise konnte der Markt nicht eliminiert werden: Die Produktion hat sich ins Ausland verlagert und der Vertrieb läuft über das Internet weiter.

- Ein Beispiel für ein beliebtes, aber längst widerlegtes Argument der Legalisierungsgegner*innen ist die noch immer gängige Aussage, Cannabis sei eine Einstiegsdroge: Diese gilt in der Wissenschaft schon seit Längerem als unhaltbar.[248] Der Grund hierfür liegt auf der Hand: Längst nicht jeder, der Cannabis konsumiert, wechselt später zu härteren Drogen – auch wenn viele der Menschen, die harte Drogen nutzen, auf Befragung angeben, zuvor auch Hanf und Tabak getestet zu haben. Der Gebrauch von Cannabis verführt also *nicht* zum Griff nach härteren Dro-

---

[247] Bestehend z. B. aus Katzenminze, (*Nepeta cataria*), Beifuß (*Artemisia vulgaris*), Helmkraut (*Scutellaria lateriflora*) etc.
[248] NUTT-Studie, vgl. Hanfverband-Online: „Ist Cannabis eine Einstiegsdroge?", https://hanfverband.de/nachrichten/blog/ist-cannabis-eine-einstiegsdroge.

gen – vielmehr ist seine Wirkung für einen geringen Teil der Nutzer*innen nicht (in einem ausreichenden Maße) geeignet, um ein Wohlbefinden herzustellen.

- Dass der Konsum von Drogen zu Abhängigkeiten, gesundheitlichen Schäden und anderen Problemen führen kann, wird selbst von Legalisierungsbefürworter*innen nicht bestritten. Heftig kritisiert werden jedoch offizielle Kampagnen, die seit jeher das Ziel verfolgen, Drogen zu dämonisieren; dabei wird heute oft verschwiegen, dass Gefahren in vielen Fällen weniger von den Substanzen an sich ausgehen als z. B. von Verunreinigungen, von synthetischen Ersatzprodukten und von mangelnden Kenntnissen bei der Anwendung – Faktoren, die sich erst durch die Verbote ergeben haben.[249]

- Befürworter*innen der Legalisierung finden sich nicht nur unter Konsument*innen, auch viele öffentliche Stimmen fordern seit Jahren ein Umdenken in der nationalen und internationalen Drogenpolitik, darunter z. B. die *Weltkommission für Drogenpolitik* sowie verschiedene Expertengruppen wie der *Schildower Kreis*[250] oder der *Bund der Kriminalbeamten.*[251] Gemeinsamer Nenner vieler Kritiker und Kritikerinnen: Die Staaten sollen das Geld abschöpfen, um die Mafia zu entmachten und stattdessen Prävention und Therapien für Suchtkranke zu finanzieren.[252]

---

[249] Vgl. auch YouTube, „Tino Sorge ist ein Lügner - CDU Zerstörung geht weiter", https://www.youtube.com/watch?v=6A0BXdvwRC0&t=616s.

[250] Siehe dazu http://schildower-kreis.de.

[251] Siehe dazu https://www.bdk.de/der-bdk/positionspapiere/drogenpolitik/Stellungsnahme%20BDK%20Betraeubungsmittelrecht.pdf sowie https://www.youtube.com/watch?v=VIEK6VKjT88.

[252] Die Weltkommission für Drogenpolitik wurde 2011 gegründet. Unter den Mitgliedern sind im Jahr 2018 zwölf ehemalige Staats- oder Regierungschefs wie Helen Clark (Neuseeland), George Papandreou (Griechenland) und Aleksander Kwasniewski (Polen). Auch der Literaturnobelpreisträger Mario Vargas Llosa und der Unternehmer Richard Branson sitzen in dem Gremium; vgl. Nachdenkseiten, Netz-Beitrag „Kanada legalisiert Cannabis – Sollte Deutschland nachziehen?", https://www.nachdenkseiten.de/?p=46578.

- Letztendlich gilt für alle Substanzen, egal ob Zucker, Alkohol oder „Koks": Ob Gift oder nicht, ist vor allem eine Frage von Dosis und individueller Verträglichkeit. Zudem sind Bedarfe und Süchte häufig spezifisch: Zum Beispiel greifen Menschen, die unter hohem Leistungsdruck stehen, eher zu aufputschenden Mitteln wie Kokain, Amphetamin oder Metamphetamin, während die Konsumenten von Cannabis oder Alkohol in der Regel auf der Suche nach Entspannung sind. Von größter Bedeutung ist jedoch stets der Persönlichkeitsfaktor: Ob ein Mensch süchtig wird oder nicht, hängt davon ab, wie stark bzw. *souverän* er ist.

„Drogen" sind also kein Teufelszeug, sondern – sachlich und unaufgeregt betrachtet – Instrumente und Hilfsmittel, die Mängel kompensieren; einige von ihnen dienen uns gar als wertvolle Medikamente. Statt sie also zu verbieten, sollten vielmehr die Ursachen, die zu einer übermäßigen Nutzung führen, herausgearbeitet werden, um ihnen wirksam entgegentreten zu können. Parallel dazu ist durch entsprechende Maßnahmen wie Qualitätskontrollen sowie eine Förderung der Nutzermündigkeit[253] für eine größtmögliche Sicherheit im Umgang mit den Substanzen zu sorgen. Darüber hinaus ist es an der Zeit, eine klinische Forschung wieder zuzulassen und staatlich zu fördern – nicht nur in Bezug auf Hanf, sondern ebenso auf andere psychedelisch wirkende Substanzen, denen ein großes Heilungspotenzial nachgesagt wird.

Die Zeit ist reif, der Realität ins Auge zu sehen: Jeder Versuch, den Gebrauch von Drogen zu verbieten, ist grundsätzlich zum Scheitern verurteilt. Um zu verstehen, welche Anziehungskraft auch illegale Drogen ausüben, mag es hilfreich sein, sich vorzustellen, wie es wäre, wenn ab morgen Kaffee, Alkohol, Zigaretten, Süßigkeiten, Smartphones oder auch schnelle Autos verboten wären. Auch unabhängig von Entzugserscheinungen (wer schon einmal bewusst auf Kaffee, Nikotin, Süßes oder elektro-

---

[253] So wie bei den legalen Drogen auch; ein Beispiel ist die erfolgreiche Kampagne „Kenn dein Limit" in Bezug auf Alkohol, vgl. https://www.kenn-dein-limit.de.

nische Medien verzichtet hat, wird diese kennengelernt haben) dürfte uns der eine oder andere Verzicht schwerfallen: z. B. ein Verzicht auf Alkohol, der uns in vielen Situationen hilft, Hemmungen abzubauen und zu entspannen, oder auch ein Verzicht auf Geschwindigkeit: Das massive Auflehnen gegen ein allgemeines Tempolimit auf deutschen Autobahnen spricht hier Bände. All diese Substanzen und Ersatzhandlungen bedienen unerfüllte Bedürfnisse und machen das Leben in der Regel nicht nur ein wenig angenehmer, sondern helfen uns in vielen Situationen, um diese besser ertragen oder in ihnen bestehen zu können.

Es dürfte nachvollziehbar sein, dass uns ein simples „Weiter-So" nicht weiterhilft. Anstatt sich jedoch der wiederholt vorgebrachten Argumente, die für ein Beenden der Prohibition sprechen, ernsthaft anzunehmen, beharren auch in Deutschland die politisch Verantwortlichen seit Jahren und Jahrzehnten auf ihren (vielfach widerlegten) Positionen und offenbaren damit vor allem eins: eine konservativ-paternalistische Grundhaltung. In dieser klingen deutlich die Ansätze der schwarzen Pädagogik nach, denen zufolge es keine Rolle spielt, was Kinder (bzw. Untergebene) über die Vorgaben ihrer Eltern (oder Vorgesetzten) denken – sie sollen sie einfach befolgen.[254] Und selbst der Rohrstock zur Züchtigung der Aufsässigen fehlt hier nicht: Noch immer besteht in Deutschland die Möglichkeit, den Besitz selbst kleinster Mengen von Cannabis mit Geld- und Haftstrafen zu sanktionieren.

Wie wenig erfolgreich und nachhaltig ein autoritäres Auftreten grundsätzlich ist, lässt sich gut daran ablesen, dass durch Vorschriften und Verbote, insbesondere solche, die als willkürlich empfunden werden, nicht nur Proteste gefördert werden, sondern auch ein reflexhafter Widerspruch, der schließlich alles ablehnt, was irgendwie nach Vorschrift aussieht: Dies kann dazu führen, dass selbst sinnvolle Regelungen und Appelle

---

[254] Politiker*innen werden zwar offiziell als Volksvertreter*innen bezeichnet, ihr Verhalten erinnert in vielen Fällen jedoch eher dem von Vorgesetzten.

keine Beachtung mehr finden und stattdessen Verhaltensweisen entwickelt werden, die Gefahren erst herausfordern.[255]

Eine Entspannung in der Drogenpolitik würde in vielen Bereichen eine förderliche Entwicklung voranbringen:

- *Respekt erzeugt Respekt:* Das Respektieren menschlicher Bedürfnisse und eines (mehr oder weniger) freien Willens verhindert die Erregung der Gemüter und ermöglicht somit ein Miteinander, das auf gegenseitiger Wertschätzung beruht.

- *Untergang des Schwarz- und Graumarktes:* Eine konsequente Legalisierung von Drogen im Laufe der Zeit bedeutet das Trockenlegen eines gewaltigen Sumpfes, somit weniger Kriminalität und weniger Opfer; darüber hinaus sorgt die Möglichkeit, ein Original (preislich erschwinglich) zu beziehen, automatisch für ein Verschwinden gefährlicher synthetischer Ersatzstoffe (Substitute) vom Markt. Auf diese Weise wird zum einen die Polizei entlastet, deren Drogenermittlungen sich größtenteils auf die Delikte von Konsumenten, der letzten Glieder dieser Kette, beziehen (rd. 75 %);[256] zum anderen besteht auch eine Aussicht auf hohe zusätzliche Steuereinnahmen, die sich — allein im Fall von Cannabis — je nach Schätzungen zwischen 500 Mio. € und 4 Mrd. € pro Jahr bewegen.[257]

- *Gesundheitsschutz durch Vorsorge:* Durch Einsparungen und zusätzliche Steuereinnahmen stehen Mittel (z. B.) zur Finanzierung von breitangelegten Aufklärungskampagnen

---

[255] Zum Beispiel offizielle Warnungen in Skigebieten, vgl. https://www.swr.de/swraktuell/baden-wuerttemberg/friedrichshafen/Unglueck-Lech-am-Arlberg-Lawine-Vier-tote-Skifahrer-aus-Oberschwaben,lawinen-tote-aus-oberschwaben-in-voralberg-100.html
[256] Nachdenkseiten vom 17.10.2018, „Kanada legalisiert Cannabis – Sollte Deutschland nachziehen?", https://www.nachdenkseiten.de/?p=46578.
[257] Vgl. Hanfverband.de, https://hanfverband.de/nachrichten/presseecho/cannabis-freigabe-wie-legales-kiffen-aussehen-koennte.

zur Verfügung, mit deren Hilfe bspw. eine Drogenmündigkeit (nicht nur junger Menschen) gefördert wird. Eine staatliche Qualitätsüberwachung trägt zudem dafür Sorge, Entwicklungen wie bspw. die sprunghafte Zunahme des THC-Gehalts in Hanfpflanzen unter Kontrolle zu bringen; ebenso lassen sich Gesundheitsrisiken wie Hepatitis C oder HIV, verursacht durch das Mehrfachverwenden von Spritzen, durch geeignete Maßnahmen reduzieren (z. B. Aufklärung).

- *Sozialprojekte*: Nicht zuletzt eröffnen Steuereinnahmen plus eingesparte Gelder, die heute noch zur Durchsetzung der Verbote aufgewendet werden (für Polizei, Justiz etc.), eine Möglichkeit, in großen Präventiv-Projekten Kinder, Jugendliche und Erwachsene in ihrer jeweiligen Persönlichkeit grundlegend zu stärken, sodass sich die Nachfrage nach Drogen im Laufe der Zeit von selbst reduzieren kann bzw. diese in einem geringeren Maße entsteht.

- *Stärkung der Forschung:* Nachdem die Jahrtausende alte Nutz- und Kulturpflanze Hanf rund hundert Jahre lang verunglimpft wurde, erlebt sie derzeit in Deutschland und vielen anderen Ländern eine zunehmende Renaissance als Schmerz- und Heilmittel.[258] Doch nicht nur dem Hanf, auch anderen, psychedelisch wirkenden Substanzen wie LSD, Psilocybin (Psilocin), Iboga, DMT[259] und MDMA, auch

---

[258] Heute vor allem für seine Rauschwirkung bekannt, wurde Hanf früher auch als Arznei und Nahrungsmittel (z. B. als Speiseöl) sowie zur Herstellung von Textilien, Papier und anderen Utensilien (z. B. Schnüre, Seile) verwendet. In letzter Zeit lässt sich eine zunehmende Wertschätzung beobachten, seit 2017 ist eine medizinische Verwendung in Deutschland in vielen Fällen wieder zugelassen, etwa bei chronischen Schmerzen, Multipler Sklerose, Depressionen, ADHS, Asthma, Rheuma, Migräne oder Reizdarm. Bei diesen und anderen Erkrankungen besteht (derzeit) die Möglichkeit, Cannabis auf Rezept zu erhalten; vgl. Deutscher-Hanfverband-Online, „Bei welchen Krankheiten kann medizinisches Cannabis angewendet werden?", https://hanfverband.de/faq/bei-welchen-krankheiten-kann-medizinisches-cannabis-angewendet-werden.

[259] DMT (N,N-Dimethyltryptamin) ist Naturstoff und evtl. körpereigene Substanz, wird aber auch synthetisch hergestellt.

Meskalin und Ketamin werden heilsame Wirkungen zuge-sprochen (z. B. bei Krebs, Cluster-Kopfschmerz, Migräne) – zum Teil in einem Rahmen, der jedes derzeit zugelassene Arzneimittel in den Schatten stellt. Ein großer Forschungs-bedarf besteht nach wie vor in Bezug auf Einsatzgebiete, Dosierungen (z. B. Mikrodosierung), Nebenwirkungen, Ausschlüsse etc.[260]

Immer mehr Staaten (wie Portugal, Niederlande, Kannada oder Colorado[261]) zeigen, dass eine liberale Drogenpolitik bis hin zur Legalisierung (z. B. von Cannabis) den Konsum nicht – wie oft befürchtet wird – befeuert, sondern unterm Strich sogar im-stande ist, diesen zu reduzieren.

<u>Beispiel Portugal:</u>
Ein Gesetz aus dem Jahr 2001 entkriminalisiert den Besitz von geringen Mengen illegaler Drogen zum Eigenkonsum.[262] Zwar ist der Besitz (entgegen landläufiger Meinung) nach wie vor *nicht* legal, in der Regel wird er jedoch nicht strafrechtlich ver-folgt. Stattdessen wird auf Prävention und Aufklärung gesetzt: Wer erwischt wird, muss ggf. vor einem „Ausschuss zur Be-kämpfung der Drogensucht"[263] antreten, in dem ein mögliches Suchtverhalten und dessen Folgen besprochen werden. Ab dem zweiten Mal können auch Bußgelder oder Sozialstunden

---

[260] Vgl. z. B. Apotheken-Umschau online vom 14.07.2016, „Kommen Drogen als Psychotherapie infrage?", https://www.apotheken-umschau.de/Psyche/Kommen-Drogen-als-Psychotherapie-infrage-520425.html, oder YouTube-Beitrag „Crashkurs LSD (Teil 2) | Drug Education Agency (97)", https://www.youtube.com/watch?v=sGkhQgipZDM&t=159s, ab Min. 8:22.

[261] Vgl. Deutscher Hanfverband online, „Colorado zieht Bilanz- Zahlen und Fakten nach zwei Jahren Re-Legalisierung", https://hanfverband.de/nachrichten/news/colorado-zieht-bilanz-zahlen-und-fakten-nach-zwei-jahren-re-legalisierung.

[262] Vgl. *Sensi Seeds*, Netzbeitrag „Cannabis in Portugal", https://sensiseeds.com/de/blog/cannabis-portugal-de.

[263] "Comissões para a Dissuasão da Toxicodependência" (CDT), jeweils bestehend aus 1 Jurist*in, 1 Sozialarbeiter*in und 1 Psycholog*in.

verhängt werden. Die Folge: Die Zahlen der Drogenkonsument*innen, Todesopfer und Straftaten sind zurückgegangen, ebenso der Konsum in der Öffentlichkeit; auch gibt es keine mit Drogenabhängigen überfüllten Gefängnisse mehr, stattdessen Aufklärungskampagnen in Schulen, Sozialarbeit in Problemvierteln, Therapieangebote und Substitutionsprogramme.[264] Einige der Regelungen sind nach wie vor ausbaufähig (z. B. werden der Eigenanbau von Hanf sowie der Besitz oder Verkauf von nicht-industriellen Hanfsamen auch weiterhin strafverfolgt, auch existieren nach wie vor aufgrund der Illegalität keine Qualitätskontrollen) – es zeigt sich jedoch generell, dass ein anderer Umgang mit Drogenkonsument*innen nicht nur möglich ist, sondern viele Vorteile mit sich bringt, und dass ein Schritt in Richtung Legalisierung heute kein unkalkulierbares Experiment für ein Land mehr darstellt, da bereits auf vielerlei Erfahrungen zurückgegriffen werden kann.[265]

Unter all diesen Gesichtspunkten ist nicht ohne Weiteres nachvollziehbar, mit welcher Vehemenz in vielen Ländern auch weiterhin an der Prohibition festgehalten wird. Nach und nach offenbart sich jedoch, dass neben einer bereits erwähnten konservativ-autoritären Haltung auch noch andere Motive eine Rolle spielen. Um diese besser nachvollziehen zu können, sollen im Weiteren die Gründe beleuchtet werden, die ursprünglich zum Verbot der Drogen führten.

---

[264] Vgl. Heise-Online, „15 Jahre entkriminalisierte Drogenpolitik in Portugal", https://www.heise.de/tp/features/15-Jahre-entkriminalisierte-Drogenpolitik-in-Portugal-3224495.html.
[265] *Niederlande*: Ebenfalls keine Legalisierung, seit 1976 Duldung von „weichen" Drogen, insbesondere des Konsums von Cannabis sowie des Verkaufs in sog. „Coffeeshops"; seit 1995 wieder zunehmende Einschränkungen. *Uruguay* und *Kanada*: Erste Legalisierungen von Cannabis.

Die Motive der Prohibition und ihre Anfänge

„Onkel Sam ist der schlimmste Drogensüchtige der Welt", so die Schlagzeile der *New York Times* am 12. März 1911. In einem großen Artikel äußert sich der Arzt Dr. Hamilton Wright besorgt über den hohen Drogenkonsum in den Vereinigten Staaten. Neben ihm verfolgen auch Andere wie der Bischof und Missionar Charles Brent oder der Pharmalobbyist Henry Finger seinerzeit das Ziel, gegen den weitverbreiteten Konsum von Opium vorzugehen;[266] bereits im Jahr 1909 war auf Betreiben der USA die Gründung der *Internationalen Opiumkommission* in Shanghai erfolgt. In der Zeit von 1911 bis 1925 fanden internationale Konferenzen (Den Haag, Genf) statt, deren Beschlüsse in die *Internationale Opiumkonvention* (Haager Konferenz, 1911/12) sowie Jahre später in das *Einheitsabkommen über die Betäubungsmittel*[267] (1961) mündeten.[268] Diese bilden bis heute die Grundlage nationaler Drogenverbote: So beschloss z. B. der deutsche Reichstag im Jahr 1929 ein *Opiumgesetz*, das später durch das *Betäubungsmittelgesetz* (BtMG) abgelöst werden sollte.

Dass die Prohibitionisten sich damals durchsetzen konnten, ist zum Teil sicherlich der Sorge um die Gesundheit der Menschen sowie um die guten Sitten geschuldet, wenn auch in Verbindung mit einem überaus puritanischen Eifer.[269] Darüber hinaus haben jedoch auch stets wirtschafts- und geopolitische Interessen eine maßgebliche Rolle gespielt.

Den Stein des Anstoßes lieferten schon früh die Briten: Die Brutalität, mit der das Empire damals seine Geschäftsinteressen durchzusetzen pflegte zugunsten eines freien Opiumhandels – eine seiner wichtigsten Einnahmequellen –, hatte eine

---

266 Vgl. BRÖCKERS, Mathias: „Die Drogenlüge", S. 20-24.

267 UN-Konvention gegen narkotische Drogen, engl.: *Single Convention on Narcotic Drugs.*

268 Vgl. BRÖCKERS, Mathias: „Die Drogenlüge", S. 9/10.

269 Dass ein Erfolg der Prohibitionspolitik empirisch nicht zu belegen ist, war damals bereits durch eine 1926 durchgeführte Untersuchung der Vereinten Nationen bekannt: Vgl. BRÖCKERS, Mathias: „Die Drogenlüge", S. 24.

humanitäre und moralische Empörung unter Europäern und Amerikanern zur Folge, aus der sich wiederum gegen Ende des 19. Jahrhunderts eine Anti-Opium-Bewegung entwickelte. Zwar zogen seinerzeit nahezu alle Kolonialmächte Profite aus dem Drogenhandel, doch niemand im Umfang wie die Briten.[270]

Erst gegen Mitte des 19. Jahrhunderts hatten diese zwei Kriege gegen das Kaiserreich China geführt,[271] das den Import von Opium hatte unterbinden wollen, da der Konsum wie eine Epidemie im Land grassierte. Dies war dem Empire jedoch ein Dorn im Auge: Chinesische Waren wie Tee, Seide und Porzellan waren zuhause heißbegehrt, umgekehrt kauften ihnen die Chinesen aber kaum etwas ab. Die Briten setzten schließlich durch, mit indischem Opium[272] anstelle von heimischem Silber zu bezahlen, und die Chinesen waren gezwungen, den Import von Opium auch weiterhin zuzulassen.[273]

Vor diesem Hintergrund gewannen die Vereinigten Staaten als junge, aufstrebende Imperialmacht schließlich die Unterstützung vieler anderer Nationen und das Opium-Verbot traf das britische Weltreich an seiner empfindlichsten Stelle. Wie sehr bereits damals das Geschehen von Machtinteressen durchsetzt war, lässt sich bspw. anhand weitsichtiger Überlegungen des amerikanischen Präsidenten Theodor Roosevelt im Jahr 1906 gut darlegen:

„Mit Aktionen gegen den Opiumhandel verbessern wir unsere Position (in Asien) in zweifacher Hinsicht. Die darunter leiden, werden unsere natürlichen Verbündeten, und wir schwächen außerdem die Ökonomie der Kolonialmächte."[274]

1862 brachte die Darmstädter Firma *Merck* ein ausdauerförderndes Mittel namens *Kokain* auf den Markt; 1898 folgte das

---

[270] Franzosen aus Indochina, Holländer aus Sumatra und Java, Japaner aus Formosa; vgl. BRÖCKERS, Mathias: „Die Drogenlüge", S. 22.

[271] 1839-1842 (Erster Opiumkrieg) und 1856-1860 (Zweiter Opiumkrieg).

[272] Da Indien zu diesem Zeitpunkt zum britischen Kolonialreich gehörte, erfolgte die Produktion des Opiums ebenfalls unter Zwang.

[273] Vgl. BRÖCKERS, Mathias: „Die Drogenlüge", S. 21.

[274] Vgl. BRÖCKERS, Mathias: „Die Drogenlüge", S. 29.

„Husten- und Schmerzmittel" *Heroin*, das von den *Farbenfabri-
ken Fried. Bayer & Co.* als „nicht süchtigmachendes Medikament" international vertrieben wurde. Heroin wurde vor allem
gegen die Symptome eines Opium- und Morphinentzugs[275]
eingesetzt, insbesondere bei ehemaligen Soldaten, die aus dem
Deutsch-Französischen Krieg 1870/71 schwerstabhängig heim-
gekehrt waren. *„Mit dem neuen Wundermittel „Heroin" sollten
aus morphinabhängigen Veteranen wieder heldenhafte Kämp-
fer werden."*[276] Obwohl schon bald Zweifel an dessen Harmlo-
sigkeit auftraten, erreichte die Firma Bayer jedoch mithilfe
eines Gegengutachtens, dass Heroin auch weiterhin frei verkauft werden konnte.[277]

Nach Ende des Ersten Weltkriegs war England nicht mehr
bereit, sich wegen seines Opiumhandels vom inzwischen ge-
gründeten Völkerbund, einem Vorläufer der heutigen UNO,[278]
zu einer weiteren Konferenz zitieren zu lassen – man verwies
auf die in Deutschland produzierten Stoffe Heroin und Kokain,
die mittlerweile das größere Problem darstellten. Nachdem auf
der *Haager Konferenz* bereits ein internationales Abkommen
zur Kontrolle des Opiums erzielt worden war, wurde im Rahmen der *Genfer Konferenz* (1925) eine überarbeitete Version
unterzeichnet, die jetzt ebenfalls Regulierungen in Bezug auf
Heroin, Kokain und Cannabis beinhaltete – dabei jedoch so
viele Schlupflöcher enthielt, dass zunächst bspw. in Deutschland auch weiterhin große Mengen an Morphin und Heroin
hergestellt und auch außerhalb Deutschlands vertrieben werden konnten. Die Debatten der Konferenzteilnehmer waren
zuvor höchst unterschiedlich verlaufen und im Gegensatz zum
Fall „Opium", dessen Kontrolle einstimmig beschlossen wurde,
kam es beim Thema „Hanf" beinahe zu einer Pattsituation; dass

---

[275] Opiate/Opioide wie Morphin und Codein werden bis heute gegen
(starke) Schmerzen eingesetzt.
[276] Vgl. BRÖCKERS, Mathias: „Die Drogenlüge", S. 25/26.
[277] 1904 wies der französische Mediziner Maurice Morel-Lavallée drauf
hin, dass Heroin sehr wohl süchtig mache; vgl. BRÖCKERS, Mathias:
„Die Drogenlüge", S. 26.
[278] Gründung auf Betreiben der USA; vgl. BRÖCKERS, Mathias: „Die
Drogenlüge", S. 26.

sich ein Verbot dennoch durchsetzen ließ, ist auf ein Taktieren der deutschen Delegation zurückzuführen, die dem – von Ägypten beantragten – Cannabisverbot nur zustimmte, *„weil die Ägypter im Gegenzug versprachen, kein Importverbot für „Heroin", den internationalen Bestseller der deutschen Bayer-Werke, zu erlassen".*[279] [280]

„Es war also nicht nur eine knappe Entscheidung, dass Cannabis, die heute am weitesten verbreitete illegale Droge, verboten wurde – das vom Deutschen Reich aufgelöste Patt in der Kampfabstimmung war auch rein wirtschaftlichen Exportinteressen geschuldet, denn mit Hanf gab es in Deutschland bis dahin keinerlei Probleme. Bauern hatten Hanfblüten jahrhundertelang als „Knaster" und billigen Tabakersatz geraucht, haschischhaltige Zigaretten waren in Tabakläden erhältlich, und ihr Verschwinden nach dem Ersten Weltkrieg war nicht einem Verbot, sondern einem neuen Markttrend geschuldet: hin zum „Leicht-Rauchen" und weg vom „starken Tobak"."[281]

Doch wie konnte es den damaligen amerikanischen Prohibitionisten – speziell vor dem Hintergrund einer großen heimischen Nachfrage nach Substanzen – überhaupt gelingen, eine gesellschaftliche Unterstützung herzustellen, wie sie zur Durchsetzung der jeweiligen Verbote benötigt wurde? Im Folgenden wird sich zeigen, dass dazu unterschiedliche Kampagnen notwendig waren, deren reichhaltige Palette von Rassismus bis hin zu arglistiger Täuschung reichte, und für deren Verbreitung die Medien sorgten.

Die Opiumfeindlichkeit der Amerikaner wurde schon früh mithilfe rassistischer Hetze medial geschürt. Chinesische Einwanderer, die für den Bau der transkontinentalen Eisenbahnen

---

[279] Vgl. BRÖCKERS, Mathias: „Die Drogenlüge", S. 10.
[280] Beantragt wurde das Cannabis-Verbot nicht von den USA, sondern von den Ländern Südafrika, Türkei und Ägypten. Grund war jeweils eine rassistisch-missionarisch motivierte Kontrolle von Minderheiten; vgl. YouTube-Beitrag „Warum ist Cannabis VERBOTEN? ⃠", https://www.youtube.com/watch?v=rBCMb1rB_v0.
[281] Vgl. BRÖCKERS, Mathias: „Die Drogenlüge", S. 28.

noch unverzichtbar gewesen waren, wurden bald darauf zu Konkurrenten für weiße amerikanische Arbeiter. Die Feierabend-Opiumpfeife war bei den Chinesen genauso verbreitet wie der „Knaster" unter deutschen Bauern und hatte über Jahrzehnte kein Problem dargestellt; dennoch erging 1875 in San Francisco das erste Drogenverbot der westlichen Welt, das sich – ausschließlich – gegen das Rauchopium der Chinesen richtete. Einige Jahre später, im Jahr 1887, folgte ein Gesetz, das den Import von Opium nur noch Amerikanern gestattete. Die Zeitungen hetzten regelmäßig gegen die „gelbe Gefahr", die ihnen zufolge nicht nur den Arbeitsmarkt, sondern auch die Sittlichkeit bedrohe; sie verbreiteten, die „gelbe Rasse" neige von Natur aus zu Lüge, Betrug und Mord und verführe weiße Jungen und Mädchen zu Opium und noch weit Schlimmerem.[282]

Ähnliches wiederholte sich in den 1960er-Jahren: diesmal vor allem mit Schwarzen und Latinos als Feindbildern. Zu dieser Zeit sollte der Hanf aus dem Verkehr gezogen werden, dessen Nutzung auch zu privaten Zwecken in den USA noch immer weit verbreitet war. Zur Durchsetzung des Verbots war auch hier eine Kampagne vonnöten: Cannabis wurde von den Medien zum „Mörderkraut Marihuana" stilisiert, das vor allem „Neger" und „Chicanos" rauchten, *„um dann bevorzugt weiße Frauen zu vergewaltigen und zu ermorden"*. Auch konnte damals Harry Anslinger, der erste Direktor des *Federal Bureau of Narcotics*[283] und Initiator der Kampagne, ungehindert Geschichten von „Negern mit Wulstlippen" vor dem Kongress vortragen, *„die weiße Frauen mit Marihuana und Jazzmusik gefügig machten"*. Dass die Kampagne sich schließlich durchsetzte, ist vor allem einem geschickten strategischen Kunstgriff zu verdanken: Das mexikanische Slangwort „Marihuana", das vonseiten der Presse konsequent verwendet wurde, war in der Allgemeinheit größtenteils nicht bekannt und wurde demzufolge auch nicht

---

[282] Vgl. BRÖCKERS, Mathias: „Die Drogenlüge", S. 23.
[283] *Federal Bureau of Narcotics* (FBN), unabhängige Behörde des US-Finanzministeriums (https://www.atum.media/umwelt-gesundheit/hanf-als-nutzpflanze) und Vorläufer der heutigen *Drug Enforcement Administration* (DEA); vgl. BRÖCKERS, Mathias: „Die Drogenlüge", S. 33.

mit der Pflanze Cannabis in Verbindung gebracht. So beschwerte sich William C. Woodward, der damalige Sprecher des amerikanischen Ärzteverbandes AMA, *„dass die amerikanische Ärzteschaft erst zwei Tage vor der Anhörung erfahren hätte, dass es sich bei dem „tödlichen Kraut aus Mexiko", von dem in der Presse seit Jahren die Rede sei, um Cannabis handele, eine Heilpflanze, die in Amerika seit über hundert Jahren gegen zahlreiche Krankheiten eingesetzt werde".*[284]

Insbesondere an diesem Beispiel wird deutlich, dass die Durchsetzung des Cannabisverbots grundsätzlich auf andere Interessen zurückzuführen sein muss als auf eine Sorge um die Gesundheit. Bestätigung findet diese Annahme nicht zuletzt durch das folgende Zitat Harry Anslingers:

„Sicherlich ist Marihuana eher harmlos. Aber die Sache war ein Beispiel dafür, dass ein Verbot die Autorität des Staates stärkt."[285]

Der Weg weltweiter Drogenverbote

In Deutschland gab es bis zur Zeit des Ersten Weltkriegs keinerlei gesetzliche Regelungen bezüglich eines Handels mit Drogen. Erst im Jahr 1917 wurde, allerdings nur aufgrund von Versorgungsengpässen durch Handelsblockaden, eine erste Verordnung zur Kontrolle von Opiaten und Kokain erlassen: Ziel war es, den allgemeinen Konsum soweit zu reduzieren, dass noch genügend Substanzen an der Front und in den Lazaretten zur Verfügung standen. Da diese Verordnung noch nicht sonderlich erfolgreich war, erging 1918 eine weitere, die vor allem eine Meldepflicht größerer Mengen beinhaltete. Das Vorgehen schien zunächst zu funktionieren – doch schon bald darauf waren die Verliererstaaten des Ersten Weltkriegs durch einen Zusatzartikel des Versailler Vertrages (in Artikel 295 I) gezwungen, innerhalb von 12 Monaten Opiumgesetze in ihren jeweili-

---

[284] Vgl. BRÖCKERS, Mathias: „Die Drogenlüge", S. 36.
[285] Vgl. BRÖCKERS, Mathias: „Die Drogenlüge", S. 38.

gen Ländern einzuführen. Dem kam das Deutsche Reich im Jahr 1920 nach, knapp zwei Wochen vor Ablauf der vertraglich festgesetzten Frist. Zwar unterschied sich das neue Opiumgesetz in der Strafhöhe nicht wesentlich von den vorhergehenden Verordnungen, doch mit dem *Rauchopium* unterlag im Deutschen Reich jetzt erstmals ein Stoff einem allgemeinen Verkehrsverbot. Die Regulierung des Hanfes wurde erst im Jahr 1925, im Rahmen der 2. Opiumkonferenz (Genf), in einem internationalem Abkommen beschlossen; die näheren Umstände dazu wurden zuvor bereits beschrieben. 1929 gingen auch diese Regelungen schließlich in deutsches Recht über, sodass die Verwendung von Hanf (Cannabis)[286] ab diesem Zeitpunkt ebenfalls unter das deutsche Opiumgesetz (das spätere Betäubungsmittelgesetz) fiel. Eine medizinische Nutzung blieb hiervon jedoch zunächst unberührt. [287]

Im Jahr 1930 wurde in den USA das *Federal Bureau of Narcotics* (FBN[288]) gegründet – eine dem Finanzministerium unterstellte Behörde, die sich nach Scheitern der Alkoholprohibition (1920-1933) auf die Durchsetzung der in Den Haag beschlossenen Drogenverbote verlegen sollte. *Harry J. Anslinger*, erster Vorsitzender des FBN und angeheirateter Neffe des Finanzministers *Andrew W. Mellon*, wurde nicht nur treibende Kraft zur Einführung härterer Strafen für den Konsum von Drogen, sondern verfolgte insbesondere ein internationales Verbot von Cannabis, das selbst die medizinische Verwendung ausschließen sollte. Seine Bestrebungen mündeten schließlich im *Einheitsabkommen über die Betäubungsmittel* der Vereinten Nationen von 1961, das zur Grundlage nationaler Betäubungsmittelgesetze wurde und als völkerrechtlich bindender Vertrag bis

---

[286] Aufbereitete Cannabisprodukte für den berauschenden/psychedelischen Bedarf sind *Haschisch* (das gepresste Harz der Hanfpflanze) und *Gras* (auch *Marihuana*, getrocknete Krautteile der Hanf- bzw. Cannabispflanze).
[287] Vgl. COUSTO, Hans: „Daten und Fakten zum deutschen Betäubungsmittelgesetz (BtMG)", https://www.eve-rave.net/abfahrer/download/eve-rave/politics115.pdf.
[288] Heute: *Drug Enforcement Administration* (DEA).

heute fortbesteht. Das FBN existierte noch bis 1968 und ging schließlich in die *Drug Enforcement Administration*[289] über.

Ursprünglich hatte die Aufgabe des FBN in der Aufdeckung und Verhinderung eines Opium- und Heroinschmuggels bestanden[290] – der *Harrison-Act* von 1914, die amerikanische Verordnung zur Umsetzung der Haager Beschlüsse in nationales Recht, beinhaltete noch keine Regelungen zur Hanfpflanze. Um ein Verbot im Nachhinein durchsetzen zu können, inszenierte Anslinger schließlich den oben beschriebenen Kreuzzug gegen den Hanf („Mörderkraut Marihuana"). Als grundlegendes Motiv für sein Vorgehen werden heute unterschiedliche Punkte diskutiert: So erhielt Anslinger bspw. finanzielle Unterstützung vonseiten des Chemieriesen *DuPont*, zudem ließ der Waldbesitzer und Papierproduzent *William Randolph Hearst*, auch Besitzer zahlreicher Zeitungen und Radiosender, nahezu täglich über die vermeintliche „Marihuana-Gefahr" berichten. In beiden Fällen stand die Nutzung der Faserpflanze Hanf in Konkurrenz zu neu entwickelten Produktionsverfahren – so hatte die chemische Industrie bspw. gerade die synthetische Kunstfaser Nylon entwickelt, und Papier konnte neuerdings auch aus Holz anstelle von Hanf hergestellt werden.[291] Als wesentlich für das Verfolgen eines internationalen Hanfverbots gelten heute jedoch andere Gründe. Durch das Scheitern der Alkoholprohibition in Amerika drohten etliche tausend Polizisten und Kontrollbeamte arbeitslos zu werden, die es jetzt anderweitig zu beschäftigen galt. Vor allem aber bot sich Anslinger mit der Durchsetzung der Kampagne eine Möglichkeit, die Bedeutung

---

[289] DEA, gegründet 1973.
[290] Vgl. https://de.wikipedia.org/wiki/Federal_Bureau_of_Narcotics.
[291] *Reefer Madness* ist der Titel eines amerikanischen Propagandafilms aus dem Jahr 1936, der zur Verleumdungskampagne des Cannabis beiträgt. „*Laut einigen Quellen wurde der Film von Harry Anslingers Federal Bureau of Narcotics finanziert, oder sogar von Anti-Hanf Lobbyisten wie DuPont oder William Randolph Hearst*", vgl.
https://de.wikipedia.org/wiki/Reefer_Madness sowie
https://www.youtube.com/watch?v=esfKfTBGadg.

seines Büros und seiner eigenen Rolle als „Narcotics-Commissioner" deutlich zu erhöhen.[292]

1972 trat schließlich US-Präsident Richard Nixon in die Fußstapfen Harry Anslingers, als er mit seinem *War on Drugs* („Krieg gegen die Drogen") einen weiteren Feldzug in Gang setzte. Seine Kampagne führte zum Untergang der damaligen Hippiekultur, die sich vor allem zu einer Bewegung gegen den Vietnamkrieg entwickelt hatte. Um auch hier die Hintergründe auszuleuchten, genügt bereits ein einzelnes Zitat von John Ehrlichman, einem Berater und engen Vertrauten Nixons:[293]

„Die Nixon-Kampagne 1968 und die folgende Regierung hatten zwei Feinde: Die linken Kriegsgegner und die Schwarzen. Verstehen Sie, was ich damit sagen will? Wir wussten, dass wir es nicht verbieten konnten, gegen den Krieg oder schwarz zu sein, aber dadurch, dass wir die Öffentlichkeit dazu brachten, die Hippies mit Marihuana und die Schwarzen mit Heroin zu assoziieren und beides heftig bestraften, konnten wir diese Gruppen diskreditieren. Wir konnten ihre Anführer verhaften, ihre Wohnungen durchsuchen, ihre Versammlungen beenden und sie so Abend für Abend in den Nachrichten verunglimpfen. Wussten wir, dass wir über die Drogen gelogen haben? Natürlich wussten wir das!"[294]

---

[292] Vgl. BRÖCKERS, Mathias: „Die Drogenlüge", S. 33.

[293] *John Ehrlichman* war ebenfalls eine der Schlüsselfiguren der Watergate-Affäre.

[294] Cannabis als Medizin gibt es für Schwererkrankte auf ärztliche Verordnung, in kontrollierter Qualität, zu beziehen über die Apotheken und mit einer Erstattungsmöglichkeit durch die Krankenkassen; siehe Meldung des Bundesministeriums für Gesundheit vom 19. Januar 2017, „Gesetz „Cannabis als Medizin" einstimmig vom Bundestag beschlossen",
https://www.bundesgesundheitsministerium.de/ministerium/meldunge n/2017/januar/cannabis-als-medizin.html. Siehe dazu auch aerzteblatt.de, „Medizinalcannabis: Ärzte kritisieren Umgang der Krankenkassen mit Anträgen auf Kostenerstattung",
https://www.aerzteblatt.de/nachrichten/75871/Medizinalcannabis-Aerzte-kritisieren-Umgang-der-Krankenkassen-mit-Antraegen-auf-Kostenerstattung.

Es bleibt an dieser Stelle festzuhalten, dass die Begründer der Prohibition – welche Ziele auch immer sie im Einzelnen verfolgten – sich auf ganzer Linie durchsetzen konnten. Sie erreichten, dass das Konsumieren von Substanzen, das sich de facto nicht verbieten lässt, seit nahezu einem Jahrhundert kriminalisiert und juristisch verfolgt wird. Auf diese Weise konnten zwar eine Menge Arbeitsplätze geschaffen werden – letzten Endes jedoch ist der Krieg gegen die Drogen, sofern er geführt wurde, um Menschen zu schützen, grandios gescheitert. Unterm Strich offenbart sich, dass er mehr Probleme geschaffen hat, als er zu lösen imstande war: Nutznießer im großen Stil sind vor allem mafiöse bzw. terroristische Organisationen, aber auch Auslandsgeheimdienste (wie z. B. die amerikanische CIA), die mithilfe riesiger Mengen von Drogengeldern illegale bzw. nichtlegitimierte Aktionen finanzieren (oder finanzieren lassen).[295]

Die Einsicht über das Scheitern setzt sich bisher nur langsam durch, sodass nach wie vor teils harte, teils fragwürdige Geschütze aufgefahren werden. So rief bspw. der philippinische Präsident *Rodrigo Duterte* am Tag seiner Amtseinführung im Jahr 2016 seine Landsleute gänzlich unverblümt dazu auf, Süchtige (sowie auch Drogenhändler) kurzerhand zu ermorden.[296]

---

[295] Z. B. Iran-Kontra-Affäre: „*Von der Reagan-Regierung wurden Einnahmen aus geheimen Waffenverkäufen an den Iran an die rechtsgerichtete Guerilla-Bewegung der Contras in Nicaragua weitergeleitet, um sie im Contra-Krieg gegen die sandinistische Regierung zu unterstützen. Zum einen war die Unterstützung der Contras ein klarer Verstoß gegen einen entsprechenden US-Kongressbeschluss (Boland-Amendment), zum anderen war das Geld ursprünglich zum Freikauf US-amerikanischer Geiseln im Libanon vorgesehen. […]. In den Anhörungen zu der Affäre im US-Kongress kam auch ans Licht, dass die Contras über Jahre mehrere Tonnen Kokain in die USA geschmuggelt hatten und die CIA diese Aktivitäten kannte und duldete. Aus den Erlösen des Drogenverkaufs finanzierten die paramilitärischen Contra-Verbände ihren Kampf gegen die linksgerichtete Regierung der Sandinisten*", vgl. Wikipedia, https://de.wikipedia.org/wiki/Iran-Contra-Aff%C3%A4re.
[296] Vgl. Spiegel-Online vom 01.07.2016, „Kampf gegen Drogen – Philippinen-Präsident ruft zum Mord an Süchtigen auf", http://www.spiegel.de/politik/ausland/philippinen-rodrigo-duterte-ruft-zum-mord-an-drogensuechtigen-auf-a-1100812.html.

Andererseits folgen immer mehr Länder den Beispielen anderer Nationen wie den Niederlanden, Kanada, Uruguay und Portugal oder einer Reihe von US-Staaten (bspw. Alaska, Kalifornien, Colorado) und setzen zumindest auf eine Lockerung ihrer nationalen Drogengesetze: Angestrebt wird eine Schadensbegrenzung anstelle der bisherigen „Null-Toleranz-Politik". Auf diese Weise entsteht zum ersten Mal die Möglichkeit, Konsument*innen direkt zu erreichen, sodass präventive wie auch andere Maßnahmen viel effektiver gestaltet werden können.[297]

Das Verlangen vieler Menschen nach Akzeptanz und Legalität eines Drogenkonsums ist weltweit groß. In Deutschland gehen Vorbehalte innerhalb der Bevölkerung, vor allem in Bezug auf den Cannabisgebrauch, inzwischen zaghaft, aber kontinuierlich zurück. Der Grund für die wachsende Akzeptanz liegt im Wesentlichen in der Wiederentdeckung und erfolgreichen Verwendung von Cannabis als Heilmittel: Seit dem 1. März 2017 sind Blüten und Extrakte in Deutschland (vorgesehen zum Einsatz bei schweren Erkrankungen und chronischen Schmerzen) allgemein verschreibungsfähig, und wo zuvor noch Ausnahmegenehmigungen bei der Bundesopiumstelle zu beantragen waren, reicht heute – so der aktuelle Stand – bereits ein ärztliches Betäubungsmittelrezept.[298] Inwieweit dieser Trend in der Lage ist, sich auch weiterhin – und schließlich weltweit – durchzusetzen, bleibt abzuwarten und wird sich in den kommenden Jahren zeigen.

---

[297] Präventive Maßnahmen, die auf eine Persönlichkeitsentwicklung abzielen, können ebenso Menschen zugutekommen, deren Süchte sich nicht auf Substanzen beziehen, sondern auf soziale Medien, Geschwindigkeit/Raserei etc.

[298] Siehe dazu: DeutscherHanfverband-Online, „Hanf trifft Politik - Parlamentarischer Abend „Medizin" (Trailer)" vom 07.02.2019, https://www.youtube.com/watch?v=F_vDvWM9f_k.

18. Stand der Dinge – und wie es weitergehen kann

Eine freiere Drogenpolitik zu fordern bedeutet also keineswegs, Probleme, die durch den Konsum entstehen können, abstreiten oder verharmlosen zu wollen. Vielmehr geht es um ein Aufklären, um das Beenden von Willkür und Ungleichbehandlung[299] sowie um die Schaffung von Möglichkeiten, die Situation betreffender Menschen positiv zu beeinflussen. Letztendlich geht es auch um das allgemeine Recht sowie um die Fähigkeit, ein selbstbestimmtes Leben zu führen; die Frage der Selbstbestimmung ist dabei nicht allein auf den Konsum von Drogen beschränkt. Sie berührt alle Bereiche unseres Lebens und ist direkt abhängig von äußeren Einflüssen und inneren Zuständen: von Freiheit und Sicherheit im Außen sowie auch im Innern des Menschen. Während äußere Blockaden in der Regel offensichtlich sind (Verbote, Grenzen etc.), werden die inneren sehr viel seltener zur Kenntnis genommen und bleiben daher oft ungenutzt als mögliche Ansatzpunkte für eine persönliche Weiterentwicklung und heilende Prozesse.

Das Verlangen nach Selbstbestimmung steht für das Entwickeln von Fähigkeiten, die der Eigensicherung dienen, und ist somit Ausdruck innerster menschlicher Natur – folglich ist auch nur ein in seinem Willen (zumindest teilweise) gebrochener Mensch bereit, seine Autonomie aufzugeben und sich anderen zu unterwerfen. Ein gebrochener Mensch jedoch ist nur eingeschränkt in der Lage, Potenziale frei zu entfalten und Fähigkeiten in einem Maße zu entwickeln, wie es seinen Anlagen entspricht. In diesem Zustand von Menschen findet sich ein wesentlicher Grund für die systematische Schwächung von Gemeinschaften und Gesellschaften, was einem Vitalitätsverlust gleichkommt; ein solcher Verlust wiederum, sofern er dauerhaft besteht, ist grundsätzlich ursächlich für das Scheitern von Beziehungen und gesellschaftlichen Untergang. Die *Beeinträch-*

---

[299] Schließlich käme auch niemand auf die Idee zu sagen: Ab morgen sind nur noch Autos von Volkswagen und Mercedes-Benz für den Verkehr zugelassen – alle anderen sind illegal.

tigung der Vitalität offenbart sich uns auf verschiedene Weise und in allen möglichen Graden: in Kompensationsstrategien, in körperlichen und seelischen Erkrankungen der Menschen, in Geburtenexplosionen und auch im Ausbleiben des Nachwuchses; sie offenbart sich in der Resignation oder einem Gefühl von Sinnlosigkeit sowie in allen Arten der Vernichtung.

Leiden Bäume unter einem Nährstoffmangel oder anderen Extremen wie Kälte, Nässe oder Trockenheit, sodass sie abzusterben drohen, reagieren sie häufig mit einer *Notfruktifikation*, auch „Angstblüte"[300] genannt – einem vielleicht letzten, dafür besonders prachtvollen Aufblühen, das der Arterhaltung dient.[301] Phänomene dieser Art finden sich sowohl bei anderen Pflanzen als auch in anderen Bereichen wieder, auf Mikroebene etwa im Bereich der Botenstoffe: Zum Beispiel führt Dauerstress, wie bereits beschrieben, zu einer Überproduktion des Anti-Stress-Hormons Cortisol;[302] auf Dauer besteht die Gefahr, dass die produzierenden Nebennieren in Mitleidenschaft gezogen werden und erschöpfen, sodass jetzt ein Cortisol*mangel* entsteht. Letzten Endes weisen Menschen, die permanent über ihre Grenzen gehen und dabei so überlastet sind, dass sie früher oder später zusammenbrechen, ebenfalls eine Art „Angstblüte" auf: Die vorhergehende Anstrengung, die dazu diente, sich unter Beweis zu stellen, beinhaltet ebenfalls eine Strategie der Überlebenssicherung.

---

[300] Zum Vergleich: Der Begriff „Mastblüte" oder „Mastjahr" beschreibt ebenfalls eine Strategie von Bäumen, die eigene Art zu erhalten (z. B. Buchen, Eichen und Kastanien): Höhere Samenstände zur Vermehrung werden nicht kontinuierlich produziert, sondern im Abstand von einigen Jahren. Auf diese Weise werden Fraßfeinde (Rötelmaus, Eichhörnchen etc.) in Schach gehalten, die sich in Jahren mit geringer Samenbildung nicht stark vermehren können. Der Begriff „Mast" verweist auf die Zeit, in der die örtliche Bevölkerung ergiebige Samenjahre nutzte, um das Vieh zum Weiden in die Wälder zu treiben; vgl. https://de.wikipedia.org/wiki/Mast_(Wald)#Mastjahr.
[301] Von sterbenden Menschen ist ebenfalls ein solches Aufblühen bekannt, bei dem kurzfristig der Eindruck entsteht, es ginge ihnen besser.
[302] Ziel ist die Mobilisierung zur Überwindung einer Stresssituation, womit es der Selbsterhaltung dient.

Parallelen finden sich auch auf der Makroebene. Während zum Beispiel manche Gegenden der Welt mit Geburtenexplosionen und deren Folgen zu kämpfen haben (z. B. China, Indien, Afrika), zeugen Geburtenzahlen wie in Deutschland (1,49 Kinder pro Frau, Stand 2017) seit Jahren von einem kontinuierlichen Schwinden der Bevölkerung.

Jedes dieser Beispiele beschreibt das außergewöhnliche Schwanken eines Systems, ein Hin- und Herpendeln zwischen scheinbarem Überfluss und bedrohlichem Mangel. Doch woher rühren diese Extreme und was bedeuten sie?

Um die Ursachen und Auswirkungen nachvollziehen zu können, wird im Weiteren das Beispiel der Bevölkerungsexplosion aufgegriffen und von Näherem betrachtet.

In rund 20 Ländern[303] der Welt herrscht heute ein zum Teil beträchtlicher Mangel an Frauen. In einem UN-Bericht aus dem Jahr 2010[304] werden Länder wie China und Indien für viele Millionen verhinderte Frauenleben verantwortlich gemacht: Um die heimische Wirtschaft zu stärken, so der vielerorts zitierte Vorwurf, seien Versuche unternommen worden, die Geburtenraten zu senken, was hauptsächlich zu Lasten des weiblichen Nachwuchses ausgefallen sei. Dass jedoch ausgerechnet die Vereinten Nationen diesen Vorwurf erheben, erscheint fragwürdig: Erst über den UN-Bevölkerungsfond,[305] eine im Jahr 1969 eigens eingerichtete Abteilung, fließen Gelder in hohen Summen in Entwicklungsländer, um dort – stets unter dem Deckmantel der Entwicklungshilfe – Maßnahmen zur Bevölkerungskontrolle bzw. -reduktion möglichst flächendeckend

---

[303] Z. B. Indien, Pakistan, China, Südkorea, Teile Nordafrikas, Iran, Region Kaukasus, Albanien, Armenien, Aserbaidschan und Georgien. Vgl. YouTube-Beitrag, Rainer Zufall, arte-Film „Bloß keine Tochter! Asiens Frauenmangel und die Folgen“,
https://www.youtube.com/watch?v=zoydvpoOpzw; auch
https://www.arte.tv/sites/de/das-arte-magazin/2018/06/11/zukunft-ohne-frauen/.
[304] Laut einiger Quellen wie z. B. Zeit-Online; vgl.
https://www.zeit.de/2012/12/Indien-China-Geschlechtermord/komplettansicht.
[305] UNFPA, United Nations Population Fund

durchsetzen zu können. Verschwiegen werden zudem frühere Initiativen von Stiftungen reicher Amerikaner wie Rockefeller und Ford[306] in der Zeit nach dem Zweiten Weltkrieg, die schon damals das Ziel der Geburtenreduktion verfolgten, unterstützt insbesondere durch die amerikanische Regierung.[307] Massenhafte (und zum großen Teil erzwungene) Sterilisationen und Abtreibungen, z. B. in China, Indien und Südkorea, darunter auch die Einführung von Methoden zur selektiven Abtreibung von Mädchen, lassen sich in erster Linie auf ein gemeinsames Betreiben dieser Parteien zurückführen.

Werfen wir einen Blick zurück. Gegen Mitte des 20. Jahrhunderts sahen sich die westlichen Initiatoren einer Bevölkerungskontrolle mit der Tatsache konfrontiert, dass Aufklärungskampagnen und Appelle an Menschen in „Entwicklungsländern", weniger Kinder zu bekommen, ebenso ins Leere liefen wie finanzielle Anreize oder Verbote, die von den jeweiligen Regierungen erlassen wurden. Schließlich erkannte man, dass eine kulturell bedingte Bevorzugung von Jungen in Ländern wie China und Indien dazu führte, dass Paare unter allen Umständen Kinder zeugen, bis der ersehnte (bzw. benötigte) Stammhalter geboren wird. Vor diesem Hintergrund erging jetzt ein Auftrag an die Wissenschaft, nach Methoden zur vorgeburtlichen Geschlechtsbestimmung zu forschen, die eine selektive Abtreibung ermöglichten.[308] Mit dieser Strategie wurden zwei Ziele verfolgt: Zum einen sollten weniger Kinder geboren werden, zum anderen würde sich mit jedem ungeborenen Mädchen, das später keine Kinder bekommt, die Geburtenzahl auch

---

306 Z. B. *Bevölkerungsrat*, *Rockefeller-Stiftung*, *Ford-Stiftung*.

307 Der US-amerikanische Wissenschaftler Matthew Connelly, Professor für Geschichte an der Columbia-Universität/New York, hat die Stiftungsgründung erforscht; vgl. „Bloß keine Tochter! - Asiens Frauenmangel" (arte), https://www.youtube.com/watch?v=z0ydvpoOpzw, ab Min. 4:00.

308 Als drastischere Maßnahmen wurde u. a. über das Versprühen von Verhütungsmitteln per Flugzeug oder durch das Kontaminieren des Trinkwassers nachgedacht. 1974 forderte Außenminister Henry Kissinger eine massive Entvölkerung in den Entwicklungsländern, erklärte Abtreibung als unverzichtbar und forderte (dort) die Legalisierung von Abtreibungen.

weiterhin reduzieren. Die Wissenschaft erwies sich als zuverlässig und lieferte: zunächst die Plazentapunktion, in den 80er-Jahren dann die Ultraschalluntersuchung.[309]

Andere Länder hingegen, insbesondere ehemalige Kolonialstaaten, reagierten misstrauisch auf die westlichen Vorstöße und sahen in der Entwicklungshilfe eine potenzielle Waffe des modernen Imperialismus. Und tatsächlich waren die Maßnahmen nicht unbedingt dazu vorgesehen, die Armut in der Welt zu überwinden: Ziel war es, die *Armen* zu reduzieren, deren wachsende Zahl als mögliche Bedrohung für den eigenen Wohlstand (insbesondere in Form kommunistischer Bewegungen) empfunden wurde. So mutet die offizielle Verlautbarung, die Reduktion von Menschen in Entwicklungsländern sei notwendig aufgrund drohender Ressourcenknappheit, bei genauerer Betrachtung auch eher halbseiden an: Eine dreiköpfige europäische Familie verbraucht zum Beispiel mehr Ressourcen als eine zehnköpfige Familie in Ghana, von einer amerikanischen ganz zu schweigen. (Ginge es also um ein Anpassen der Menschenzahlen an die vorhandenen Ressourcen, um sicherzustellen, dass alle versorgt sind, würde sich eher die Frage stellen, ob es nicht sinnvoll ist, die Bevölkerungszahlen der Industrienationen zu reduzieren.[310]) Doch obwohl längst ein Rückgang der Weltbevölkerung prognostiziert wird[311] und massive Probleme mit überalternden Gesellschaften (z. B. in China) zutage treten, gibt der UN-Bevölkerungsfonds auch weiterhin mehr als 60 % seiner Hilfsgelder für die Geburtenkontrolle in Entwicklungsländern aus; auch ergehen nach wie vor Aufrufe vonseiten großer Stiftungen, bspw. der *Gates-Stiftung*, mit der Reduktion armer Menschen vor allem in Afrika fortzufahren. Das Argument heute: der Klimawandel.

---

[309] Vgl. YouTube-Beitrag „Bloß keine Tochter! - Asiens Frauenmangel" (arte), https://www.youtube.com/watch?v=z0ydvpoOpzw
[310] Aufrufe dazu gibt es bereits, z. B. durch die Lehrerin Verena BRUNSCHWEIGER („Kinderfrei statt kinderlos - ein Manifest"); vgl. z. B. https://www.youtube.com/watch?v=ExY8oUJzyIw&t=13s.
[311] Vgl. ZEIT-Online, „Absage an den Untergang" von Reiner KLINGHOLZ, 6. Februar 2014; https://www.zeit.de/2014/07/szenario-schrumpfende-weltbevoelkerung/komplettansicht.

In dem skizzierten Umgang mit „Bevölkerungsexplosionen" findet sich ein weiteres Beispiel, an dem deutlich wird, dass grundsätzlich jedes Phänomen seine Ursachen hat und auch nur über diese nachhaltig zu „beruhigen" ist. Ebenso wird klar, dass jedes willkürliche massive Eingreifen in Systeme wie menschliche Gesellschaften ungeahnte Konsequenzen nach sich zieht: Es offenbart sich einmal mehr, dass der Verstand einzelner Menschen oder Gruppierungen gegenüber komplexen Geschehnissen hoffnungslos überfordert ist. Zum Beispiel geht Armut oft einher mit einer hohen Kinderzahl – woraus in aller Regel gefolgert wird, Armut würde erst durch eine Vielzahl von Kindern entstehen. Das Ursache-Wirkung-Prinzip wird dabei jedoch oftmals auf den Kopf gestellt:[312] Für Menschen, die ihrer Souveränität beraubt und sich selbst überlassen sind, stellen Kinder die einzige Möglichkeit der Altersversorgung dar. Zwar sind auf diese Weise zunächst mehr „Mäuler zu stopfen", Kinder können jedoch bereits in jungen Jahren bspw. durch Betteln und leichte Arbeiten zum Familienunterhalt beitragen. Bei einer verringerten Kindersterblichkeit (z. B. durch bessere Ernährung und Gesundheitsvorsorge) führen hohe Geburtenzahlen zu einem explosionsartigen Anwachsen der Bevölkerung – auch hier zeigt sich eine Art „Angstblüte", die auf das außergewöhnliche Schwanken eines verwundeten Systems schließen lässt. Die Not der Menschen, die ihren Kinderreichtum begründet, ist dabei nicht unbedingt auf einen Mangel an Geld zurückzuführen. Wie zuvor an anderer Stelle erwähnt, bedeutet wenig Geld zu haben nicht zwangsläufig, arm im Sinne von notleidend zu sein; als Beispiel seien hier indigene Völker genannt. Vielmehr entspringt die Not der Menschen ihrem Mangel an Souveränität: In der Regel verfügen sie weder über einen Zugang zu benötigten Ressourcen noch über genügend Wissen und entsprechende (gemeinschaftliche) Strukturen, um sich selbst versorgen zu können. Ein wesentlicher Grund für die mangel-

---

[312] In Ländern mit Sozialversicherungssystemen (wie z. B. Deutschland) erhöht sich tatsächlich mit höherer Kinderzahl das Armutsrisiko, insbesondere das Risiko der Altersarmut, da der Alltag mit mehreren Kindern die Aufnahme elterlicher (mütterlicher) Erwerbsarbeit erschwert, sodass u. a. weniger Gelder in die Rentenkasse eingezahlt werden.

hafte Absicherung vieler Menschen ist also in der Einschränkung ihrer Autonomie zu sehen.

Das massive Eingreifen in komplexe Systeme führt, wie am Beispiel von Indien und China zu sehen, oftmals nicht einmal wie gewünscht zu mehr Stabilität, sondern lediglich zu einer Mehrung oder Verschiebung von Problemen. So wurde z. B. in keinem der Länder das zugrunde liegende Ziel der Initiatoren erreicht, die eigene Sicherheit zu erhöhen. Das Gegenteil ist der Fall: Das Ergebnis ist heute eine wachsende männliche Aggressivität,[313] deren Ursache nachweislich auf den bestehenden Frauenmangel zurückzuführen ist. Mädchen und Frauen erfahren (als knapper werdende „Ressource") bisher *nicht* – wie ökonomisch zu erwarten wäre – eine steigende Wertschätzung, sondern sind vermehrt der Gewalt ausgesetzt, werden verschleppt, missbraucht, misshandelt, getötet. Die Folge ist, dass inzwischen befürchtet wird, der Funke könne auch auf internationale Beziehungen überspringen.

Doch wie in jeder Entwicklung finden sich auch hier Profiteure, bspw. im Bereich der Medizintechnik. Firmen wie das amerikanische Unternehmen *General Electric* verdienen viel Geld mit dem Verkauf mobiler Ultraschallgeräte. Zwar ist die vorgeburtliche Geschlechtsbestimmung in Indien heute verboten, inzwischen hat sich jedoch ein Schwarzmarkt etabliert, sodass die Geräte auch weiterhin hoch im Kurs stehen. Zudem verspricht der afrikanische Kontinent einen weiteren riesigen Markt.

Das Aussortieren von Mädchen wird somit weitergehen – und zwar bis zu dem Zeitpunkt, an dem ein allgemeines, grundlegendes Verständnis darüber entwickelt wird, dass außergewöhnliche Schwankungen von Systemen nur abzufedern sind durch deren Stärkung, durch ein Setzen von Impulsen zur Förderung der Selbstheilungskräfte.

---

[313] Auch Depressionserkrankungen treten bei unverheirateten Männern häufiger auf, zudem ist die Zunahme an Gewalt nicht allein auf Männer beschränkt.

19. Das unterschätzte Erbe der Hexenverfolgung

An dieser Stelle sei erwähnt, dass Familienplanung keineswegs eine moderne Erfindung ist. In früheren Zeiten war sie vielmehr Teil des selbstbestimmten Lebens: Frauen aller Kulturen wussten um die Wirkungen verschiedener Pflanzen,[314] die sie z. B. zur Empfängnisverhütung oder auch zur Abtreibung bzw. als „Pille danach" nutzten. Schon die Natur hat es so eingerichtet, dass stillende Mütter nicht sogleich wieder schwanger werden.[315] Auf diese Weise ist dafür gesorgt, dass ein junger Mensch die benötigte Zeit erhält, in der ihm die Mutter als Ernährerin sowie zum Zweck der Rückversicherung uneingeschränkt zur Verfügung steht. Menschen mit entsprechenden Pflanzenkenntnissen sind seit jeher in der Lage, Familienplanung autonom zu organisieren und an die jeweiligen Lebensumstände ihrer Gemeinschaften anzupassen. Hieraus ergibt sich automatisch, dass mal mehr, mal weniger Kinder geboren werden, ein sozial- und umweltverträgliches Niveau jedoch nicht überschritten wird.

Der historische Verlust des umfangreichen Wissens über die Pflanzenwelt und der damit verbundenen Autonomie ist eng verwoben mit dem Aufstieg der römisch-katholischen Kirche. Dieser waren die freie Sexualität und selbstbestimmte Familienplanung schon früh ein Dorn im Auge. Nicht allein aus moralischen Gründen: Da die Kirche bspw. große Flächen des Grund und Bodens für sich vereinnahmte, der bislang der Allgemeinheit zur Verfügung gestanden hatte, wuchs sie im Laufe der Zeit zur größten Großgrundbesitzerin heran, auf deren Ländereien und Gütern viele Arbeitskräfte benötigt wurden. Die damaligen Menschen, ihrer ökonomischen Grundlagen beraubt, passten sich den für sie schwierigen Lebensverhältnissen an, indem sie keine oder wenige Kinder bekamen.

---

[314] Ebenso wussten sie um den weiblichen Fruchtbarkeitszyklus.
[315] Wenn durchgängig gestillt wird, also keine Pausen durch Zufüttern entstehen. Eine Garantie wird nicht erhoben.

Im 15. Jahrhundert gelang es einigen Kirchenmännern schließlich, ihre Positionen durchzusetzen: Unter anderem wurden Verhütung und Abtreibung sowie nicht-ehelicher Sex verboten und Verstöße unter grausame Strafen gestellt. Im Jahr 1484 erwirkte Heinrich Kramer (*lat.: Henricus Institoris*), Theologe des Dominikanerordens und leidenschaftlicher Hexenverfolger,[316] einen Erlass durch Papst Innozenz VIII., der ihm eine *„Vollmacht zur Zurechtweisung, Inhaftierung und Bestrafung verdächtiger Personen"* verlieh.[317] Diese *päpstliche Bulle* sowie der berüchtigte *Hexenhammer* (1487) – ein Traktat Kramers, in dem er eine Ansammlung von Vorurteilen wissenschaftlich „belegte" – sollten den Ausgangspunkt für eine Katastrophe bilden: Der darauffolgende Kreuzzug gegen die Menschen im eigenen Land sanktionierte u. a. auch diejenigen, die Verhütungsmittel einnahmen oder weitergaben. Zahllose Frauen und Männer, darunter Hebammen, Ärzte und Kräuterfrauen, wurden diffamiert, verfolgt und zu Tausenden bei lebendigem Leibe als Hexen oder Zauberer auf Scheiterhaufen verbrannt, mit ihnen ein großer Schatz alten Wissens über pflanzliche Verhütungsmittel und Arzneien.

Dieser Exzess der Gewalt, gepaart mit einer bestehenden Traumatisierung der Menschen durch das zurückliegende Wüten der Pest, muss eine tiefe Spur der Angst und Wut im Gedächtnis der Menschen hinterlassen haben – eine Verunsicherung, die sich wiederfindet in den repressiven Erziehungsschriften der letzten Jahrhunderte und die somit der *schwarzen Pädagogik* den Boden bereitet hat. Sie offenbart sich uns als Angst vor allem Instinktiven und Ungezähmten, als Angst vor der wilden Natur, die es zu bezwingen und zu kontrollieren gilt

---

[316] Hexenverfolgungen gab es von 1360 bis 1820; die Hochzeit erstreckt sich von ca. 1450 bis 1650. Vgl. LATTORF, Ottmar: „Wer verfolgte die Hexen-Hebammen? Und warum?"

[317] Die Vollmacht bezog sich auch auf den Inquisitor Jakob Sprenger, einen Gelehrten und Schriftsteller des Dominikanerordens; vgl. Wikipedia, „Summis desiderantes affectibus", https://de.wikipedia.org/wiki/Summis_desiderantes_affectibus.

– auch in uns selbst –, um schließlich die Welt nach eigener Schöpferkraft gestalten zu können.[318]

Betrachten wir die europäische Hexenverfolgung der frühen Neuzeit vor dem Hintergrund mittelalterlicher Kreuzzüge, dann offenbart sich, dass sie als Teil einer Reihe von Eroberungsfeldzügen der römisch-katholischen Kirche zu verstehen ist.[319] Der Unterschied zu den Kreuzzügen im Orient war, dass es sich bei der Hexenjagd um einen Krieg gegen die innerste Autonomie handelte, insbesondere gegen die Selbstbestimmung der Frauen: Ziel war nicht, deren Gebärtätigkeit zu beeinflussen, sondern sie zu *kontrollieren*, um der Sicherung des eigenen (z. T. feudalen) Lebensstandards ein weiteres Stück näherzukommen.[320]

Stellt man sich nun die Frage, wie es gelingen kann, eine Gesellschaft derart radikal zu unterwerfen, so offenbart sich bei näherer Betrachtung zunächst das Zusammentreffen zweier Faktoren:

Faktor 1: Strategische Planung
Macht- und wirtschaftspolitische Interessen einer Elite. Hier: der Kirchenobrigkeit.

Nachdem im 14. Jahrhundert ca. 1/3 der europäischen Bevölkerung der Pest zum Opfer gefallen war, wurde dringend neues „Menschenmaterial" zur Arbeit auf den kirchlichen Gütern sowie auch für weitere Eroberungsfeldzüge benötigt. Ziel war

---

[318] Vgl. Wikipedia, „Pädagogik der Aufklärung",
https://de.wikipedia.org/wiki/P%C3%A4dagogik_der_Aufkl%C3%A4rung.
[319] *„Die sieben großen Orientkreuzzüge waren religiös verbrämte Eroberungskriege, die vor allem den wirtschaftlichen Interessen [...] sowie der politisch-ökonomischen Machtgier der Ritter, Fürsten, Könige und Päpste entsprangen"*, vgl. LATTORF, Ottmar: „Wer verfolgte die Hexen-Hebammen? Und warum?"
[320] Teil der Propaganda war die „Heiligung des Lebens", die sich nur auf das ungeborene Leben, nicht jedoch auf die Frauen bezog, die als Hexen verfolgt und ermordet wurden. *„Die Frucht galt als Gottes Werk und heilig und musste unter allen Umständen geschützt werden [...]"*; vgl. LATTORF, Ottmar: „Wer verfolgte die Hexen-Hebammen? Und warum?", S. 19.

somit, die Geburtenzahlen zu erhöhen – die unterworfenen Frauen konnten sich jedoch aufgrund ihrer Kenntnisse bezüglich autonomer Familienplanung dieser Maßgabe verweigern. Schon das Römische Reich war unter anderem an einem Niedergang der Bevölkerung und fehlenden Arbeitskräften zugrunde gegangen; Zuchtversuche mit Sklaven, die dem Trend entgegensteuern sollten, hatten sich damals aufgrund der Kenntnisse der Frauen als erfolglos erwiesen.[321] Als sich nach der Pest ein Großteil der verbliebenen Menschen gar in der Position wiederfand, Forderungen nach mehr Freiheiten und einer besseren Bezahlung durchsetzen zu können,[322] wurde als Antwort darauf eine technische Entwicklung vorangetrieben, deren Ziel es war (und bis heute ist), durch das Rationalisieren von Arbeitsvorgängen fehlende oder kostenträchtige menschliche Arbeitskraft zu ersetzen. Darüber hinaus waren sowohl kirchliche als auch weltliche Grundherren daran interessiert, die verlorene Kontrolle zurückzugewinnen; sie verfügten jedoch nicht über geeignete Mittel, die Gegenwehr der Menschen nachhaltig zu brechen, um diese „im Zaum zu halten".

Faktor 2: Ideologie

Durchsetzen eigener Standpunkte, basierend auf Angst/Wut. Hier: moralische Überheblichkeit auf Grundlage der Sexual- und Frauenfeindlichkeit einzelner Mönche.

Das Aufkommen moralischer Askese innerhalb der katholischen Kirche war zu Beginn der Hexenverfolgung nichts Neues: Bereits in früheren Jahrhunderten hatten sich Ordensmänner (und -frauen) mit masochistischen Tendenzen hervorgetan, für die sie zum Teil heiliggesprochen wurden.[323] Zahlenmäßig dürf-

---

[321] Vgl. LATTORF, Ottmar: „Wer verfolgte die Hexen-Hebammen? Und warum?", S. 10.

[322] Bauernaufstände in England 1381, Folge: Zusammenbruch der Leibeigenschaft.

[323] Beispiel 1, Dominicus („der Gepanzerte"), Mönch und Einsiedler in Umbrien, übte sich in der Kasteiung in Form von strengem Fasten und Selbstgeißelung. *„An Bußtagen, während der Fasten und bei außerordentlichen Gelegenheiten dehnte er Gebet wie Bußübungen bis zu einem*

ten diese jedoch eher als Ausnahmen zu sehen sein. Entgegen allen nach außen getragenen Ansichten und Vorgaben der katholischen Kirche lebten viele ihrer Vertreter (und Vertreterinnen) über einen langen Zeitraum hinweg alles Andere als keusch: *„Unzählige Klöster waren die betriebsamsten Bordelle [...]"*, darüber hinaus bot der Beichtstuhl (durch die „Verpflichtung" zum Beichten) eine günstige Gelegenheit zur (missbräuchlichen) Verführung von Frauen, sodass in manchen Gemeinden die Priester über einen regelrechten Harem verfügten. Aufgrund dieser Verhältnismäßigkeit ist davon auszugehen, dass die innerkirchlichen Vertreter moralischer Askese, deren Ziel es war, Selbstzüchtigung und -erniedrigung (und somit die Selbst*losigkeit*) zur gesellschaftlichen Norm zu erheben, dies aus eigener Kraft kaum erreicht hätten.

Gehen wir weiter ins Detail, so fällt auf, dass die beiden Bereiche „Strategie" und „Ideologie" durchaus über Gemeinsamkeiten verfügen: In beiden finden sich *Machtstreben* und *Empathiemangel* wieder sowie ein *Mangel an Verbundenheit*. Andererseits weisen sie klare Unterschiede auf: Die *Wut* und *Verachtung* des Mönchs Heinrich Kramer etwa sind typische Anzeichen für eine unterentwickelte Souveränität aufgrund *bedingender Liebe* (vgl. Abb. 6 u. 7) – das Feindbild „Frauen" dürfte ihm spätestens im Laufe seiner Ausbildung zum Dominikanermönch geradezu „serviert" worden sein.[324] Um noch besser nachvollziehen zu können, was ihn angetrieben haben mag,

---

kaum glaubhaften Maße aus. Statt der Ruthen nahm er später lederne Riemen, an denen eiserne Zacken befestigt waren, denn für die Ruthenstreiche war er bereits unempfindlich geworden." Beispiel 2, M. Marie Alacoque, französische Salesianerin: Zeitweise trank sie *„nur Waschwasser, aß verschimmeltes Brot, faules Obst, wischte einmal mit ihrer Zunge den Auswurf eines Patienten [...]"*, (Heiligsprechung durch Papst Pius IX im Jahr 1864); aus: K. H. Deschner, „Das Kreuz mit der Kirche", 1973, Düsseldorf, Wien, S. 97/LATTORF, Ottmar: „Wer verfolgte die Hexen-Hebammen? Und warum?", S. 33.

[324] Sein Beitritt zum Orden war mit ca. 15 Jahren. Die Bibel hält in Bezug auf Frauen viele „Weisheiten" parat, z. B. *„Klein ist jede Bosheit gegen die Bosheit des Weibes"* (Prediger 25); vgl. LATTORF, Ottmar: „Wer verfolgte die Hexen-Hebammen? Und warum?", S. 30.

erscheint es notwendig, einen näheren Blick auf die damalige Gesellschaft und deren Entstehen zu werfen.

Nach der zum Teil äußerst blutigen Zerschlagung der germanischen Stämme (zuerst durch das Römische Reich, später durch die römisch-katholische Kirche), zuletzt der Friesen und Sachsen durch den Frankenkönig Karl (auch „Karl der Große" oder „Sachsenschlächter" genannt), wurden zwangschristianisierte Überlebende weitverstreut als leibeigene Bauern auf landwirtschaftlichen Flächen angesiedelt; nach außen unterworfen, hielt ein Teil der Menschen jedoch an den archaischen Traditionen fest. Zu bestimmten Zeiten im Monat und Jahr trafen sie sich an alten sakralen Orten, an Hainen, Lichtungen und warmen Quellen, bei Vollmond etwa zur Verehrung der Göttinnen und Götter. Ihr „Gottesdienst" war dabei auch *„Treffpunkt, um wichtige Informationen auszutauschen, Massenpicknick, Karneval, Trink- und Sexualorgie und Heilungszeremonie".[325]* Das Treiben der „Heiden"[326] wurde misstrauisch beäugt, blieb jedoch für lange Zeit relativ unbehelligt.[327] Im Laufe der Jahrhunderte veränderten sich die Gebräuche. An die Stelle der Wildbäder an warmen Quellen (zum Beispiel), den nächtlichen *Maienbädern*, rückten oftmals *Badehäuser*, die in Dörfern und Städten errichtet wurden; obwohl eher von weltlichem Charakter, standen sie nach wie vor im Dienste der Gesundheitspflege. Diese war vor Allem prophylaktisch ausgerichtet und hatte zur Aufgabe, die Lebensfreude zu fördern und trübe Gedanken zu verscheuchen. Die Mittel dazu lagen in der Erheiterung und Vergnügung sowie auch in der sexuellen Frei-

---

[325] Vgl. LATTORF, Ottmar: „Wer verfolgte die Hexen-Hebammen? Und warum?", S. 12.

[326] *Heid* bedeutet „die göttliche Kraft", das Wort *Heiden* bezieht sich zum einen auf die Landbevölkerung, zum anderen bezeichnet es Menschen, die die göttliche Kraft verehren.

[327] *„Nackte Menschen, die da in der Nacht auf den 1. Mai tanzten und nackt in den heiligen Quellen oder im Tau der Wiesen badeten, galten den christianisierten, un-informierten Zeitgenossen und später den Häschern der Inquisition als Angehörige eines unheimlich magischen Bundes, der seinen Sabbat beging"*; vgl. LATTORF, Ottmar: „Wer verfolgte die Hexen-Hebammen? Und warum?", S. 13-14.

zügigkeit der Menschen: Ziel war das Erfülltsein von großer Kraft. Trägerinnen der volkstümlichen Gesundheitspflege waren die Baderinnen sowie auch weise Frauen, *Saga*, *Venefica*, *Bella Donna* oder *Brauchweiber* genannt, *„die die Bräuche des Heilens, zuweilen auch des Verderbens"* kannten und – unabhängig von ihrer Stellung im Dorf – ein hohes und oft gefürchtetes Ansehen hatten.

Es ist durchaus vorstellbar, dass der Mönch Heinrich Kramer aufgrund seiner Stellung (als Kirchenvertreter) und seiner lebensfeindlichen Überzeugungen innerhalb der Bevölkerung oftmals geringgeschätzt, wenn nicht sogar verachtet wurde – ein Umstand, der zum Auslösen bzw. *Triggern* seiner Angst und Wut beigetragen haben dürfte. Dass sich Kramer für sein radikales Vorgehen eine Erlaubnis einholt, ist seiner stellungsbedingt mangelnden Durchsetzungskraft geschuldet, deutet jedoch auch gleichzeitig auf seine Furcht hin, die Zustimmung (bzw. Anerkennung) der ihm übergeordneten Instanz zu verlieren.

Im Gegensatz dazu lässt das Verhalten der damaligen Oberen bzw. Eliten Gewissenlosigkeit (Gefühlskälte, „Kaltschnäuzigkeit") erkennen und somit eine unterdrückte Angst; als weiteres Anzeichen für deren Existenz ist der absolute Kontrollzwang zu verstehen, der sich ausdrückt in der Maxime „Unterwerfen oder Töten" *(wer nicht für uns ist, ist gegen uns)*. Den Platz von Vertrauen und Verbundenheit haben längst Egoismus und Größenwahn eingenommen: Die Zustimmung Anderer wird nicht benötigt, stattdessen wird auf Eigensicherung mithilfe strategischer Planung gesetzt. Unstillbare Gier und Maßlosigkeit weisen jedoch darauf hin, dass eine *innere Sicherheit* auf diese Weise niemals zu erreichen ist (vgl. Abb. 8).

Beide Bereiche weisen auf eklatante Verletzungen menschlicher Souveränität hin, vor Allem auf traumatisierende Erfahrungen während der frühen Kindheit (Entwicklungstraumata). Obwohl sie theoretisch voneinander zu unterscheiden sind – die *Bedingende Liebe* ist als Vorstufe des Bereichs *Mangelnde Verbundenheit* zu verstehen –, sind die Grenzen in der Praxis oftmals fließend. So lässt Kramers Vorgehen zum Beispiel durchaus auch strategische Züge erkennen: Er erwirkt nicht nur die päpstliche Bulle – einen Erlass, dem sich niemand (mehr) wiedersetzen darf –, sondern biegt sich im Weiteren einen wissenschaftlichen „Beleg" zurecht, um seine Glaubenssätze auch mit dem Anstrich moralischer Legitimation zu versehen.[328] Auch weiß er sich die Ängste der Menschen zunutze zu machen, indem er sie gegeneinander aufhetzt (die „Hexen" sind schuld an der Pest).

Demgegenüber finden sich bis heute zahlreiche Fallbeispiele, in denen die Bereiche *Ideologie* und *Strategie* weitestgehend getrennt voneinander vorliegen: etwa im Fall

- des **Gender Mainstreamings,** (*Ideologie*: Vereinheitlichung der Geschlechter, *Strategie*: Z. B. Freisetzung der weiblichen Arbeitskraft),
- der **konventionellen Landwirtschaft** (*Ideologie*: Auftrag der Welternährung, Strategie: Gewinne durch den Verkauf von patentiertem und genmanipuliertem Saatgut, Dünge- und Spritzmitteln usw.) oder auch
- der **nationalen und internationalen Drogenpolitik** (*Ideologie*: Gesundheitsförderung mittels Drogenfreiheit, *Strategie*: Verkauf pharmazeutischer Produkte wie z. B. Schmerzmittel, Erhaltung illegaler Strukturen und Verkaufserlöse etc.).

---

[328] Weitere historische Beispiele für das Verwischen dieser Grenzen finden sich z. B. bei *Adolf Hitler,* dessen Persönlichkeit auf die Kombination von *starken, nicht-souveränen Emotionen* (Wut, Hass) und eines *Bedarfs an Anerkennung* (durch jubelnde Massen) mit einem *strategischen Denken* verweist. Ein anderes (Beispiel) ist die Bremerin *Gesche Gottfried*, die im 19. Jahrhundert als Giftmischerin hingerichtet wurde: Nach außen hin als hilfsbereite, ordnungsliebende und fleißige Frau bekannt (sie kümmerte sich rührend um die Dahinsiechenden in ihrer Familie, wurde auch „Engel von Bremen" genannt), tötet sie im Laufe mehrerer Jahre 18 Menschen, die ihr in irgendeiner Weise zu nahe getreten bzw. von ihr als Bedrohung/hinderlich für ihre Existenzsicherung empfunden worden sein dürften: ihre Eltern und ihren Bruder, Sohn und Töchter, (Ehe-)Männer, Freund*innen und Andere. In ihrem Fall findet sich kein ideologischer Hintergrund, wohl aber ein Bedarf an gesellschaftlicher Anerkennung (*Strategie der Tarnung*); vgl. Wikipedia, https://de.wikipedia.org/wiki/Gesche_Gottfried.

Letztendlich steht zu vermuten, dass die neuzeitlich geprägte Hexenverfolgung niemals ihre Durchschlagskraft erreicht hätte, hätten sich Mönche und Obrigkeit nicht zur Erreichung ihrer Ziele zusammengeschlossen: Weder hätten die Mönche über die Macht verfügt, sich durchzusetzen, noch wäre es den Kirchenoberen gelungen, einen emotionalen Propagandafeldzug zu inszenieren, der in der Lage ist, die Köpfe der Menschen zu erreichen, deren Ängste zu nutzen und sie *gegeneinander* aufzubringen anstatt wie bisher gegen einen äußeren Feind. In diesem Feldzug liegt ein Akt des Terrors, der die Gemeinschaft zersetzt und eine mögliche Gegenwehr bereits im Keim erstickt.

Auch ein weiterer Punkt spielt in diesem Zusammenhang eine wichtige Rolle: die Erfindung des Buchdrucks. Der „Hexenhammer" ist das erste Buch (noch vor der Bibel), das aufgrund der neuen Technologie eine größere Verbreitung findet – es ist kaum vorstellbar, dass die Ansichten Kramers ohne dieses Instrument eine ähnliche Beachtung gefunden hätten. Für die enorme Wirkkraft dieses *SIM-Machttrios* – des Verbundes aus Strategie, Ideologie und Medium – lassen sich bis heute zahllose Beispiele finden; exemplarisch sei auf die Prohibitionsgeschichte verwiesen, in der sich Strategie und Ideologie, wie oben beschrieben, vereinigen und zur Durchsetzung ihrer Ziele die Medien[329] instrumentalisieren („Mörderkraut Marihuana").

In unserer heutigen Wahrnehmung reduziert sich die Zeit der Hexenverfolgung in der Regel auf einen Abschnitt in der Geschichte, von dem wir in der Schule gehört haben und der sich in eine dunkle, nicht enden wollende Reihe von Gewaltexzessen einreiht. Jeder Krieg bedeutet eine Katastrophe und zeichnet die Menschen, die ihn überleben. Der *Krieg gegen die innerste Autonomie* jedoch hat Spuren hinterlassen, die bis in unsere Gegenwart reichen und das Wesen der Menschen – nicht nur im heutigen Deutschland – auf außergewöhnliche Weise geprägt und verändert haben.

Das Ausmaß der Vernichtung umfasst neben den Hinrichtungen auf Scheiterhaufen noch weitere Bereiche:

---

329 Medienschaffende, die in ihren Berichterstattungen *nicht neutral* sind, vertreten i. d. R. selbst elitäre und/oder ideologische Interessen.

- Die Zerstörung des kulturellen Erbes unserer Vorfahren, der Menschen germanischer, keltischer, slawischer und anderer Stämme und Völker: An dieser Stelle geht es nicht allein um den Verlust von Wissen (z. B. in Bezug auf Pflanzen), sondern auch um die Zerstörung der Mystik und alter sakraler Orte, an deren Stellen oftmals Kirchen errichtet wurden. Ebenso geht es um die Ausrottung der Jahreskreisfeste: Diese wurden, da es nicht gelingen wollte, die alten Riten aus dem Bewusstsein und den Herzen der Menschen zu löschen, schließlich in kirchliche Feiertage umbenannt und umgedeutet. Der Ursprung der Feste lag jedoch in der tiefen Verbindung der Menschen mit der Natur, in der Bedeutung der vier Jahreszeiten und einer Prägung durch Flora und Fauna; diese tieferen Wurzeln unserer Kultur wurden durch die Umdeutung der Feste zu einem großen Teil gekappt.[330]

- Rund 80 % der damaligen *mörderischen Jagd* haben sich auf deutschem, ehemals „germanischem" Boden abgespielt. Am mentalen Zustand eines Großteils der Deutschen lässt sich bis heute ablesen, wie effektiv und nachhaltig die Zerstörung der inneren Freiheit und Sicherheit „gelungen" ist. Die Anzeichen finden sich in deutschen Tu-

---

[330] Beispiele: Aus dem archaischen Frühlingsfest *Lichtmess* (im Keltischen *Imbolc* oder *Imbolg*, Fest der jungfräulichen, weißgewandeten Göttin Brigid) wurde *Maria Lichtmess*; aus der *Frühlingsgleiche* (zu Ehren von Ostara, auch Eostra oder Austra, Göttin des neuen Lichts, der Morgenröte und der Frühlingssonne) wurde *Ostern*, das Auferstehungsfest; die *Sommersonnenwende* (*Mittsommer*) – ein Feuerfest, an dem der schöne Sonnengott Balder (nordgermanisch) oder Belenos (keltisch) stirbt, dessen Platz von Loki oder Lugh (Lugus), dem feurigen Gott des Hochsommers, eingenommen wird – wird zum Gedenktag an den Tod Johannes des Täufers; *Nebelmond* oder *Samhain* (*Samuin*) zum Jahresende (November), die Zeit der Sammlung, der Geisterschar und des Spuks, wurde durch *Allerheiligen*, *Allerseelen* und den *Martinstag* ersetzt; die *Wintersonnenwende* schließlich, *Julfest* und *Mutternacht*, Feier zur Geburt des Sonnenkindes, ist dem *Weihnachtsfest* zu Ehren der Geburt Christi gewichen. Vgl. STORL, Wolf-Dieter: „Die alte Göttin und ihre Pflanzen. Wie wir durch Märchen zu unserer Urspiritualität finden", Kailash-Verlag.

genden wie Fleiß, Gehorsam, Ordnung und Disziplin, in dem Gütesiegel *Made in Germany*, im Verhalten *rechter* und *linker Wutbürger*,[331] in der Lethargie, mit der wir hinnehmen, was von „oben" verordnet wird, usw.[332]

- Der Krieg gegen die Autonomie ist zudem Ursache für das Aufkommen von Moral und Sexualfeindlichkeit; erst durch ihn ist es gelungen, Frauen zu Gebärmaschinen,[333] Hausfrauen und Dienerinnen abzurichten, Männer hingegen zu Verantwortlichen und Leistungserbringern. Damit einher geht eine Zersetzung innerster Verbundenheit und somit auch die Zerstörung der lebendigen Mann-Frau-Beziehung – mit der Folge, dass der *Teufelskerl* und das *wilde Weib*, der angstlose, zugewandte Mann und die vitale, lustvolle und selbstbestimmte Frau, heutzutage beinahe ausgestorben sind.[334]

- Nicht zuletzt liegt in der Verhinderung selbstbestimmter Familienplanung die Ursache für das Aufkommen von Bevölkerungsexplosionen. Steigende Geburtenzahlen bei relativ geringer Sterblichkeit haben grundsätzlich das Anwachsen einer Bevölkerung zur Folge und somit eine Verdichtung des bewohnten Raumes, sodass mit der Zeit unweigerlich ein Expansionsdruck entsteht. Das Auslöschen der weiblichen Autonomie ist somit auch ein Grund für Wanderbewegungen zur (häufig gewaltsamen) Erschließung neuer Lebensräume (Beispiel: Einwanderung europäischer Siedler in Nordamerika).

---

331 Ausdehnung des Begriffs „Wutbürger" auf das linke Lager, z. B. auf Linksautonome, Anti-Deutsche etc.

332 Zitat LENIN: „*Wenn deutsche Revolutionäre einen Bahnhof stürmen, dann lösen sie vorher noch eine Fahrkarte.*"

333 Unmittelbare Folgen des Verlustes weiblicher Autonomie waren ungewollte Schwangerschaften, ein psychisch vernachlässigter Nachwuchs, Säuglingssterblichkeit, Kindbettfieber und Mütterelend; eine langfristige Folge sind z. B. Geburtenexplosionen.

334 Vgl. LATTORF, Ottmar: „Wer verfolgte die Hexen-Hebammen? Und warum?", S. 35.

Betrachten wir die Institution *Kirche* aus dem Blickwinkel dieser „historischen Leistungen", dann stellt sich die wohlbegründete Frage: *Was bleibt von ihr, das es zu verteidigen gilt?* Doch bei aller Kritik sollte zumindest so viel klar sein: Jeder Ansatz einer kategorischen Verteufelung bedeutet nichts Anderes, als sich desselben Motivs zu bedienen, auf dem die Verbrechen der Kirche gründen. Unter ihrem Dach finden sich – unabhängig von hierarchischen Positionen – stets auch Menschen, die sich anderen verbunden fühlen und im Notfall ohne Wenn und Aber helfen, die nach Halt und Antworten suchen auf die elementaren Fragen unseres Daseins und dabei eine große spirituelle Kraft erleben. *Jesus von Nazareth*, Sohn von Maria und Josef, war Verfechter der Nächsten- *und* Selbstliebe[335] *(„liebe deinen Nächsten wie dich selbst")*, zudem stand er für ein entschiedenes Auflehnen gegen Unterdrückung; dass die Verbrechen der Kirche ausgerechnet in seinem Namen verübt wurden, macht aus ihm die am meisten missbrauchte Figur in der Menschheitsgeschichte. Die Verdrehung seiner Botschaft dürfte insbesondere darauf zurückzuführen sein, dass Christen im Laufe der ersten Jahrhunderte immer wieder selbst Verfolgungen und grausamen Hinrichtungen ausgeliefert waren – mit der Folge, dass an die Stelle ehemals humaner Ideale ein aus evolutionärer Sicht nachvollziehbares, geradezu logisches Verlangen nach absoluter Kontrolle gerückt ist. Somit offenbart sich am Beispiel des Christentums ein in dieser Welt allgemeingültiges, geschichtlich regelmäßig wiederkehrendes Motiv:

*Täter (und Täterinnen) sind stets ehemalige Opfer; Opfer werden häufig zu Täter*innen.*

Grund für das Verlangen nach Macht und Kontrolle ist also stets das Fokussieren der Eigensicherung, dies wiederum resultiert aus einem traumatischen Verlust zwischenmenschlicher

---

[335] Nicht zu verwechseln mit Egoismus und Narzissmus, die eine Überbetonung des Egos aufgrund mangelnder Verbundenheit ausdrücken. Mit „Selbstliebe" ist gemeint, sich so anzunehmen, wie man ist, oder: mit sich im Reinen zu sein.

Verbundenheit. Weitere Beispiele für diesen Mechanismus finden sich in sämtlichen globalen Kriegen und Auseinandersetzungen sowie auch im Alltag und auf politischer Ebene. Es bleibt zu erkennen, dass ein *innerer und äußerer Frieden* niemals durch das Unterdrücken (oder Abtöten) von Bedürfnissen erreicht werden kann. Vielmehr wird ein stabiler Frieden dadurch erzielt, dass – zum einen – junge Menschen (bzw. Kleinkinder) durch das Erfüllen ihrer evolutionären Erwartungen die Gelegenheit erhalten, eine belastbare innere Sicherheit und Freiheit (bzw. Verbundenheit und Autonomie) auszubilden; zum anderen basiert die Möglichkeit eines Friedens darauf, dass wir Instrumente und Gelegenheiten an die Hand bekommen, um die Verwundungen unserer eigenen Souveränität zu erkennen und zu behandeln – mit dem Ziel, entstandene Blockaden so gut es geht abzubauen.

20. Unsere Zukunft ist (auch) eine Frage der Bildung. Doch welcher?

Nach Jahrhunderten der Repressionen (insbesondere) gegenüber Frauen sowie vor dem Hintergrund einer weltweit großen Anzahl von Menschen wird heute intensiv darüber nachgedacht, Frauen und Mädchen auch in den sogenannten Entwicklungsländern zu stärken. *Bildung* gilt als neue „Wunderwaffe" – zumal die Erfahrung zeigt, dass gut ausgebildete Frauen weniger Kinder bekommen. Damit deutet sich bereits an, dass der schöne Schein mal wieder trügt, denn auch in diesem Fall wird es nicht darum gehen, Menschen in ihrer Souveränität zu stärken. Durch das Vermitteln von Bildungsinhalten, die (wie derzeit üblich) marktwirtschaftlichen Interessen dienen, ist es zweifellos möglich, die finanzielle Unabhängigkeit von Frauen zunächst zu steigern. Auf diese Weise werden jedoch auch individualistische Tendenzen befördert und mit ihnen ein weiteres Auflösen von Verbundenheit und Gemeinschaft. Davon abgesehen sind Bildungsoffensiven in der Regel nur solange erfolgreich, wie sich das Erlangen von Wissen auszahlt und ein Zugang zu interessanten, sicheren und gutbezahlten Arbeitsplätzen gewährleistet ist; übersteigt das Bildungsniveau einer Bevölkerung einen bestimmten Grad, so kippt dieser Effekt, mit der Folge, dass die Chancen der oder des Einzelnen sich wieder reduzieren und im Weiteren im Sande verlaufen (*„Wenn im Theater alle aufstehen, sieht keiner besser"*[336]); Akademiker*innen verschiedener Nationen, die bspw. als Taxifahrer*innen ihr Geld verdienen, wissen diese Aussage zu bestätigen.

Die Zeit scheint also reif, neue Wege zu beschreiten. Zum Beispiel könnte parallel zur Förderung von Erwerbsarbeit künftig auch eine Rückkehr zur Eigenarbeit bzw. *Subsistenzwirtschaft* unterstützt werden – nicht nur in Bezug auf die übliche „Entwicklungshilfe", sondern in Hinblick auf eine allgemeine gesellschaftliche Entwicklung. Dies würde bedeuten, dass ent-

---

[336] Zitat des Soziologen Heinz BUDE.

sprechendes Handwerkszeug zur Verfügung gestellt wird: zum Beispiel ein freier Zugang zu entsprechenden Ressourcen (Boden, Wasser etc.), Hilfestellungen beim Erlangen von spezifischem Wissen[337] sowie auch beim (Wieder-)Aufbau sinnvoller gemeinschaftlicher Strukturen und vieles mehr. Ein solches Vorgehen setzt allerdings ein massives Umdenken in Politik, Wirtschaft und Gesellschaft voraus, insbesondere eine Abkehr von der Maxime eines kontinuierlichen Wirtschaftswachstums – womit zu vermuten steht, dass mit dieser Art der Förderung vonseiten des Staates bis auf Weiteres nicht zu rechnen ist.

Dabei brächte das Fördern menschlicher Souveränität sehr viele Vorteile mit sich. *Souveränität* bezieht sich – um es noch einmal zu betonen – nicht allein auf äußere Umstände, sondern ebenso auf das Innere eines Menschen, sodass ein Fördern auch den Abbau innerer Blockaden wie Angst, Wut oder Resignation bedeutet. Auf diese Weise werden Individuum und Gemeinschaft gestärkt und somit Entwicklungen auf den Weg gebracht, die in der Lage sind, tradierte Verletzungsmuster hinter sich zu lassen. Darüber hinaus wird das Entstehen „neuer" Formen des Zusammenlebens gefördert, die auf uralte Weise Sicherheit gewähren und somit eine reale Möglichkeit bieten, kulturelle Auswüchse – wie bspw. eine Jungenpräferenz – ein für alle Mal zu überwinden. (Lebens-)Gemeinschaften etwa, die größer sind als die heutigen Kleinfamilien und ein bedingungsloses Geben und Nehmen zur Grundlage haben – womit die Versorgung der und des Einzelnen in jedem Fall gesichert ist –, machen im Einzelfall unabhängig davon, wie viele Kinder ein Paar bekommt und ob es sich dabei um Jungen oder Mädchen handelt.

Darüber hinaus weisen Menschen souveräner Gemeinschaften *nicht* die uns bekannten Tendenzen vieler junger Erwachsener auf, das Elternhaus so bald wie möglich hinter sich zu lassen, um ein „eigenes" Leben zu beginnen: Anstelle dieses Abwehrmechanismus hat sich bei ihnen eine innere Autonomie entwickelt, zudem sorgt eine größere Verbundenheit für ein entspanntes Verhältnis zu den Eltern. Die Folge ist, dass z. B.

---

[337] Vor allem in Bezug auf Standorte und Produktionsverfahren.

junge Frauen sehr viel eher geneigt sind, die eigenen Kinder in enger Gemeinschaft oder Kooperation mit ihren Müttern (bzw. Eltern) aufwachsen zu lassen.[338] Auf diese Weise kann mit der Zeit (wieder) eine *Matrilokalität* entstehen, ein Sitz der Mütter und verlässliches Nest im Zentrum einer Gemeinschaft, das Kindern jene Form von Kontinuität und Beständigkeit bietet, die sie benötigen, um Wurzeln schlagen und Potenziale frei entfalten zu können, und das ihre Versorgung unter allen Umständen gewährleistet – unabhängig davon, ob ihre Mütter und Väter einer Eigen- oder Erwerbsarbeit nachgehen, ob sie ein Paar sind (oder auch nicht) oder irgendwann entschließen, sich zu trennen usw.[339] Durch das Einbetten der Klein- oder Kernfamilien in größere, überschaubare Strukturen – wie auch immer eine solche Gemeinschaft im Detail aussehen mag –, kann bspw. auch die Gründung aufwändiger separater Hausstände im bisherigen Stil entfallen, sowie auch die Tradition teurer Verlobungsgeschenke oder einer hohen Mitgift, wie sie in Ländern wie China oder Indien bis heute üblich sind und oft zu Problemen führen.

---

[338] Auch werden deren Mütter bzw. Eltern bereit sein, das Begleiten der Enkel mitzutragen.

[339] An dieser Stelle sei ausdrücklich darauf hingewiesen, dass die Rolle der Väter nicht geschmälert werden soll. Indigene Kulturen mit *Matrilokalität* handhaben deren Rolle unterschiedlich (der Begriff „Matriarchat" ist irreführend: Eine „Mütterherrschaft" – so die genaue Übersetzung – wird durch die Autorin genauso abgelehnt wie die Vaterherrschaft, das Patriarchat): Es gibt Männer, die ihre Dörfer verlassen und zu ihren Frauen ziehen (Beispiel: Yequana), und es gibt andere Kulturen, in denen sich die sog. „Besuchsehe" etabliert hat: Die Männer bleiben bei ihren Ursprungsfamilien wohnen und „besuchen" ihre Frauen. Das Manko, dass Väter ihren Kindern nicht wie benötigt zur Verfügung stehen, wird kompensiert durch männliche Verwandte der Mutter, die diesen Part übernehmen.

Die Zeit des globalen Kapitalismus, auch *Megamaschine*[340] genannt, dürfte begrenzt sein. Diese Einschätzung beruht auf folgender Überlegung: Ein Wirtschaftssystem, das dauerhaft mehr Ressourcen verbraucht als von der Natur nachproduziert werden können, muss zwangsläufig scheitern; die Grenzen der Biosphäre (der Böden, Süßwasservorräte, Artenvielfalt, Ozeane und Wälder) sind gleichzeitig die Grenzen der „Megamaschine". Hinzu kommt, dass eine wachsende Schieflage bei der Verteilung des Geldes (wovon auch zunehmend die Mittelschichten betroffen sind) zur Folge hat, dass es für Unternehmen immer schwieriger wird, Waren (und Dienstleistungen) zu profitablen Preisen zu verkaufen. Um dennoch ein Wachstum generieren zu können, weicht die Wirtschaft vermehrt auf Finanzspekulationen aus, die sich in immer größeren Zusammenbrüchen entladen und dabei Wirtschaft und Staaten destabilisieren.

„Wer eine Zeitung aufschlägt oder Nachrichten hört, fühlt sich in ein Panoptikum von Katastrophenmeldungen versetzt: hier eine verheerende Dürre, dort ein zerfallender Staat, hier ein Terroranschlag, dort ein Finanz-Crash. Man kann alle diese Ereignisse als unzusammenhängende Einzelphänomene betrachten [...]. Man kann sie aber auch in einem größeren Zusammenhang sehen und darin Symptome einer systemischen Krise erkennen, deren einzelne Zweige gemeinsame Wurzeln haben."[341]

Wie sehr das aktuelle System an seine Grenzen stößt und somit ein Umdenken erfordert, zeigt auch folgendes Problem: In Gesellschaften, in denen gemeinschaftliche durch individualistische Strukturen abgelöst werden, erfolgt in manchen Ländern

---

[340] Der Begriff geht auf den US-amerikanischen Historiker, Wissenschaftler (u. a.) Lewis MUMFORD (1895-1990) zurück.
[341] Vgl. SCHEIDLER, Fabian: „Ausstieg aus der Megamaschine" in *Oya – anders denken. anders leben*, Nr. 37/2016, S. 14 ff.

das Installieren eines alternativen Sozialversicherungssystems, das z. B. eine gesetzliche Rentenversicherung enthält. Deren Funktion ist jedoch – unter anderem – von einer *pyramidalen Altersstruktur* abhängig,[342] d. h. von relativ wenigen alten im Vergleich zu jungen Menschen. Das bedeutet wiederum, dass dieses System auf Dauer unvereinbar sein dürfte mit zurückgehenden Geburtenzahlen (siehe z. B. Probleme in Deutschland oder China).

Gesellschaftliche Veränderungen sind auf Dauer also unvermeidlich und die einzige Frage ist, ob wir eines Tages mit ihnen konfrontiert sein werden oder ob es uns gelingen wird, sie aktiv und in unserem eigenen Sinne zu gestalten – das von Charles Darwin beschriebene Prinzip *Survival of the Fittest*[343] beschreibt das Überleben von Arten, die am besten an ihre Umwelt angepasst sind, und nicht, wie häufig verstanden, ein Durchsetzen des Stärkeren gegenüber Anderen. *Angepasst-Sein* steht hier explizit nicht für Unterordnung und Verlust von Individualität. Ganz im Gegenteil: Um sich Veränderungen der Lebensbedingungen anpassen zu können, bedarf es Menschen, die über eine lebendige Kreativität verfügen, über Neugierde, Vertrauen, verschiedenste Kenntnisse und Fähigkeiten (wie z. B. Entscheidungsfähigkeit), vor Allem über ein ausgewogenes Verhältnis zwischen *Mut* und *Vorsicht*. Doch wie gelangen wir von unserer heutigen Position aus zurück zu diesem Menschen?

---

[342] Ein weiterer Einfluss auf das Funktionieren eines Generationenvertrags erfolgt bspw. durch die Steigerung der Produktivität (→ höherer Ertrag pro eingesetzte menschliche Arbeitskraft, z. B. aufgrund eines steigenden Maschineneinsatzes), das (Nicht-)Einbeziehen von Beiträgen von Besserverdienenden (z. B. Beamte) sowie durch das Kappen der Einzahlungshöhe mit Hilfe einer Beitragsbemessungsgrenze.
[343] „Überleben der Fittesten"; Evolutionstheorie bzw. Theorie der natürlichen Auslese nach Charles Darwin.

22. Der Weg in die Zukunft

Fest steht bisher nur eins: Ein Patentrezept zur Rückerlangung menschlicher Souveränität wird es nicht geben. Der Weg dorthin wird vielmehr eine Ansammlung von Einzelschritten sein, das Ergebnis zahlreicher individueller Überzeugungen und Bemühungen. Eine Schlüsselfunktion kommt dabei unserer *Reflexions-* und *Gestaltungsfähigkeit* zu, d. h. der Fähigkeit, sich

1. der realen Dimensionen unserer Blockaden bewusst zu werden (hierzu zählt das Identifizieren von Gefühlen wie Angst, Wut, Verachtung, Trauer, Machtlosigkeit ebenso wie das Erforschen von deren Ursachen und Auswirkungen)
2. sowie nach entsprechenden Lösungsansätzen zu suchen.

Gesellschaftliche Ängste

Eine notwendige Reflexionsarbeit kann z. B. beinhalten, gesellschaftliche Angstzustände unter die Lupe zu nehmen. Hier geht es nicht allein um offensichtliche psychische Auffälligkeiten wie Paranoia oder Klaustrophobie: Die meisten unserer Ängste kommen sehr viel subtiler und alltäglicher daher, nicht selten in Form scheinbarer Banalitäten, sei es das exzessive Verwenden von Sonnencreme (Angst vor Sonnenstrahlen), das Eindecken mit Versicherungspolicen (Angst vor finanziellen Verlusten), das Verbot an Kinder, rohen Kuchenteig zu naschen (Angst vor Salmonellen), ein Verzicht auf Waldbeeren (Angst vorm Fuchsbandwurm) und wildwachsende Pilze (Angst vor Vergiftungen) etc. Diese und andere zumeist unterschwelligen Ängste – es geht hier um mehr als reine Vorsichtsmaßnahmen – teilen sich uns stets in gleicher Weise mit: Vermeintliche Gefahrenquellen werden, anstatt zu einem angemessenen Umgang mit ihnen zu gelangen, rigoros und bedenkenlos (unreflektiert) verbannt, verboten oder sogar vernichtet (Beispiele: Drogenpolitik, Zer-

treten von Pilzkörpern, Ausreißen von Neophyten, Ausrotten
von „Unkraut" und „Ungeziefer").

Die Rolle der Medien

An dieser Stelle kommt wiederholt den Medien eine tragende
Rolle zu. Im Rahmen von Berichterstattungen in Fernsehen,
Hörfunk, Printmedien und Internet werden oftmals diffuse
Ängste innerhalb der Bevölkerung aufgegriffen und auf bestimmte Projektionsflächen gelenkt – ob absichtlich oder nicht,
ist eine Frage des Einzelfalls und sei dahingestellt. Ein überaus
anschauliches Beispiel für diese Praxis liefert der mediale Umgang mit Heilkräutern. Seit geraumer Zeit bereits wird vor dem
Genuss traditioneller Kräutertees wie Pfefferminze, Kamille
oder Melisse gewarnt, oder es werden Experten zitiert, die
dringend vom Konsum (insbesondere) selbstgesammelter Kräu-
ter wie Beinwell, Borretsch oder Huflattich abraten. In beiden
Fällen werden als Grund Pyrrolizidinalkaloide (PA) angegeben:
sekundäre Pflanzenstoffe, die von vielen Pflanzen zum Schutz
vor Fraßfeinden produziert werden. In einer oftmals undiffe-
renzierten Berichterstattung werden PA als grundsätzlich gefährlich, da potenziell leberschädigend, erbgutverändernd und
krebserregend, dargestellt. Die Folge ist, dass jede Pflanze, die
mit ihnen in Verbindung steht, oft pauschal als giftig oder ihr
Gebrauch als bedenklich eingestuft wird.

Ganz so einfach ist die Sache jedoch nicht. Heilkräuter wie der
Huflattich und Beinwell werden bereits seit Jahrtausenden sehr
erfolgreich medizinisch verwendet; dies ist eine Tatsache, die
mit der heutigen Stigmatisierung der Pflanzen nicht zu vereinbaren ist.

Werfen wir also ein weiteres Mal einen kritischen Blick auf
die Art medialer Berichterstattung. Beim Thema „Selbstmedika-
tion mit Kräutern" lässt sich oftmals ein mangelndes Bemühen
vonseiten der Medien erkennen, das komplexe Thema „Pyrrolizidinalkaloide" übersichtlich – das heißt knapp, aber umfassend
– aufzubereiten und darzustellen. Die Kritik bezieht sich z. B.
auf folgende Punkte:

256

- Untersuchungen wie z. B. durch Stiftung Warentest ergeben regelmäßig erhöhte Alkaloidwerte selbst in Teeproduktionen aus Kräutern, die an und für sich als unbedenklich gelten, z. B. Minze, Kamille oder auch Melisse. Phänomene dieser Art lassen sich in aller Regel auf produktionsbedingte Verunreinigungen zurückführen: Im Zuge maschineller Ernteverfahren gelangen auch unerwünschte, teils giftige Begleitkräuter mit hohen Gehalten an Pyrrolizidinalkaloiden ins Erntegut. Dieses wichtige Detail geht jedoch kaum bzw. nur unzureichend in die Berichterstattung ein – mit der Folge, dass in der öffentlichen Wahrnehmung die erhöhten Werte oftmals mit den Heilpflanzen selbst in Verbindung gebracht werden.[344]

- PA sind in sehr vielen Pflanzen enthalten, weltweit in rund 6.000 Arten; ein Teil von ihnen gilt als (leber-)toxisch, darunter z. B. das *Senecionin* und das *Senkirkin*. Beide Alkaloide sind (bspw.) sowohl im Jakobskraut, einer extrem giftigen und von Landwirten gefürchteten Pflanze[345], als auch im Heilkraut Huflattich enthalten. Die Folge ist, dass der Huflattich, obwohl seit dem Altertum vielerorts und sehr erfolgreich verwendet (insbesondere bei Atemwegsinfek-

---

[344] Vgl. Verbraucherzentrale, „Pyrrolizidinalkaloide in Kräutertees und Tees" vom 15.02.2016;
https://www.verbraucherzentrale.de/wissen/lebensmittel/lebensmittel produktion/pyrrolizidinalkaloide-in-kraeutertees-und-tees-11450.
[345] Auch *Jakobs-Greiskraut* oder *Jakobs-Kreuzkraut* genannt (Gattung Greiskräuter, Senecio). Das produktionsbedingt ins Heu gelangte Kraut wird von Weidetieren im getrockneten Zustand nicht mehr identifiziert und daher mitgefressen. Dies führt auf Dauer z. B. zu Leberverhärtungen, die oftmals tödlich enden. Gegner des Jakobskrauts führen an, Rinder und Pferde würden nicht nur das getrocknete, sondern auch frisches Kraut von der Weide fressen; demgegenüber steht die Aussage anderer Eigner oder Pächter, deren Tiere das frische Kraut angeblich nicht anrühren. Als Begründung für die Vergiftungen wird die „Unkenntnis" junger Tiere angeführt (die zur Folge hat, dass auch junge Blattrosetten gefressen werden), ebenso ein Hunger der Tiere aufgrund mangelhaften Bewuchses der Weiden (das Kraut siedelt sich gerne auf intensiv genutzten Fläche an). Somit ergeben sich aus der Argumentation der Gegner auch gleich mögliche Lösungsansätze.

tionen), plötzlich als „bedenklich" gilt. Diese Einordnung erfolgt äußerst unreflektiert, vor Allem, weil der Gehalt von PA je nach Pflanzenart (und auch je nach Tageszeit, Jahreszeit und Standort) beträchtlich variieren kann: So liegt er beim Huflattich (mit bis zu 0,02 %) deutlich geringer als beim Jakobskraut (mit bis zu 0,3 %).[346]

- Startschuss für die „Verteufelung" des Huflattichs war die Meldung amerikanischer Medien im Jahr 1988 über den Tod eines Neugeborenen infolge eines Lebervenenverschlusses. Die Nachricht erfolgte mit Hinweis darauf, die Mutter habe während der Schwangerschaft huflattichhaltigen Tee getrunken.[347] Später sollte sich zwar herausstellen, dass die werdende Mutter ebenfalls halluzinogene Pilze konsumiert hatte, dass der getrunkene „Huflattichtee" ein Teegemisch aus 10 verschiedenen Pflanzen war und letztlich nicht einmal mehr sicher gesagt werden konnte, ob Huflattich darin enthalten war – eine entsprechende Gegendarstellung in den Medien blieb jedoch aus. Stattdessen kündigte das deutsche Bundesgesundheitsamt (BGA) am 10. August 1988[348] unter Berufung auf einen Aufsatz im amerikanischen *Journal of Pediatrics* an, die Herstellung von Arzneimitteln, die Huflattich, Borretsch, Pestwurz, Beinwell oder Waldkreuzkraut enthielten, künftig zu untersagen.[349]
- Wissenschaftliche Versuche an Tieren, durchgeführt zum Nachweis einer Toxizität von Huflattich und Beinwell, erscheinen bei genauerer Betrachtung zudem fragwürdig.[350]

---

[346] Vgl. http://www.giftpflanzen.com/tussilago_farfara.html.

[347] *„Säugling stirbt an Leberzirrhose. Mutters Kräutertee war tödlich"*, Schlagzeile in der *Medical Tribune*, medizinische Fachzeitschrift, Ausgabe Nr. 32 vom 12. August 1988, S. 3; vgl. https://www.storl.de/neuigkeiten/pyrrolizidin-und-borrelien.

[348] Möglich ist, dass von behördlicher Seite aus „überreagiert" wurde aus Angst vor einer weiteren Fehleinschätzung (vor dem Hintergrund des zurückliegenden Contaganskandals von 1961/62).

[349] Vgl. https://www.storl.de/neuigkeiten/pyrrolizidin-und-borrelien/#quelle18.

[350] Vgl. https://www.heilkraeuter.de/rezept/pyrrolizidinalkaloide.htm.

Test-Ratten, deren Futter z. B. Huflattich in unterschiedlichen Mengen enthielt, verweigerten ab einem bestimmten Anteil die Nahrungsaufnahme. Die Tiere wurden daraufhin zwangsernährt: Damit waren sie einer Stresssituation ausgesetzt, die bereits für sich als karzinomfördernd gilt. Schließlich entwickelten sich die (von den Wissenschaftlern erwarteten) Lebertumore, nachdem die Tiere monate- bzw. jahrelang über Schlundsonden zwangsernährt worden waren oder den Pflanzenwirkstoff in isolierter Form gespritzt bekommen hatten.[351]

-   Darüber hinaus entspricht die Menge an Huflattichblättern, die den Tieren verabreicht wurde, umgerechnet einer Ration von vier Apothekerpackungen täglich – ein solcher Konsum entspricht jedoch keinesfalls einer bedarfsorientierten Nutzung. Heilkräuter sind Arzneien und somit wirksame Drogen, die nicht zum kontinuierlichen täglichen Gebrauch bestimmt sind[352]. Letztendlich gibt es wohl keine Substanz, die nicht auch überdosiert werden könnte:

„Alle Dinge sind Gift, und nichts ist ohne Gift; allein die Dosis machts, daß ein Ding kein Gift sei."[353]

Am Beispiel der Heilkräuter wird letztendlich deutlich, wie sehr eine undifferenzierte Berichterstattung geeignet ist, gesellschaftliche Ängste aufzugreifen und somit Denk- und Verhaltensweisen nachhaltig zu beeinflussen. Der Kulturanthropologe und Ethnobotaniker Wolf-Dieter STORL kommentiert die Diskussion um die Heilkräuter wie folgt:

„Die in der getrockneten Droge nachweisbaren Mengen an Pyrrolizidinalkaloiden sind so gering, dass sie praktisch vernachlässigt werden können. [...] Mit den Untersuchungstechniken

---

[351] Die Wirkweise eines isolierten Pflanzenstoffs ist grundsätzlich nicht identisch mit dessen Wirkweise im Verbund mit anderen Stoffen innerhalb einer Pflanze.
[352] Als Faustregel gilt: Kuranwendungen im Bedarfsfall, 2-3 Tassen täglich, max. 4-6 Wochen, dann (bei weiterem Bedarf) Pflanze wechseln.
[353] PARACELSUS, schweizerischer Arzt, Naturforscher und Philosoph.

moderner Labore könnte man wohl leberschädigende oder krebsauslösende Bestandteile in fast allen Heil-, Nahrungs- und Genussmitteln nachweisen. Kochsalz, Wein, Schokolade, Kaffee, Mandeln, Aufschnitt, Fisch, Konfitüre oder auch Fertiggerichte müssten nach demselben Maßstab, der an die Heilpflanzen angelegt wurde, wahrscheinlich verboten werden.[354]

Die Wut in uns

Ein weiterer Teil der Reflexionsarbeit bezieht sich auf das Erkennen von Wut in ihren unterschiedlichen Formen und Gestalten. Im täglichen Sprachgebrauch werden die Worte „Zorn" und „Wut" häufig synonym verwendet, woraus hervorgeht, dass ihre unterschiedlichen Bedeutungen nicht immer klar sind (*„Zorn ist Wut mit Abitur"*[355]); es zeigt sich, dass ein Abgrenzen der beiden Gefühle oftmals schwerfällt. Im vorliegenden Buch werden die Begriffe wie folgt verwendet: Während Zorn (auch Ärger, Trotz) gesehen wird als Ausdruck einer Abwehrreaktion mit dem Ziel, Selbstbestimmung zu erhalten oder wiederherzustellen, gilt Wut hier als (möglicher) Ausdruck für die Erfahrung und Verinnerlichung des eigenen Unvermögens, sich gegen Andere zu behaupten. Beide Prägungen werden, wie schon an anderer Stelle erwähnt, in der frühen Kindheit verortet.

Während wir für gewöhnlich kein Problem damit haben, Aggressionen in Form von Provozieren, Beleidigen, Randalieren, Pöbeln oder Prügeln eindeutig mit Wut in Verbindung zu bringen[356], tun wir uns derzeit noch schwer damit, andere, gesell-

---

354 Siehe: STORL, Wolf-Dieter: „Mit Pflanzen verbunden", S. 111. Die Unbedenklichkeit von Heilkräutern bei medizinischem Gebrauch, insbesondere bei Vorlage der ursprünglichen, pflanzlichen Form, wird lt. STORL von anderen Experten bestätigt; vgl. dazu auch https://www.storl.de/neuigkeiten/pyrrolizidin-und-borrelien.
355 Spruch des Kabarettisten Hagen RETHER.
356 Weitere Merkmale von Wut finden sich im Verletzen, Bloßstellen, Verleumden, Abwerten und Ausschließen von Menschen, ebenso in der Bereitschaft, Andere sich selbst zu überlassen („selbst schuld"); eng mit ihr verwandt sind Verächtlichkeit, Spott und Häme.

schaftlich anerkannte Verhaltensweisen, die sich mit Machtstreben[357], Überheblichkeit[358], Herablassung und Geringschätzung[359] übersetzen lassen, ebenfalls als (mehr oder weniger) subtile Aggressionen und somit als Facetten bzw. Begleiter der Wut anzuerkennen. Das Fehlen offensichtlicher emotionaler Impulse – dank „guter" Erziehung werden diese unterdrückt – verhindert hier oftmals eine entsprechende Zuordnung (vgl. Abb. 6). Diese Erkenntnis birgt jedoch eine Gefahr: Sobald wir bereit sind, den erweiterten Wutbegriff zu akzeptieren, eröffnet sich uns (wieder einmal) die Frage, wie stabil eigentlich die Fundamente sind, auf denen unsere gesellschaftliche Ordnung gründet.

Die verschiedenen Ursachen für das Entstehen von Stress

Stress bedeutet Anspannung und wird grundsätzlich durch Situationen hervorgerufen, die einer *Bedürfnis*befriedigung entgegenstehen. Er ist Auslöser körperlicher Vorgänge, deren Aufgabe es ist, uns in Aktivität zu versetzen – mit dem Ziel, Bedrohungen (bzw. ungünstige Situationen) zu überwinden und eine Ausgangslage wiederherzustellen (Entspannung). Unser heutiger, üblicher Stress weicht jedoch oftmals von diesem Mechanismus ab. Zwar reagiert unser Körper nach wie vor z. B. mit einem Anstieg der (Anti-)Stresshormone Adrenalin und Cortisol, um Blutdruck, Herzfrequenz, Blutzucker etc. zu erhöhen (zur Bereitstellung benötigter Energie), ein tatsächliches

---

357 Beispiele: Streben nach gesellschaftlichen Machtpositionen, Erteilen von Anweisungen als Selbstverständlichkeit.
358 Beispiele: Verweigerung der Auseinandersetzung und Überheben der eigenen Ansichten aufgrund von Ausbildung und erworbenem Titel (Doktor, Professor etc.), Besserwisserei, Vorgabe von Regeln.
359 Beispiele: Adultismus (Kinder werden nicht als „vollwertige" Menschen gesehen; Klassismus („Unterschicht").

Aktivwerden zum Überwinden der Anspannung bleibt jedoch in vielen Fällen aus[360], somit auch eine mögliche *Ent*spannung.

Hierin dürfte der wichtigste Grund für das Entstehen von Krankheiten zu sehen sein: Obwohl wir tagtäglich Erregern, möglichen Allergenen, Giftstoffen und Sonstigem ausgesetzt sind, haben diese in der Regel keine Auswirkungen auf uns. Erst eine Schwächung des Immunsystems – verursacht durch Stress, der (u. a.) die Produktion von Cortisol beeinflusst und somit unsere Immunabwehr – ermöglicht oftmals das Entstehen von Krankheiten, so die naheliegende Schlussfolgerung. Somit ist Stress, wie wir ihn heute kennen, längst selbst zu einer möglichen Bedrohung für uns geworden.

Die Ausgangspunkte für diese Entwicklung finden sich größtenteils in der (frühen) Kindheit: regelmäßige Stresssituationen führen dort zu Verletzungen in der Persönlichkeitsentwicklung. Nicht jeder Stress hinterlässt Spuren: Erst wenn eine Situation uns massiv überfordert (z. B. Gewalterfahrungen, Vergewaltigungen, Katastrophen) oder wenn wir regelmäßig Erfahrungen ausgesetzt sind, die nicht unseren evolutionären Erwartungen entsprechen,[361] mündet Stress in einer Traumatisierung: in einem *Schock-* oder *Entwicklungstrauma*, unter Umständen auch in beidem.[362]

---

[360] Wir ertragen z. B. Situationen, die uns stressen, weil wir Angst vor den Folgen haben, die ein Abwehren bzw. Abwehrversuch nach sich ziehen könnte. → *Erstarren*

[361] Stellen wir uns einmal vor, wir wären der freien Wildnis ausgesetzt, könnten weder laufen noch sprechen, uns kaum bewegen und auch nur schlecht sehen – wie hoch würden wir wohl unsere Überlebenschancen einschätzen? Genau in diesem Zustand kommen wir zur Welt. Doch anstatt auf der Stelle in Sorge zu verfallen, hat uns die Evolution mit einem Urvertrauen ausgestattet. Das heißt, wir kommen zur Welt in der *Erwartung*, stets sicher zu sein: Gesichert durch Andere, solange wir zur Eigensicherung nicht fähig sind, und mit genügend Freiraum, der uns nach einem inneren Plan Fähigkeiten entwickeln lässt, die eine selbständige bzw. Eigensicherung ermöglichen.

[362] Unterschiede: Ein Schocktrauma bezieht sich vor Allem auf den Bereich Geborgenheit/Sicherheit/Gelassenheit, ein Entwicklungstrauma auch auf die Bereiche Fähigkeiten, Selbstvertrauen, Selbstbewusstsein und Achtsamkeit.

Es ist wichtig zu verstehen, dass der Stress, der uns heute umgibt und von dem wir wissen, dass er auf Dauer ungesund ist, in den meisten Fällen durch bestimmte Auslöser („Trigger") hervorgerufen, aber *nicht verursacht* wird, und somit auf emotionalen Erinnerungen an *alte* Verletzungen fußt; steigen Gefühle wie Ärger, Sorge, Angst, Panik, Traurigkeit, Wut, Hass oder Verächtlichkeit in uns auf, liegt grundsätzlich ein Berühren, Aufreißen oder Vertiefen alter Wunden zugrunde.[363]

Solange wir nicht wissen, woher unser üblicher Stress (in all seinen Facetten) tatsächlich rührt, können wir auch keine brauchbare Vorstellung darüber entwickeln, wie er zu vermeiden oder grundlegend zu beseitigen ist. Traumatischen Stress zu überwinden bedeutet *nicht*, mit auslösenden Faktoren (Ärger mit Vorgesetzten, Kolleg*innen, Partner*innen etc.) lediglich besser umgehen zu lernen (z. B. mit Hilfe von Yoga, Laufen, Boxen): Es geht nicht darum, Anspannungen abzubauen, nur um weitere ertragen zu können und auch künftigen Belastungen gewachsen zu sein. Überwinden bedeutet Veränderung: Sobald wir hinterfragen, warum wir bestimmte Zustände aushalten oder auf bestimmte Weisen agieren (*Woher rühren meine Ängste? Warum trete ich dominant auf?*), halten wir den Schlüssel zu einem Prozess innerer Reifung in Händen.

Sollten wir uns also entscheiden, Stress möglichst zu überwinden und somit auch zu einem besseren Miteinander zu gelangen, so finden wir den wichtigsten Ansatzpunkt dazu *nicht* im Außen bzw. in anderen Menschen[364], sondern in uns selbst. Mit jeder Blockade, die wir lösen, jeder Verletzung, der wir uns

---

[363] Beispiel: Wir *ärgern* uns nicht nur über den anderen Autofahrer, der uns gerade die Vorfahrt nimmt, sondern auch über Dinge, die runterfallen oder im Weg sind. Spätestens hier wird erkennbar, dass der Auslöser für einen von uns empfundenen Stress nicht dessen Ursache ist: Fallende Gegenstände folgen lediglich einem physikalischen Gesetz – objektiv gesehen besteht also kein Grund, ärgerlich oder wütend zu sein. Wut (auch Angst, Traurigkeit etc.) ist immer Wundschmerz. Das aufkommende Gefühl der Wut (bspw.) resultiert aus der Erinnerung an frühe Erfahrungen, in denen der eigene Wille nichts auszurichten vermochte bzw. übergangen wurde.

[364] Die Suche nach Schuldigen führt nicht weiter, da sie keine Entwicklung beinhaltet.

– unvoreingenommen und urteilsfrei – zuwenden, können Mut und Selbstverständnis wachsen (vorausgesetzt, wir überfordern uns nicht), und wir lernen wieder zu kämpfen und uns zu behaupten, anstatt von vornherein zu erstarren oder zu „fliehen"; wir verlassen ungesunde Beziehungen[365], bauen einen wachsenden inneren wie auch äußeren Frieden auf und übernehmen zunehmend die Gestaltung unseres Lebens. Das Aufarbeiten innerer Blockaden und Verletzungen zur Überwindung von Stress bedeutet somit nicht weniger als den Versuch, zu einem gesunden Selbst zu finden, gelingende Beziehungen zu führen und letztendlich glücklich zu sein.

---

[365] In der Retraumatisierung heilt man nicht, weder physisch noch psychisch. Belastende Beziehungen zu verlassen erfordert jedoch, im Vorfeld sicherzugehen, dass die Veränderungen nicht von einem Stress zum nächsten führen.

23. Die Rückeroberung der Souveränität

Der letzte Teil dieses Buches widmet sich der Frage, wie ein Weg zurück zu Selbstermächtigung und innerem Frieden im Detail aussehen kann. Staatliche Hilfen können sehr hilfreich sein, *Voraussetzung* für eine Entwicklung sind sie jedoch nicht, denn das größte Potenzial zur Veränderung liegt in uns selbst.

Im Folgenden findet sich eine Sammlung möglicher Ansatzpunkte, darunter etliche, die nicht neu, sondern oft in Vergessenheit geraten sind; andere sind eher unbekannt und warten noch darauf, getestet zu werden. Ziel ist an dieser Stelle nicht das Anbieten einer vollständigen Liste, eher geht es darum, Impulse zu setzen zur Anregung von Aktivität und Kreativität, sodass weitere Ideen hinzukommen können.

Um das Ganze möglichst übersichtlich zu gestalten, werden die einzelnen Punkte in vier Rubriken unterteilt (*Umgang mit uns selbst*; *Umgang mit Kindern*; *Gemeinschaftsbildung*; *Was können staatliche Aufgaben sein?*); darüber hinaus werden nur einige von ihnen vertieft, andere hingegen oberflächlich dargestellt.

Umgang mit uns selbst

Achtsamkeitstraining. Sich in Achtsamkeit zu üben bedeutet u. a., *Selbst-bewusstsein* zu trainieren, d. h. sich des eigenen Selbst bewusst zu werden. Sich zu verstehen (*Was treibt mich an? Was mute ich mir/Anderen zu?*) und – ohne Schuldzuweisung – in allen Aspekten zu akzeptieren (*Ich darf sein, wie ich bin. Alles hat seinen Grund*), ist Voraussetzung für inneres Wachstum und ein gelingendes Miteinander. Selbstbewusstsein bezieht sich nicht nur auf Fähigkeiten und besondere Vorzüge, sondern auch auf eigene Bedürfnisse, Motive und Gefühle. Geübt werden Konzentration, Aufmerksamkeit, Körperwahrnehmung (*Was fühle/empfinde ich? Wie äußern sich meine Bedürfnisse?*). Anstatt aufsteigende, nicht erwünschte Gefühle zu unterdrücken, gilt es, sie zu identifizieren und mög-

lichst wertfrei zu beobachten (*Verhaften mich Schuldgefühle,
Scham, Sehnsucht, Reue, Trauer, Angst, Wut, Verachtung, Hass,
Ärger oder Bitterkeit in der Vergangenheit? Sorge ich mich um
die Zukunft? Ist es mir möglich, im Hier und Jetzt zu sein?*). In
einer akuten Stresssituation (z. B. Wut) innerlich auf Abstand zu
gehen, ohne Gefühle zu unterdrücken, ist hohe Kunst, selbst
ein nachträgliches Betrachten will gelernt sein. Bei der Förderung von Achtsamkeit können Yoga, Meditation, Tai Chi und
viele andere Maßnahmen große Unterstützung leisten,[366] so
wie geeignete Psychotherapien hilfreich sind beim Aufspüren
und Erkennen von Verhaltensmustern, verdrängten Gefühlen
und zugrunde liegenden Traumatisierungen.

Behandeln energetischer Blockaden und ihrer Folgen. Schock-
und Entwicklungstraumata führen zu *energetischen Blockierun-
gen*, die sich ausdrücken in Angst, Wut, Trauer usw. Werden
Traumata/Blockaden durch auslösende Momente („Trigger")
aktiviert[367], führt dies zu einer Kaskade möglicher Reaktionen:
zu mehr oder weniger hohen Anspannungen mit Unwohlsein,
auf Dauer zu Schmerzen und körperlichen Leiden (z. B. Rü-
ckenmuskulatur), Erschöpfungszuständen (hoher Energiebedarf), zu einem körperlichen Abbau durch den übermäßigen
Verbrauch benötigter Substanzen/Nährstoffe (z. B. Vitamine,
Mineralien etc.[368]), auch zu Kompensation (Ersatzbefriedigung)
und Suchtentwicklung. Darüber hinaus wird bei hohem Stress-
erleben die Immunabwehr geschwächt, sodass sich weitere
Krankheiten entwickeln können aufgrund von Erregern, Aller-

---

366 Siehe z. B. auch die Schriften und Vorträge von Eckhart TOLLE, einem in Deutschland geborenen und in Kanada lebenden spirituellen
Lehrer; vgl. bspw. „Jetzt! Die Kraft der Gegenwart", audible-Verlag.
367 Auslösende Momente sind z. B. Kritiken (bspw. durch Vorgesetzte),
Drohungen, Zurückweisungen, Übergangen-Werden etc.
368 Überwiegende katabole Effekte (anabole/aufbauende und katabo-
le/abbauende Effekte sind nicht im Gleichgewicht): übermäßiger Abbau
von im Körper eingelagerten Substanzen bei unzureichendem Nach-
schub über die Ernährung, bspw. wird das in Knochen vorhandene
Calcium abgebaut (z. B. Entstehen von Osteoporose).

genen oder Toxinen, möglicherweise auch durch Strahlung und genetische Dispositionen.

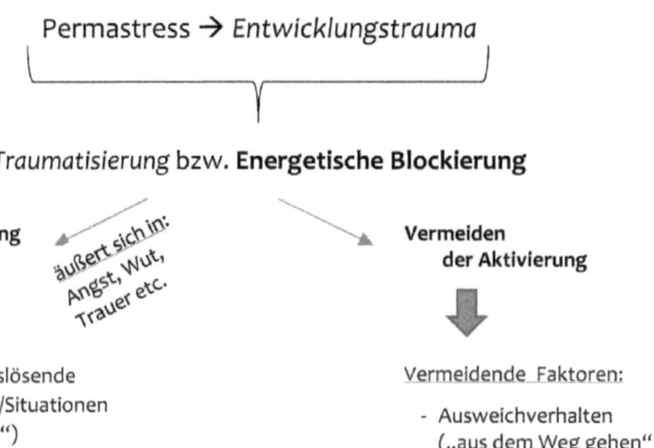

Abbildung 15 –
Energetische Blockierung: Ursachen und Folgen

Grundlagen der heutigen westlichen Medizin sind vor Allem das Behandeln von Krankheitssymptomen und das Eliminieren krankmachender Faktoren wie Erreger oder Allergene (eine

Ausnahme bildet hier die Psychotherapie). Auf diese Weise lassen sich häufig schnelle Effekte erzielen, ein Auftreten unerwünschter, teils massiver Nebenwirkungen macht jedoch weitere Eingriffe in das organische System des Menschen erforderlich. Im Gegensatz dazu setzen mutmaßlich viele alternative Heilmethoden zuvorderst an der Inaktivierung einer Blockierung an, insbesondere durch den Abbau körperlicher Anspannungen[369]. Zur Anwendung kommen dabei Maßnahmen und Methoden aus unterschiedlichen Kulturen, z. B. Akupunktur, Akupressur, Yoga, Meditation, Homöopathie, Kneippanwendungen, Phytotherapie (Kräuterheilkunde), Massagen, Kinesiologie, Osteopathie, KSS-Methode,[370] MET[371], Hypnotherapie[372] oder die Wim-Hof-Methode[373]. Inzwischen werden jedoch ne-

---

[369] Eine weitere Möglichkeit hierzu liegt in sportlichen Betätigungen.
[370] Sbon-Sdo-Methode des Koreaners Kim; vgl. KIM, Sae-Yion: „Ein neuer Weg in der Naturmedizin", Kim-IS-Verlag, Köln, 2018; vgl. z. B. auch YouTube, NewKSNS, Beitrag vom 03.01.20: https://www.youtube.com/watch?v=GKDSm-WMDi0&t=312s.
[371] Siehe bspw. „MET Klopftherapie im ZDF Mittags-Magazin", https://www.youtube.com/watch?v=5Z6e4qNJDU0.
[372] SCHMIDT, Gunther: „Einführung in die hypnosystemische Therapie und Beratung", Carl-Auer-Verlag; vgl. https://www.meihei.de/medien-1/audio-video/.
[373] Trainingsmethode zur mentalen Überwindung von Stress, benannt nach ihrem Erfinder, dem Niederländer Wim HOF. Bei dieser wird sich gezielt einer Stresssituation in Form eines starken Kältereizes ausgesetzt (z. B. kalt duschen, Tauchen im Eiswasser → fokussiert und bündelt die Aufmerksamkeit, befördert ins Hier und Jetzt, lässt anderen Stress, z. B. durch Retraumatisierung, vergessen). Gleichzeitig verhindert ein bewusstes mentales Gegensteuern, basierend auf einer von Hof entwickelten Atemtechnik, das Auslösen von Stressreaktionen (Erhöhung von Atemfrequenz, Herzschlag, Blutdruck etc.), d. h. die körpereigene Steuerung durch das autonome Nervensystem wird außer Kraft gesetzt. Das Vermeiden der Anspannung durch Deaktivierung der Stressreaktionen dürfte dazu führen, dass der Körper keine zusätzliche Energie bereitstellt, die im kalten Wasser über die Haut abgegeben würde, sodass die Körpertemperatur relativ konstant gehalten werden kann (erinnert an den Winterschlaf von Tieren). Das willkürliche Hervorrufen dieses mentalen Zustands ermöglicht grundsätzlich, ungünstigen Situationen im Außen gut zu widerstehen; vgl. HOF, Wim und

ben der westlichen Schulmedizin immer häufiger auch alternative Verfahren (z. B. Meditation, Yoga, MET) kritisiert,[374] da auch mit ihnen ausschließlich oder vorrangig das Ziel verfolgt wird, Menschen wieder fit zu machen, um sie dann in die gleichen Strukturen zu entlassen, die für ihr Unwohlsein verantwortlich gemacht werden. Folgt man dieser Argumentation, so bedeutet das letztendlich: Um wirklich zu heilen, darf die Ursachenforschung nicht bei auslösenden Momenten stehenbleiben, sondern muss bis an die Wurzeln vordringen.

Inneres Kind, innere Kritiker. Hier geht es um eine Therapieform mit Hilfe von inneren Bildern, um die Sicht auf Persönlichkeitsanteile zu lenken, die aufgrund von Traumatisierungen nicht ausreifen konnten und unser Verhalten beeinflussen. Ziel ist bspw., das verletzte Kind in sich zu entdecken und zu „adoptieren", es zu fordern, ohne zu überfordern, es zu schützen, aber nicht abzuschotten, es zu führen, ohne es zu bevormunden. Ebenfalls gilt es, das innere Kind (und somit sich selbst) vor Wertungen innerer und äußerer Kritiker in Schutz zu nehmen (ohne dabei die Kritik außer Acht zu lassen).

Beste Form der Nachhaltigkeit. Das Aufarbeiten von Verletzungen ist nicht nur die beste Gesundheitsvorsorge, sondern auch der nachhaltigste Umweltschutz: Wo Bedürfnisse befriedigt werden, wird ein Bedarf an Ersatzbefriedigungen abgebaut (oder verhindert), sodass weniger Zucker, Fett, Fleisch, Alkohol, Zigaretten, Medikamente und anderen Drogen benötigt werden, auch gieren wir dann nicht wie heute üblich nach Smartphones und schnellen Autos. Folgen der Bedürfnisbefriedigung sind ein geringerer Konsum, auch weniger Müll und Verkehr (etc.).

DE JONG, Koen: „Nie wieder krank: Gesund, stark und leistungsfähig durch die Kraft der Kälte", riva-Verlag, München, 2018.
[374] Auf andere Kritiken, bspw. vonseiten der Schulmedizin, die alternativen Ansätzen oftmals pauschal jede Wirksamkeit abspricht, wird an dieser Stelle nicht eingegangen.

Tragen und Stillen. Wir Menschen sind Traglinge. Da wir hilflos zur Welt kommen, sind wir auf Verbundenheit angewiesen, die sich uns zunächst kaum anders als durch Körperkontakt vermitteln kann; die Erwartung von Säuglingen, getragen zu werden, ist Bestandteil ihres Urvertrauens. Erst durch bestätigende Erfahrungen kann aus der „Idee Sicherheit" eine stabile, belastbare Überzeugung oder Haltung werden. Beim Stillen wird zudem das Hormon Oxytocin vermehrt ausgeschüttet, was die Verbundenheit zwischen Mutter und Kind weiter stärkt. Je intensiver am Anfang der benötigte Kontakt zwischen beiden, desto größer die Basis für eine stabile, gesunde Entwicklung des Kindes.

Gemeinsames Schlafen. Kinder, die im Elternbett schlafen dürfen, erhalten die Möglichkeit, Geborgenheit zu tanken. Auf diese Weise kann mutmaßlich auch ein kleiner Ausgleich geschaffen werden für im Tagesverlauf entstandene Defizite durch Berufstätigkeit und Besuch von Einrichtungen (Kita etc.): Zeiten, in denen Eltern ihren Kindern nicht zur Rückversicherung zur Verfügung stehen. Ein Bedarf an Geborgenheit kann sich bspw. darin äußern, dass Kinder das Elternbett nicht so schnell freiwillig verlassen. Vor allem Säuglinge sollten nicht isoliert schlafen (→ höhere Gefahr für den Plötzlichen Kindstod, vgl. Fußnote 16).

Erwerbsarbeit plus Kinder. Manche Arbeiten im Rahmen von Erwerbstätigkeit können gut von zuhause aus erledigt werden, viele Arbeitgeber räumen inzwischen (evtl. auf Anfrage) diese Möglichkeit ein. Je älter die Kinder, desto weniger ist eine unmittelbare Anwesenheit der Eltern (MBP) permanent erforderlich, sodass diese einer Beschäftigung nachgehen können und bei einem Bedarf kindlicher Rückversicherung dennoch erreichbar sind. Noch entspannter wird die Situation, wenn Kinder zusätzlich von anderen Bezugspersonen umgeben sind, was im Rahmen größerer, überschaubarer Gemeinschaften möglich ist.

Arbeiten mit Kindern. „Arbeit" bedeutet längst nicht nur Erwerbstätigkeit. Ebenso bezieht sich der Begriff auf Erledigungen, die der täglichen Versorgung dienen, wie z. B. Nahrungsmittelproduktion oder -beschaffung, Nahrungszubereitung, Pflegetätigkeiten etc. (Im Übrigen ist auch *Lernen* Arbeit, da es voraussetzt, sich mit etwas zu beschäftigen. Hinweise auf den Zusammenhang finden sich in der Sprache: z. B. Schularbeiten, Klassenarbeit, Projektarbeit, Frühförderung = Arbeiten *mit* Kindern. *Selbstbestimmtes Lernen* bedeutet also selbstbestimmtes Arbeiten; das *Arbeiten nach Vorgaben* von Schulkindern hingegen ist vergleichbar mit der Kinderarbeit in anderen Ländern, die von uns angeprangert wird.)

„Souveräne Entwicklung" bedeutet auch: keine Trennung von Kindern und Erwachsenen, die zu Befremdung führt, sondern Teilhabe am Leben der jeweils Anderen. Dies beinhaltet bspw. ein selbstbestimmtes Teilnehmen von Kindern an elterlicher Arbeit – also ohne Druck, Drängen und Bewerten. Kleine Kinder zum Mitmachen zu motivieren, ist selten notwendig, da sie von Natur aus neugierig und am Ausprobieren interessiert sind.[375] Lässt man sie im eigenen Tempo gewähren, lernen sie mit wachsender Begeisterung, entfalten Fähigkeiten und gewinnen an Selbstvertrauen (evolutionäres „Programm"). Darüber hinaus wachsen sie in eine Welt hinein, in der „Arbeit" nicht zwangsläufig mit Mühsal und dem „Ernst des Lebens" verbunden ist, sondern – Allem voran – mit Freude und Gemeinschaftserfahrung. Kindern hierzulande eine souveräne Entwicklung zu ermöglichen, setzt jedoch in der Regel voraus, bestehende Rahmenbedingungen zu überdenken, z. B. in Bezug auf Prioritätensetzung und eigene „Aufgeräumtheit", aber auch bezüglich der Überwindung kleinfamiliärer Isolation durch das Einbeziehen weiterer Menschen.[376]

---

[375] Wenn sich dies im Laufe der Zeit verliert, dann aufgrund von Missachtung autonomer kindlicher Bestrebungen.

[376] Vgl. STÜVE, Susann: „Böckchen zu Gärtnern", in *Oya*, Ausgabe 33; https://oya-onli-ne.de/article/read/1968.html?highlight=b%C3%B6ckchen%20zu%20g%C3%A4rtnern.

Konsequenzen aus der Berücksichtigung kindlicher Autonomie. Ein konsequentes Beachten des kindlichen Willens stellt für uns noch in anderer Hinsicht eine erhebliche Herausforderung dar. LIEDLOFF beschreibt in ihrem Buch *Auf der Suche nach dem verlorenen Glück*, wie bspw. Babys der Yequana ungehindert nach scharfen Messern greifen (deren Gebrauch sie zuvor beobachten konnten) und sie an der Klinge fassen oder Kinder unbeaufsichtigt in der Nähe von Gruben spielen, im Fluss schwimmen und ab einem Alter von etwa 18 Monaten das Schießen mit Pfeil und Bogen üben – und bei all dem weit weniger Unfälle erleben als Kinder in der zivilisierten Welt.[377] Die meisten von uns dürfte diese Vorstellung befremden und überfordern, da wir von einem Zustand solchen Vertrauens heute meilenweit entfernt sind; Kinder in der zivilisierten Welt erfahren häufig Bevormundung und Kontrolle, sodass ihre eigene Achtsamkeit schwindet. Kein Grund jedoch zu verzagen und die Hände in den Schoß zu legen: Die Rückgewinnung von Vertrauen und Achtsamkeit wird ein Prozess sein, der Zeit braucht und von vielen kleinen und größeren Schritten leben wird.

Aufbau geeigneter Strukturen zur Betreuung von Kindern. Die Überwindung kleinfamiliärer Isolation zur Schaffung stabiler kompakter Strukturen stellt eine wesentliche Maßnahme dar, um Kindern ein Verwurzeln zu ermöglichen (für inneres Wachstum): z. B. durch gelebte Nachbarschaft mit gegenseitiger Unterstützung (z. B. Hausgemeinschaften), vor Allem aber durch den Aufbau größerer Gemeinschaften (Bsp.: Mehrgenerationenprojekte, Kommunen). Erforderlich für ein gelingendes Miteinander ist in der Regel das Arbeiten an sich selbst; auch Kommunikationstrainings können weiterhelfen (mehr dazu unter „Gemeinschaftsbildung").

---

[377] Vgl. LIEDLOFF, Jean: „Auf der Suche nach dem verlorenen Glück – Gegen die Zerstörung unserer Glücksfähigkeit in der frühen Kindheit", S. 134 f.

Freie Schulen, freies Lernen. In Deutschland herrscht seit 1919 eine allgemeine Schulpflicht: Zur Vermittlung von Bildung an Kinder ist der Besuch einer (staatlichen oder privaten) Schule zwingend vorgeschrieben (Bildungsmonopol).[378] Verstöße gegen dieses Gesetz gelten als Ordnungswidrigkeit und werden bei Anhalten mit Bußgeldern und Arresten bis hin zu Geldstrafen und Freiheitsentzug geahndet, auch droht ein Teilentzug des elterlichen Sorgerechts (Aufenthaltsbestimmungsrecht). Somit wirft die Schulpflicht Probleme auf, da sich viele Kinder im Schulbetrieb nicht wohlfühlen (auch aufgrund von Ausgrenzungserfahrungen[379]) und zum Teil den Besuch verweigern, was zu Konflikten führt und zu unterschiedlichen Reaktionen vonseiten der Eltern.

Doch Aussteiger finden sich nicht nur unter Schulkindern, sondern auch unter den Lehrenden. Deren Entscheidung zum Ausstieg wird nicht selten mit dem bestehenden Zwang zur Konformität begründet (Missachten unterschiedlicher Interessen und Bedürfnisse), auch wird dem Schulsystem vorgeworfen, Eigeninitiative und Kreativität von Kindern oft zu verhindern und ihnen somit die Lust am Lernen zu nehmen. Das Verhältnis zwischen Lehrenden, Kindern und Eltern ist begleitet von Konflikten (oftmals auch durch Anforderungen der Eltern an die Schulen): Die Folge ist, dass viele Kinder und Lehrende nicht glücklich sind, manche sogar krank werden, ein paar von ihnen steigen schließlich aus. Viele andere arrangieren sich mit der Situation; längst haben sie verinnerlicht, dass der persönliche Wille, falls sie ihn kennen, oft nicht zählt. Der öffentliche

---

[378] Die Analphabetisierungsrate ist laut dem österreichischen Kindheitsforscher Michael Hüter heute auf dem gleichen Stand (15-18%) wie vor Einführung der allgemeinen Schulpflicht: vgl. Vortrag: „Evolution durch Liebe", https://kenfm.de/vortrag-von-michael-hueter-evolution-durch-liebe, ab 14:00.

[379] Schulverweigerungen werden oft ausschließlich mit politisch oder religiös motivierten Eltern in Verbindung gebracht, die staatliche Schulen ablehnen und ihre Kinder selbst unterrichten wollen. Diese Darstellung ist jedoch eindimensional und dient wohl lediglich der Legitimation von zum Teil drastischen Strafen (mit Verweis auf eine mutmaßliche Kindeswohlgefährdung).

Dienst gilt zudem als einer der letzten Horte sicherer Arbeitsplätze, sodass ein solcher in der Regel nicht „leichtfertig aufs Spiel" gesetzt wird.

Lösungswege aus dieser Situation sind durchaus vorhanden. Zum Beispiel könnten sich vermehrt Lehrende, Eltern und Kinder zusammenschließen und Schulen gründen, die freieren Konzepten folgen. Wie dies gehen kann und welche anderen Möglichkeiten bestehen, zeigen bestehende Projekte wie *Schulen im Aufbruch*[380] oder das Weiterbildungsangebot *LernKultur-Zeit*.[381]

Eine andere Option liegt in der (Hinwirkung zur) Abschaffung der allgemeinen Schulpflicht, denn entgegen landläufiger Meinung ist diese weder formal noch zu Bildungszwecken notwendig:

„Nicht nur in den USA, auch in Großbritannien, Dänemark, Österreich oder Finnland besteht keine Schulpflicht. Dort herrscht stattdessen Bildungs- oder Unterrichtspflicht. Das bedeutet: Wo auch immer ein Kind lernt, ob bei den Eltern, bei Privatlehrern oder älteren Geschwistern, regelmäßig wird von staatlichen Institutionen überprüft, ob der Wissensstand demjenigen an öffentlichen Schulen entspricht. Um dieses Stückchen Bildungsfreiheit in Deutschland herzustellen, müsste nicht einmal das Grundgesetz geändert werden. Dort ist zwar die staatliche Schulaufsicht verankert, von einer allgemeinen Schulpflicht aber ist nicht die Rede."[382]

Eine breitere Diskussion um die allgemeine Schulpflicht in Deutschland ist somit längst überfällig. Benötigt werden dringend Konzepte, die ein selbstbestimmtes Lernen ermöglichen

---

[380] Gegründet von Gerald Hüther, Margret Rasfeld und Stefan Breidenbach, ausgezeichnet durch die UNESCO, siehe www.schule-im-aufbruch.de;
vgl. RASFELD, Margret und BREIDENBACH, Stephan: „Schulen im Aufbruch – Eine Anstiftung", Kösel-Verlag 2014.
[381] Vgl. https://www.lernkulturzeit.de.
[382] Vgl. ZEIT-online, „Schulpflicht muss nicht sein" von Sabine ETZOLD, 29.11.2001; https://www.zeit.de/2001/49/Schulpflicht_muss_nicht_sein.

und somit z. B. auch das heute bekannte „Bulimie"-Lernen ersetzen. Die Realität zeigt zudem: Kinder, die keine Schule besuchen, sondern zuhause von ihren Eltern begleitet werden, landen nicht wie oft befürchtet „in der Gosse", sondern sind durchaus erfolgreich. Schulabschlüsse können auch von Externen erzielt werden, sodass ein Zuhause-Lernen einer freien Berufswahl nicht entgegensteht.[383]

Gemeinschaftsbildung

Bausteine der Empathie. Verständnis aufzubringen für Verhaltensweisen, die (in den Abbildungen 4 bis 8) dem horizontalen Bereich „Erstarren" zugeordnet werden, fällt uns in der Regel nicht allzu schwer. Bezogen auf den Bereich „Fliehen" sieht das oft anders aus – obwohl sich auch dort erlebte Verletzungen ausdrücken. Unser Mangel an Verständnis erklärt sich dadurch, dass betreffende Menschen in uns Stress auslösen (anstelle von Sympathien), zudem werden ihnen oftmals Absichten, d. h. bewusste Entscheidungen unterstellt: Dies zeigt sich bspw. in dem Vorwurf, egoistische Menschen würden keine Rücksicht nehmen, was sie tun *könnten*, aber nicht *wollen*. Ein solcher Mangel an Verständnis für unliebsame Verhaltensweisen anderer Leute basiert auf der jeweils eigenen, in solchen Momenten eingeschränkten Wahrnehmungsfähigkeit bzw. auf einer mangelnden Offenheit aufgrund von Wut, Angst, Trauer (etc.). Beziehungsarbeit kann somit nur erfolgreich sein, wenn wir es schaffen, den Fokus in erster Linie auf die eigene (selbstbezogene) Achtsamkeit zu legen.

Empathie wird häufig mit „Einfühlungsvermögen" übersetzt, beinhaltet jedoch drei verschiedene Bausteine: Die Fähigkeit,

---

[383] Eltern von Schulverweigerern finden bspw. Rat bei der Freilerner-Solidargemeinschaft e. V., https://www.freilerner-solidargemeinschaft.de.

Empfindungen und Motive einer anderen Person *zu erkennen, zu verstehen* und *nachzuempfinden*.[384]

Abbildung 16 – Die Bausteine der Empathie

EMPATHIE		
ERKENNEN	VERSTEHEN	NACH-EMPFINDEN
VO-RAUS-SET-ZUNG: **Einfühlungs-vermögen**	**Offenheit** durch Nicht-getriggert-Werden (kein Stress durch Retraumatisie-rung), Freisein von Empfin-dungen wie Angst, Wut, Verachtung etc.	**Mitgefühl** (→ Mit*leid* = Getriggert-Werden, Mit-Empfinden von Traurigkeit aufgrund von Retraumatisie-rung)
VOR-KOM-MEN: Nicht bei Autismus — Insbeson-dere bei "Mangelnde Verbunden-heit" (z. B. Psy-chopathie)	Nicht bei: • "Bedingende Liebe" • "Mangelnde Verbunden-heit" (jeweils *Flie-hen/Erstarren*)	Nicht bei: • "Bedingende Liebe" • "Mangelnde Verbunden-heit" (jeweils *Flie-hen/Erstarren*)

---

[384] Definition angelehnt an Wikipedia, vgl. https://de.wikipedia.org/wiki/Empathie.

Beispiel: Verhaltensweisen aus dem Bereich *Mangelnde Verbundenheit* (Abb. 8) legen nahe, dass betreffende Menschen außerordentlich gut in der Lage sind, Gefühle und Bedürfnisse anderer Menschen zu *erkennen*, somit ein gutes *Einfühlungsvermögen* besitzen. Einschränkungen finden sich bei manchen von ihnen an anderer Stelle: Aufgrund von Bewältigungsstrategien wie Verdrängen oder Unterdrücken ist das Empfinden und Nachempfinden von Gefühlen nicht oder kaum möglich: Resultat ist ein Mangel an Mitgefühl.[385]

Die Motive anderer Menschen verstehen zu können bedeutet jedoch nicht, sich gegen mögliche Angriffe nicht mehr zur Wehr zu setzen. Vielmehr befähigt uns das Erlangen von Verständnis, Auseinandersetzungen und Kämpfe *anders* zu führen: möglichst ohne ein Entwickeln von Gewaltspiralen.

Kommunikation und Konflikte. Da Prozesse der Selbstheilung und inneren Befriedung nicht von heute auf morgen greifen werden, benötigen wir Instrumente an die Hand (z. B. Coachings, Methoden), die uns beziehungsbewahrend miteinander umgehen und streiten lassen, um ein notwendiges Stabilisieren von Gemeinschaften dennoch zu ermöglichen. Stichworte sind hier: *Gewaltfreie Kommunikation* (Marshall B. Rosenberg), *Zwiegespräche* (Michael Lukas Moeller), Redestabtechnik[386].

Belebung der Nachbarschaft. Das anonyme Nebeneinander, das heute vor Allem in Mietshäusern oftmals zum Alltag gehört, lässt sich durch ein Beleben der Nachbarschaft überwinden.

---

[385] Ein wesentliches Merkmal des Gesamtbereichs *Mangelnde Anerkennung* ist eine permanente Aufmerksamkeit bzw. Alarmbereitschaft aufgrund mangelnder Verbundenheit (→ Vertrauensverlust). Beispiel Psychopathie: Das Erkennen von Empfindungen/Bedürfnissen ist Grundlage erfolgreicher Manipulation. Im Gegensatz dazu ist der *Autismus* gekennzeichnet durch eine mangelnde Fähigkeit, Gefühle zu identifizieren.

[386] Der *Redestab* ist ein ursprünglich schamanisches Instrument, das bei wichtigen Gesprächen in der Gruppe kreist oder wandert und dem jeweiligen Redner ungeteilte Aufmerksamkeit zusichert.

Maßnahmen können sein: Aufeinander-Zugehen (Vorstellungs-besuch beim Einzug, insbesondere bei unmittelbaren Nach-barn), Organisieren von Haus- oder Straßenfesten, Anbieten von Hilfen, Übernehmen von Patenschaften (z. B. Oma-/Opa-Ersatz) für bedürftige Nachbarskinder und zur Entlastung über-forderter Eltern, gegenseitiges Kinderhüten, Hausaufgabenhilfe etc.

Gründung von Lebensgemeinschaften. Lebensgemeinschaften, die über die Kernfamilie (z. B. Kinder, Mutter, Vater) hinausge-hen, können aus weiteren Familienangehörigen, sogenannten „Sippschaften" bestehen (den eigenen Eltern, Großeltern, Ge-schwistern etc.) – müssen sie aber nicht. Bekannt sind bspw. auch Kommunen, deren Mitglieder im Unterschied zu denen von Wohngemeinschaften gemeinsam wirtschaften (Beispiel: *Kommune Niederkaufungen*[387]). Vorlagen für alternative Le-bensformen finden sich bspw. auch im Ökodorf *Sieben Lin-den*[388] (Sachsen-Anhalt), im „Zirkuswagendorf" *Bokel*[389] (Schleswig-Holstein) oder in dem Ort *Heckenbeck*[390] (Südnie-dersachsen) mit seiner lebendigen Dorfgemeinschaft.

Ernährungssouveränität. Um unser Leben in einer zivilisierten Gesellschaft bestreiten zu können, gehen wir in der Regel einer Erwerbsarbeit nach; im Gegenzug erhalten wir Geld, das wir benötigen, um versorgende Waren zu konsumieren. Dieser Automatismus steht jedoch zunehmend in Frage, da gutbezahl-te, sichere Arbeitsplätze für viele Menschen immer seltener werden. Parallel dazu wächst ein Interesse am Selbermachen, Selbstversorgen und Gemeinschaffen, die als erfüllend emp-funden werden – Hinweise darauf finden sich nicht zuletzt in

---

[387] Vgl. https://www.kommune-niederkaufungen.de.
[388] Vgl. YouTube, „Die Ökodorf Bewegung - eine Produktion von Raute Film", https://www.youtube.com/watch?v=Tkkf-1r3gAM.
[389] Vgl. YouTube, „Alternativ leben in Schleswig-Holstein: Ein Dorf voller Zirkuswagen | die nordstory | NDR Doku", https://www.youtube.com/watch?v=267aONDK7ic.
[390] Vgl. YouTube, „Gelungenes Dorfleben in Heckenbeck", http://www.heckenbeck-online.de/ndr-heckenbeck-film.

der zunehmenden Zahl freiwilliger Erntehelfer, bspw. bei Weinlesen in Deutschland oder Frankreich oder bei Olivenernten in Italien. Somit könnte in einer schrittweisen Rückkehr zur Subsistenzwirtschaft für viele Menschen hierzulande eine denkbare Lösung liegen.[391]

Doch auch andere Gründe machen ein Umdenken erforderlich. Die Produktion unserer Waren und Güter (auch Lebensmittel in Bio-Qualität) findet großteils im Ausland statt und geht dort nach wie vor häufig mit Landraub, Vertreibung, Ausbeutung und Verwüstung einher; eine der Folgen ist, dass Menschen, oftmals Indigene, ihre Lebensgrundlagen verlieren und bei Widerstand unter Umständen riskieren, getötet zu werden.

Während viele Vertreter und Vertreterinnen der industriellen Landwirtschaft von deren Alternativlosigkeit überzeugt zu sein scheinen, kommt der *Weltagrarbericht* von 2003, initiiert von der Weltbank und den Vereinten Nationen, zu der Schlussfolgerung, dass ein *Weiter-wie-Bisher* keine Option ist: Stattdessen fordert er die Ausdehnung ökologischer Landwirtschaft und die Förderung kleinbäuerlicher Strukturen. Zahlreiche weltweite Projekte (z. B. Aufforstungen in Wüstengebieten) belegen inzwischen eindrücklich, dass ein Wandel machbar ist.[392] Weitere Stichworte sind hier: *Permakultur, Waldgärten, Stadtgärten* („Urban Gardening"), *ökologische Kreisläufe* etc.

---

[391] Viele von uns schrecken beim Gedanken an Selbstversorgung zurück aus Sorge, abhängig von der Natur zu sein und evtl. Hunger leiden zu müssen. Doch die Hungersnöte der Vergangenheit gehen in den meisten Fällen darauf zurück, dass Bäuerinnen und Bauern unterworfen, überfallen und ausgepresst wurden, seltener auf plötzliche Klimaveränderungen (z. B. ab dem 14. Jahrhundert). Durch ein Weiterentwickeln von Anbaumethoden unter Nutzung der kollektiven Intelligenz besteht die Möglichkeit zu lernen, sich klimatischen Veränderungen flexibel anzupassen; insbesondere, wenn durch Vernetzung auf Erfahrungen von Menschen in anderen Klimazonen zurückgegriffen werden kann.
[392] Näheres dazu in: „Wer füttert die Welt?" von Jochen SCHILK, Zeitschrift Oya, Ausgabe 29, S. 14 ff; vgl. https://oya-online.de/article/read/1531.html?highlight=jochen%20schilk.

Rückkehr der Allmende. Die internationale Organisation *La Via Campesina* („Der bäuerliche Weg")[393] fordert die Beendigung sämtlicher zerstörerischen (neoliberalen) Prozesse, damit einhergehend eine weltweite Ernährungssouveränität. Inwieweit bzw. wie schnell sich die Forderungen umsetzen lassen, ist derzeit nicht abzusehen. Doch auch hier können wir unmittelbar tätig werden: bspw. durch das Aneignen von Wissen[394] und das Gründen oder Unterstützen von Vereinen, Stiftungen oder Genossenschaften, etwa zum Erwerb gemeinschaftlichen Grund und Bodens sowie zur Erhaltung landwirtschaftlicher Lebensweise.[395] Interessierte wohlhabende Menschen können Land zur Verfügung stellen und Gelder in entsprechende Projekte fließen lassen (auch in Form von Erbschaften) und diese somit unterstützen. Bereits realisierte Projekte können Ideen liefern und Hilfestellungen leisten: So hat bspw. der Gründer des Zirkuswagenplatzes im Dorf Bokel (s. o.) zur rechtlichen Sicherung des Standorts mit den örtlichen Behörden den Status eines Campingplatzes ausgehandelt.[396]

---

[393] Die Organisation umfasst mehr als 160 lokale unter nationale Organisationen in 73 Ländern (deutsches Mitglied ist die „Arbeitsgemeinschaft bäuerlicher Landbau") und repräsentiert etwa 200 Millionen kleine und mittelgroße Bäuerinnen und Bauern, Landlose, Kleinfischer und Landarbeiter; vgl. SCHILK, Jochen, „Wer füttert die Welt", in Oya, Ausgabe 29/2014, S. 16.

[394] Durch Projekte, Seminare oder Studium: z. B. Seminare und Ausbildungen im Bereich Permakultur, Studium Ökologische Landwirtschaft/Uni Kassel in Witzenhausen (Hessen), Studium Forstwirtschaft/TU Dresden in Tharandt (Sachsen); siehe dazu auch den Beitrag „In einer Waldlandschaft … könnten wir leben, wären die Ideen des Forstwirts Heinrich Cotta vor 200 Jahren ernst genommen worden" von Philipp GERHARDT in *Oya*, Ausgabe 51, https://oya-online.de/article/read/3065.html?highlight=Philipp%20GERHARDT; vgl. auch www.baumfeldwirtschaft.de.

[395] Beispiele: *Terre de liens*, Initiative in Frankreich; *Kulturland*, Genossenschaft in Deutschland. Europäisches Netzwerk: *Agricultural and Rural Convention 2020*. Siehe auch *Oya*, Ausgabe 35/2015.

[396] Vgl. YouTube, „Alternativ leben in Schleswig-Holstein: Ein Dorf voller Zirkuswagen | die nordstory | NDR Doku", https://www.youtube.com/watch?v=267aONDK7ic.

Altes Wissen wiederbeleben. Autonomie lebt von Wissen. Viele Kenntnisse und Fähigkeiten, die unsere Vorfahren besaßen, sind bereits verlorengegangen, weitere drohen zu folgen. Es ist an der Zeit, diesen Trend umzukehren und altes Wissen zurückzuerobern, wenn nicht jedes Rad neu erfunden werden soll. Beispielhafte Themen sind: Handwerk[397] (z. B. Bauen ohne Chemie[398]), Gartenbau, Vorratshaltung, Kräuterheilkunde.

Vernetzung. Um unsere kollektive Intelligenz bestmöglich nutzen zu können, benötigen wir neben Literatur und Internetforen weitere Möglichkeiten zum Wissenstransfer und Austausch von Informationen. Bestens geeignet zum Sammeln, Weitergeben und Auffinden von Ideen und Erfahrungen (handwerklich, technisch, politisch etc.) sind bspw.:

- Enges Zusammenarbeiten im Rahmen von Nachbarschaftsprojekten und Vereinen, Beispiel: *Essbare Stadt*[399]
- Weltweite Projekte im Bereich Mit- und Zusammenarbeit, z. B. im Rahmen von *WWOOF*[400] (Gartenbau)
- Betreibung und Nutzung eines unabhängigen weltweiten virtuellen Netzwerks, zum Beispiel: *Human Connection*[401] (usw.)

---

[397] Vgl. „Das haben wir schon immer so gemacht!" von Johannes HEIMRATH in *Oya*, Ausgabe 33/2015; vgl. YouTube-Filme „Der Letzte seines Standes?", z. B. von German DokuHunter;
https://www.youtube.com/watch?v=otx3U9S6J-Q&list=PL-nn1kUPuL5wc8HlEh6UftA52ohnVKBES.

[398] Vgl. bspw. THOMA, Erwin „Mondholz – Holz vom richtigen Zeitpunkt", https://www.thoma.at/mondholz.

[399] Vgl. https://de.wikipedia.org/wiki/Essbare_Stadt.

[400] World Wide Opportunities on Organic Farms; weltweite Bewegung, die ökologische Höfe mit Besuchern verbindet zum Sammeln von Erfahrungen, Helfen gegen Kost und Logis. WWOOF Deutschland: https://www.wwoof.de.

[401] *„Das Ziel von Human Connection ist die Schaffung eines gemeinnützigen sozialen Wissens- und Aktionsnetzwerks, um den Herausforderungen unserer Zeit gemeinsam zu begegnen und eine lebenswerte Zukunft für alle Menschen und zukünftigen Generationen zu schaffen"*; vgl. https://human-connection.org.

Mediale Auszeiten. Nachrichten aus aller Welt sind selten positiv, eher verunsichern sie uns und machen ratlos. Entwickeln wir diffuse Ängste, können diese wie ein Bannstrahl wirken, der uns in der Regung erstarren lässt und steuerbar macht. Gezielte Auszeiten vom medialen Konsum können daher für Entspannung sorgen und eine Regeneration unterstützen.[402]

Abbau von Hierarchien. Neuorganisation von Unternehmen und Verwaltungen, Verzicht auf Kontrolle und Chefpositionen. Stattdessen werden alle Mitarbeitende ins Geschehen einbezogen, die Grundlagen sind Transparenz und umfassender Informationsaustausch. Der arte-Film „Mein wunderbarer Arbeitsplatz" stellt Firmen vor, die diesen Weg gegangen sind. Die Folgen: mehr Spaß an der Arbeit, bessere Unternehmensbilanzen.[403]

Alternatives Wirtschaftssystem. Kooperation statt Konkurrenz: Wie kann eine Alternative zum derzeitigen wachstumsabhängigen Kapitalismus aussehen, die kompatibel ist mit Umsatzrück-

---

[402] Hinzu kommt, dass es zunehmend schwierig wird einzuschätzen, welche Berichterstattungen als glaubwürdig einzustufen sind und welche nicht. Derzeit tobt ein Krieg zwischen alteingesessenen Medien (Fernsehen, Zeitungen) und alternativen Formen (Internetformate) bzgl. der Qualität ihrer Berichte. Vorgeworfen werden sich gegenseitig gezielte Falschmeldungen („Fake News", „Lügenpresse") sowie einseitige Darstellungen („Lückenpresse"). Inzwischen erfolgt eine Beeinflussung der Meinungsbildung jedoch nicht mehr ausschließlich vonseiten der Medien, sondern auch durch die vermeintliche freie Enzyklopädie **Wikipedia**, die derzeit eine Monopolstellung einnimmt. Betroffen sind einige wenige Bereiche (z. B. Politik, Gesellschaftspolitik). Innerhalb der Wikipedia hat sich eine relativ kleine Clique etabliert, die, so der Vorwurf, manipulativ agiert, sich gegenseitig deckt und intern „Politbüro" genannt wird. Andere Portale wie bspw. *Psiram* spielen mutmaßlich eine ähnliche Rolle; vgl. „Geschichten aus Wikihausen", http://wikihausen.de.
[403] „Le bonheur au travail", Martin MEISSONNIER, Frankreich 2014. Beispiele sind die Firmen *Poult* (Bisquithersteller) und *Chronoflex* (beide Frankreich) sowie das belgische Sozialministerium. Der arte-Film ist in französischer Originalversion im Handel erhältlich, im Gegensatz zur deutschen Fassung. Im Internet sind Ausschnitte zu sehen, z. B. unter https://www.youtube.com/watch?v=D8fcBh5dkiA.

gängen aufgrund von Tauschen, Schenken, Reparieren[404] und zunehmender Subsistenzwirtschaft? Schlagworte, Ideen oder Projekte auf diesem Weg sind: *Gemeinwohl-Ökonomie, Solidarische Ökonomie[405], Postwachstumsgesellschaft, Regionalwährungen* etc.

Emanzipation der Entscheidungsfindung. Eine gesellschaftliche Reifung und Entwicklung, die mit einem schrittweisen Abbau hierarchischer Strukturen einhergeht, wirft zwangsläufig die Frage auf, wie über gesellschaftliche Belange entschieden wird: Lässt sich auch in komplexen Fragen ein Konsens herstellen, entscheidet eine Mehrheit – oder wer sonst?

Ein Modell *parlamentarischer Demokratie*, das dem deutschen ähnlich ist, im Gegensatz zu diesem jedoch eine direkte Teilhabe der Bürgerinnen und Bürger an Entscheidungsprozessen beinhaltet, findet sich bspw. in der *direkten Demokratie* der Schweiz. – Ein weiteres Modell stellt das *Rätesystem* dar: Im Unterschied zur parlamentarischen Demokratie ist ein Abgeordneter hier nicht frei in seinen Entscheidungen, sondern vertritt die Meinung seines Kollektivs (vgl. z. B. Entstehung der Weimarer Republik). Ein aktuelles Beispiel für ein Rätesystem findet sich in dem Projekt *Rojava* im Norden Syriens („Westkurdistan").[406] Rund 2,5 Millionen Menschen (hinzu kommen ca. 1,2 Millionen Geflüchtete) unterschiedlicher Kulturen, Eth-

---

[404] „Reparieren ist ziviler Ungehorsam", Zeitschrift *Oya*, Ausgabe 37; auch unter https://oya-onli-ne.de/article/read/2339.html?highlight=reparieren%20ist%20ziviler%20ungehorsam.

[405] *„Es gibt nicht „die" solidarische Ökonomie, sondern eine Vielfalt anderen Wirtschaftens: selbstverwaltete Hausprojekte oder Kollektivbetriebe, Kommunen und Gemeinschaften, Netzwerke von Selbständigen, solidarische Landwirtschaft, urbanes Gärtnern, Fair Trade etc.";* VOSS, Elisabeth, „Solidarische Ökonomie", Zeitschrift *Oya*, Ausgabe 34; auch unter https://oya-online.de/article/read/2035.html?highlight=elisabeth%20voss.

[406] *Demokratische Föderation Nord- und Ostsyrien,* autonomes Gebiet entlang der Grenze zur Türkei mit drei selbstverwalteten Kantonen (Afrin, Kobane, Cizre).

nien und Religionszugehörigkeiten[407] leben dort eine *direkte kommunale Demokratie*; Ziele sind das Überwinden von Überwachung und Bestrafung, Gleichberechtigung (auch in Bezug auf Frauen), ökologischer Landbau und Selbstversorgung. Das Projekt stellt einen Gegenentwurf zum Modell des Zentralstaats dar und ist entsprechend Angriffen umliegender patriarchaler Systeme ausgesetzt. Unterstützung kommt eher von privater Seite, z. B. durch Städtefreundschaften (Beispiel: Frankfurt/Main – Kobane). Das Projekt besteht seit 2012 und orientiert sich an einem Entwurf von *Abdullah Öcalan*, dem lebenslang inhaftierten Gründer und ehemaligen Führer der in einigen Ländern verbotenen *PKK* („Arbeiterpartei Kurdistans") – wahrscheinlich ein wesentlicher Grund, warum das Projekt von offizieller Seite weitgehend ignoriert wird.

Ebenfalls erwähnenswert in diesem Zusammenhang ist – da oftmals der Glaube vorherrscht, größere Gesellschaften könnten nicht dezentral organisiert sein[408] – die im Allgemeinen wenig bekannte *Donauzivilisation*, auch „Alteuropa" genannt. Dem Sprachwissenschaftler Harald HAARMANN zufolge handelt es sich bei dieser nicht nur um eine der frühesten Kulturen der Menschheitsgeschichte, sondern um eine Hochkultur.[409] Fundstätten in Südosteuropa (heutiger Balkan) und in der Ukraine lassen darauf schließen, dass die Donauzivilisation als Voraussetzung zu sehen ist für den rasanten Aufstieg der griechischen Kultur. Vorhanden waren bereits ein sakrales Schriftsystem, ein

---

[407] Kurden, Araber, Turkmenen, Armenier, Teschtschen; Aramäer/Assyrer, Chaldäer, Jesiden, Moslems, Christen. Vgl. „Das Modell Rojava" von Elke DANGELEIT auf Telepolis,
https://www.heise.de/tp/features/Das-Modell-Rojava-3367894.html.
[408] Ebenso herrscht ein weitverbreiteter Glaube, ohne Zivilisation sei es den Menschen schlecht gegangen, sie hätten in Not und Elend gelebt. Anthropologische Studien (→ SAHLINS, Marshall) lassen scheinbar eher den Schluss zu, dass frühere Menschen in einer Art „Urparadies" („ursprüngliche Wohlstandsgesellschaft") gelebt haben; vgl. STORL, Dieter: Vortrag „Ursprung und Weg des Menschen", ab ca. 31:30;
https://www.youtube.com/watch?v=brn2ShZ93Q4&t=1978s.
[409] Entstanden vor ca. 7.000 Jahren, Blütezeit zwischen 5.000 bis 3.500 v. Chr; vgl. HAARMANN, Harald: „Das Rätsel der Donauzivilisation – Die Entdeckung der ältesten Hochkultur Europas", C.H.Beck-Verlag, 2011.

hoher Entwicklungsstand in der Metallverarbeitung, Großsied-
lungen mit städtischen Dimensionen – das alles jedoch über
mehrere Jahrtausende hinweg ohne hierarchisches System,
d. h. ohne Staatsgefüge mit zentraler Kontrolle (→ keine Funde
von Prestigeobjekten und Prachtbauten in dieser Zeit).[410] Stattdessen hat man Hinweise auf Siedlungen gefunden, die matri-
lokal organisiert waren und friedliche Kontakte untereinander
hielten (→ keine Funde von Brandspuren aufgrund von Auseinandersetzungen in dieser Zeit) sowie Handwerk und Handel
betrieben. Als Grund für den Untergang wird insbesondere eine
Klimaveränderung mit zurückgehenden Temperaturen angegeben, in deren Folge es zu einer Nahrungsverknappung, somit
vermutlich zu sozialen Unruhen und kriegerischen Auseinandersetzungen kam.

Neudefinition der Führerschaft. Wie bereits angesprochen,
werden in sogenannten *Rätesystemen* für einen zwischenge-
meinschaftlichen Austausch (ab einer bestimmten Größe) Räte
bzw. Sprecher*innen, Abgesandte, Repräsentant*innen oder
Vertreter*innen benötigt, deren Aufgabe darin besteht, die
Interessen ihrer jeweiligen Gruppe nach außen zu kommunizie-
ren. Um zu gewährleisten, dass diese nicht zu Herrscher*innen
mutieren, ist ein gut ausgebildetes, nicht überhöhtes Selbstwertgefühl erforderlich, ebenso die Möglichkeit, Repräsentanten im Notfall absetzen bzw. austauschen zu können.[411] Prädes-
tiniert für den Kontakt nach außen sind Männer und Frauen,

---

[410] Hierin dürfte sich ein Grund finden, warum manche Experten der
Donauzivilisation den Status einer Hochkultur absprechen, da dieser
sonst ausschließlich mit Herrschaftssystemen und pyramidalen Hierarchien in Verbindung gebracht wird.
[411] Ebenso sinnvoll ist das Einräumen von Möglichkeiten, Gremienbe-
schlüsse infrage zu stellen, die darauf zurückzuführen sind, dass Repräsentanten gegen die Stimmen ihres Kollektivs abgestimmt haben. Vorlage ist hier das Verhalten des damaligen Bundeslandwirtschaftsminis-
ters Christian Schmidt (CSU), der 2017 gegen den Willen der SPD (Bun-
desumweltministerin Barbara Hendricks) ein überraschendes „Ja" zur
weiteren Zulassung des umstrittenen „Unkraut"-Gifts *Glyphosat* in der
EU-Kommission gegeben hat.

die im Inneren einer Gemeinschaft abkömmlich sind (z. B. auch Ältere, Kinderlose).

Zwar ist eine starke Führerschaft/Herrschaft in Momenten von Vorteil, die schnelle Entscheidungen erfordern (z. B. in Fällen akuter Bedrohung), auf der anderen Seite bringt sie jedoch auch immer Schwachstellen mit sich, die nicht nur in einem möglichen Machtmissbrauch liegen: Werden „starke" Führer beseitigt, sind Gemeinschaften kopflos und leicht zu vereinnahmen.[412] Hiervon unberücksichtigt bleiben Führungspositionen, die sich aufgrund von Talenten, Fähigkeiten und Fachwissen ergeben und sich auch nur auf entsprechende Gebiete beziehen.

Bewahren eines souveränen Bewusstseins. Wichtig ist, erlangtes Wissen über die Erhaltung und Wiederherstellung eines inneren und äußeren Friedens gut zu bewahren und weiterzugeben, ebenso ein Bewusstsein darüber, dass Souveränität verletzbar ist, aber wiederhergestellt werden kann. Sicherheit und Freiheit verteidigen zu müssen (unter Umständen sogar dauerhaft), ohne nachhaltig das mentale Gleichgewicht zu verlieren, verlangt ein bewusstes Steuern.

Anerkennung von Sozialisation. Die Idee der antiautoritären Erziehung der 1960er-Jahre, Kinder in ihrer Entwicklung nicht beeinflussen zu wollen, um sie zu freien Menschen zu erziehen, ist verständlich und nachvollziehbar. Bei näherer Betrachtung lässt sich jedoch feststellen, dass eine menschliche Entwicklung ohne Sozialisation gar nicht möglich ist: Entwicklung bedeutet Lernen, und Kindern lernen nicht nur, indem sie sich ausprobieren und ihre Umgebung erkunden, sondern auch durch das

---

[412] Beispiel: Im Zuge der Unterwerfung der Slawen im 10. Jahrhundert lockt der sächsische Markgraf Gero (die Sachsen sind bereits christianisiert durch den Frankenkönig Karl) 30 Stammesfürsten in einen Hinterhalt, indem er sie zu einem friedlichen Gastmahl (*römisch: Convivium*) einlädt, reichlich bewirtet und später im Schlaf ermorden lässt (Bericht des sächsischen Chronisten *Widukind von Corvey*); vgl. YouTube-Beitrag „Die Slawen - Unsere geheimnisvollen Vorfahren | MDR Geschichte", ab 1:03:00; https://www.youtube.com/watch?v=WeC8doU-zps.

Beobachten und Nachahmen von Älteren; in Belangen, die sie (noch) überfordern, erwarten sie geführt zu werden. Uns bleibt in der Kindheit also gar keine andere Wahl, als uns an Vorbildern zu orientieren; somit werden wir uns auch immer an eine soziale Gruppe anpassen. Entscheidend ist vielmehr die Frage nach dem *Wie*: Lernen wir fremdbestimmt oder autonom, wird Druck ausgeübt oder nicht? Die weitverbreitete Vorstellung, Kinder würden ohne entsprechende Erziehung sozial verwahrlosen, ist jedenfalls ein Irrtum: Menschliche, insbesondere kindliche Folgsamkeit ist nicht nur möglich, sondern evolutionäres Programm.[413]

Was können staatliche Aufgaben sein?

Begleiten statt erzwingen. Hinter diesem Slogan verbirgt sich die Idee eines allmählichen Rückzugs des Staates durch den Abbau von Gesetzen, Verboten und Staatsgewalt – je kompetenter Menschen werden, desto weniger Kontrolle ist erforderlich. Zunächst jedoch kann es Aufgabe des Staates sein, die Entwicklung von Kompetenzen und Souveränität durch geeignete Maßnahmen zu unterstützen und zu fördern.

Garantieren eines freien, investigativen Journalismus. Zu den Aufgaben eines Staates gehört ebenfalls, Schutz zu gewähren: Menschen, die Verbrechen (auch von Staatsbediensteten) auf-

---

413 Die Kritik an der Erziehung bezieht sich insbesondere auf die ersten Jahre. Über den Umgang der Yequana mit ihren Kindern schreibt LIEDLOFF bspw. auf Seite 121: *„Einem Kind werden keine Befehle erteilt, die seinen eigenen Neigungen, wie es spielen, wieviel es essen, wann es schlafen möchte usw. zuwiderlaufen. Wo jedoch seine Hilfe benötigt wird, erwartet man von ihm, daß es auf der Stelle Folge leistet."* LIEDLOFF gibt ebenfalls Beobachtungen wieder, nach denen ältere Kinder bei Fehlverhalten (durchaus rüde) zurechtgewiesen wurden; die Kinder folgten daraufhin den Anweisungen, ohne jedoch Anzeichen von verletzten Gefühlen zu zeigen. Dies wird von LIEDLOFF darauf zurückgeführt, dass sich bei ihnen bereits eine stabile innere Sicherheit ausgebildet hatte.

decken und/oder bekanntmachen, sind (ggfs. durch das Gewähren politischen Asyls) vor Verfolgung zu schützen (z. B. Edward Snowden, Chelsea Manning, Julian Assange).[414]

Dezentralisierung. Förderung von dezentralen Kreisläufen und Eigenversorgung in den Bereichen Nahrung, Energie, Wasseraufbereitung (z. B. Pflanzenkläranlagen, Komposttoiletten), Bauen usw.

Ein Beispiel aus dem Bereich *Bauen* ist der Erlass eines Gesetzes durch die walisische Regierung im Jahr 2010: Das *Gesetz der einen Erde* („One Planet Development Policy")[415] ermöglicht den in Wales lebenden Menschen, auch außerhalb von Siedlungsgebieten zu bauen, das heißt: auf Flächen ohne Anschluss an ein öffentliches Netz, aber zu erschwinglichen Bodenpreisen. Bedingung ist ein reduzierter Ressourcenverbrauch bzw. ökologischer Fußabdruck (maximal 2,4 Hektar[416]). Um den vorgegebenen Wert zu erreichen, *„schreibt das Gesetz vor, Lebensbereiche wie Ernährung, Energieversorgung, Transport oder Bauen so zu gestalten, dass sie Wasser, Boden oder Luft möglichst wenig belasten. Ohne eine ernstzunehmende Subsistenzwirtschaft wäre diese Reduktion nicht denkbar."* [417]

Ausbildung von Multiplikatoren. Um die Verbreitung von benötigtem Wissen zu beschleunigen, werden Multiplikatoren benötigt: Menschen, die erlangtes Wissen an viele andere weitergeben. In den Fokus rücken bspw. Hebammen, Therapeut*innen und Gärtnerinnen bzw. Gartengestalter; es geht um ein Wissen in Bezug auf:

---

[414] Vergl. BRÖCKERS, Mathias: „Freiheit für Julian Assange", Westend-Verlag 2019.

[415] Auch *TAN6* genannt.

[416] Der durchschnittliche ökologische Fußabdruck betrug in Deutschland und England im Jahr 2016 vier Hektar.

[417] Vgl. „Bauen auf der einzigen Erde" von Anja HUMBURG in Oya 36/2016, https://oya-onli-ne.de/article/read/2250.html?highlight=bauen%20auf%20der%20einzigen%20erde.

- eine souveräne menschliche Entwicklung,
- Möglichkeiten zur Förderung von Achtsamkeit und Vertrauen,
- das Begleiten von Heilungsprozessen,
- ökologische Kreisläufe,
- einen standortbezogenen ökologischen Landbau mit unterschiedlichen Klimazonen,
- das Herstellen von fruchtbarem Humus anstelle ausgelaugter Böden
- (und Vieles mehr).

Aufgabe des Staates kann hier bspw. sein, die Ausbildung von Multiplikatoren zu unterstützen und voranzutreiben. Darüber hinaus bedürfen insbesondere Hebammen einer besonderen Unterstützung: Ihre Anzahl geht derzeit kontinuierlich zurück aufgrund einer Kombination aus geringem Einkommen, hohem Arbeitsaufkommen (in Kliniken bei gleichzeitiger Betreuung mehrerer Geburten[418]) und hohen Versicherungsprämien (für Freiberuflerinnen[419]). Derzeitige politische Maßnahmen beschränken sich vornehmlich auf eine Akademisierung der Berufsausbildung, somit mutmaßlich auch auf eine Kontrolle der Wissensvermittlung (*Hebammenreformgesetz*).[420]

---

[418] Aufgrund von Personaleinsparung bzw. Rationalisierungsmaßnahmen; vgl. RP-online, „Geburtshilfe – Immer mehr Kreißsäle in NRW schließen" vom 27. Oktober 2016, https://rp-online.de/nrw/landespolitik/geburtshilfe-immer-mehr-kreisssaele-in-nrw-muessen-schliessen_aid-17664563.

[419] Vgl. Karriere-SPIEGEL, „Kosten der Haftpflicht – Was wurde aus dem Hebammenstreit?" von Jörg RÖMER, 11.06.2015, https://www.spiegel.de/karriere/hebammen-streit-was-wurde-aus-der-teuren-versicherung-a-1036487.html.
https://www.spiegel.de/karriere/hebammen-streit-was-wurde-aus-der-teuren-versicherung-a-1036487.html

[420] In dem Artikel „Geboren wird immer" von Julia VITALIS in *Oya*, Ausgabe 26/2014, ist zu lesen, dass durchaus Möglichkeiten zu weiteren Maßnahmen bestehen, die bisher kaum diskutiert werden. Bezüglich der hohen Versicherungsprämien besteht bspw. die Möglichkeit zur Bildung eines Regierungsfonds, wie es ihn in anderen Ländern bereits geben soll: Dort zahlt für jedes Kind, das geboren wird, der Staat eine

Beendigung der Prohibition: Forderung einer neuen Auseinandersetzung mit psychedelischen Substanzen. Es gibt gute Gründe, warum die im letzten Jahrhundert erfolgte Illegalisierung von Substanzen beendet werden sollte und die sogenannten „Drogen" anderen Genussmitteln und Medikamenten gleichzustellen sind. „Drogen" haben einen denkbar schlechten Ruf: Beeinflusst durch eine massive Propaganda, werden sie in erster Linie mit potenziellen Gefahren wie Suchtentwicklung, Gesundheitsschäden oder „Horrortrips" in Verbindung gebracht.[421] Auch wird ihnen häufig unterstellt, Emotionen lediglich zu simulieren (oder wahlweise zu unterdrücken), die Psyche somit auf eine Art und Weise zu manipulieren, die nicht authentisch ist und nichts mit der Freiheit des Individuums zu tun hat.

(Darüber hinaus erfolgt zunehmend auch Kritik von anderer Seite. In psychonautischen[422] Kreisen wird unlängst bemängelt, dass die *Einnahme mikrodosierter*[423] *Substanzen* – diese findet

---

bestimmte Summe ein. Auch könnten Regelungen getroffen werden, dass die verbliebenen Anbieter von Hebammen-Haftpflichtversicherungen das Risiko nicht alleine tragen, sondern durch alle anderen Versicherungen darin unterstützt werden. Und auch andere Details könnten geändert werden. Bspw. kann derzeit eine Klage bis zu 30 Jahre nach einem Todesfall erhoben werden, selbst wenn dann keine medizinische Nachuntersuchung mehr möglich ist; zudem berechnet sich eine Schadenssumme bisher nach dem Gehalt der Eltern, sodass diese Summe bei akademischen Eltern viel höher ausfallen kann als in Arbeiterfamilien; https://oya-online.de/article/read/1316.html?highlight=julia%20vitalis.

[421] Hierbei wird in der Regel nicht berücksichtigt, dass sich viele Probleme, die beim Konsum illegalisierter Substanzen entstehen, auf Verunreinigungen, unbekannte Substanzkonzentrationen mit falschen Dosierungen, mangelnde Nutzermündigkeit usw. zurückführen lassen, womit sie als direkte Folgen der Prohibition zu verstehen sind.

[422] Psychonautik: Reisen in innere Welten im Rahmen erweiterter Bewusstseinszustände.

[423] Mikrodosis = Bruchteil einer „vollen" Dosis, dessen Wirkung unterhalb der psychedelischen Schwelle bleibt;
vgl. BERGER, Markus: „Microdosing", 2019, Nachtschatten-Verlag;
vgl. WALDMAN, Ayelet: „Ein *richtig* guter Tag – Wie Microdosing meine Stimmung, meine Ehe und mein Leben rettete", 2018, btb-Verlag.

derzeit überwiegend im Untergrund Verbreitung – oft lediglich dazu genutzt wird, Leistungsfähigkeit wiederherzustellen sowie eine erhöhte Kreativität in den Dienst der vorhandenen Strukturen zu stellen. Hierin ergänzt sich die zuvor bereits aufgeführte Kritik an schulmedizinischen und alternativen Heilmethoden, deren Maßnahmen ebenfalls oft der Wiederherstellung bzw. Regeneration dienen und keine grundlegen Änderungen verfolgen.)

In Bezug auf das Thema Gesundheit sprechen die Erfahrungen vieler Nutzerinnen und Nutzern jedoch eine andere Sprache, ebenso der Stellenwert, den „Drogen" in anderen Kulturen einnehmen (und auch bei uns in vergangenen Zeiten eingenommen haben[424]). Viele alte und neue Forschungsergebnisse stehen unserer oftmals eingeschränkten Sichtweise entgegen. Aktuelle Erkenntnisse belegen bspw., dass Psychedelika in der Lage sind, die Ausbildung neuer Synapsen sowie eine Neuverschaltung von Nervenzellen anzuregen – mit der Folge, dass sich Hirnstrukturen nachhaltig verändern.[425] Auch zeigt die Forschung, dass im Rahmen *psycholytischer Therapie[426]* heilende Prozesse ausgelöst werden können (Bsp.: Einsatz von *MDMA* beim Posttraumatischem Belastungssyndrom → Lösen von Blockaden[427]). Auf diese Weise ergeben sich Hirnstruktu-

---

[424] Z. B. wird der häufig als *Schamanenpilz* bezeichnete Fliegenpilz (Amanita muscaria) von dem deutschen Ethnopharmakologen Christian RÄTSCH mit dem alten Göttervater Odin/Wodan in Verbindung gebracht, somit mit germanischem Brauchtum. RÄTSCH zufolge bildet Odin/Wodan, der zur kalten Jahreszeit mit seinem Schimmel über den Himmel jagt, sehr wahrscheinlich die Vorlage für den heutigen Weihnachtsmann. Der Sage nach sollen dort, wo Schaum vom Maul des Pferdes auf die Erde tropft, Fliegenpilze wachsen.
[425] Vgl. BERGER, Markus: „Microdosing", 2019, Nachtschatten-Verlag, ab S. 124.
[426] Psychotherapie unter Einsatz psychedelischer Substanzen, auch *Psycholyse* oder *Substanzbasierte Psychotherapie* genannt.
[427] *Reprozessieren* [Wiederhervorholen] und *Integrieren* [Verarbeiten] traumatischer Erlebnisse, Deaktivierung der Amygdala (Angstzentrum) sowie Stärkung des Frontalkortex; vgl. YouTube-Beitrag von Jörg Fuhrmann zur Freiheit, „Wirkweise & Nutzen von MDMA - Prof. Torsten

ren, die wahrscheinlich denen ähneln, die ohne Traumatisierung von allein entstanden wären, bspw. im Rahmen einer souveränen Entwicklung. Diese These stützt sich auf Erfahrungen von Nutzer*innen sowie auf Forschungen, die eine Fülle von Fördermöglichkeiten physischer und psychischer Gesundheit bestätigen: Zu nennen sind im Weiteren außergewöhnliche Erfolge in der Therapie von Schmerzen (*Cannabis*), in der Behandlung von Angstzuständen aufgrund lebensbedrohlicher Erkrankung (*LSD, Psilocybin*), in der Suchttherapie (*Iboga*[428], *LSD, Ayahuasca*), bei schweren Depressionen (*Ketamin*)[429] oder Cluster-Kopfschmerz (*2-Brom-LSD*).[430] Darüber hinaus wird von vielen Nutzern berichtet (unter ihnen auch Albert Hofmann, der Entdecker des LSD), dass mit der Einnahme von LSD im Laufe der Zeit das Interesse an weiteren Trips nachlässt, somit keine Sucht entsteht; verschiedene Studien belegen diese Aussage.[431]

Passie - 30 Jahre SÄPT Basel",
https://www.youtube.com/watch?v=Al5iqrh61UQ.
[428] Iboga (*Tabernanthe iboga*). Die Wurzel enthält u. a. das psychoaktive Indolalkaloid *Ibogain.*
Vgl. EUDAIMON: „Iboga – Mystisches Entheogen und traditionelle Pflanzenmedizin aus Afrika", Nachtschaten-Verlag;
siehe auch YouTube, „Lesefutter: DMT und Iboga | Nachtschatten Television (59)",
https://www.youtube.com/watch?v=aWiNRF5Pwys.
[429] Vgl. Deutsche Apotheker-Zeitung/DAZ.online, „Ketamin zur Therapie schwerer Depressionen" vom 04.12.2017,
https://www.deutsche-apotheker-zeitung.de/news/artikel/2017/11/30/ketamin-zur-therapie-schwerer-depressionen.
[430] *Einsatz psychedelischer Tryptamine in der subkulturellen Migräne- und Clusterkopfschmerz-Therapie;* vgl. BERGER, Markus: „Microdosing", 2019, Nachtschatten-Verlag. Siehe im Weiteren: Psychedelische Gesellschaft Deutschland, http://psychedelische-gesellschaft.org/de;
Prof. Dr. med. Torsten Passie (Schweiz), z. B. unter
http://bewusstseinszustaende.de;
Dr. med. Peter Gasser (Schweiz), Facharzt für Psychiatrie und Psychotherapie, z. B. unter https://petergasser.ch.
[431] Beispiele für Studien, die eine nachhaltige Veränderung der Persönlichkeit (Charakter- und Wertewandel) belegen: *Kurland et al. 1971;*

Setzt man im Weiteren voraus, dass zum Aufbau und Ändern von Hirnstrukturen Erfahrungen erforderlich sind, so lässt sich daraus schließen, dass das Gefühl tiefer Verbundenheit, das durch den Konsum psychedelischer Substanzen nachhaltig entstehen kann, mehr als nur Einbildung ist. Vielmehr dürfte es sich um eine reale Erfahrung handeln: Die *Erweiterung unseres Bewusstseins* ermöglicht, den kognitiven Bereich unserer Wahrnehmung zu verlassen und einen anderen, „feinstofflichen" Teil zu betreten; dieser ermächtigt uns, zu größerer Wahrheit und tiefer spiritueller Einsicht zu gelangen.

Unsere heutige Wahrnehmung kennt oftmals nur eine Richtung: Vertrauensverluste und Unsicherheiten beanspruchen unsere Aufmerksamkeit, der *bewusste* Blick ist stets im Außen beschäftigt. Psychedelika (*Entheogene*: *en*=in, *theos*=Gott[432]) weiten den Blickwinkel und gewähren Einsichten in innere Welten, wie dies sonst bspw. noch unter dem Einfluss tiefer Meditation möglich ist: In diesen Welten *wissen* wir, dass wir mit Allem verbunden sind, das uns umgibt, wir wissen, dass alles *eins* ist. Regelmäßige Ausflüge in die innere Welt haben somit das Potenzial, ein Gegengewicht zur äußeren zu schaffen. Somit liegt in der psychedelischen Reise, insbesondere im Rahmen von Psychotherapie[433] und Schamanismus, unabhängig von Zeit und Kultur die Bedeutung eines *Korrektivs*: Sie stillt unser Verlangen nach Heilung und Zentrierung, und sie gehört zum Menschsein seit Anbeginn der Zeit.[434]

Mogar+Savage 1964; *Richards et al. 1977*; siehe auch YouTube, „Torsten Passie - Anhaltende Persönlichkeitsveränderungen als Nachwirkung kontrollierter LSD-Einnahme",
https://www.youtube.com/watch?v=wpqD5SVgv4E. Weitere Informationen unter PASSIE, Thorsten:
www.bewusstseinszustaende.de/Psycholytische und psychedelische Therapie.
[432] Altgriechisch.
[433] Aktuelle Ausschlusskriterien: z. B. Psychose, schwere Herz-Kreislauf-Erkrankungen, Epilepsie, Schwangerschaft, Jugend, Einnahme von Medikamenten wie Antidepressiva.
[434] Voraussetzungen für das Gelingen einer psychedelischen Reise sind neben der Auswahl von geeigneter Substanz und Dosierung auch passende innere und äußere Rahmenbedingungen.

Legende:

Machen wir (exakt oder annähernd) *erfüllende Erfahrungen*, also die Erfahrungen, die wir zur Erfüllung unserer evolutionären Bedürfnisse benötigen, sind wir in unserer „Mitte" bzw. im Zustand der Souveränität. Je weiter sich unsere Erfahrungen von einer Bedürfniserfüllung entfernen, desto mehr verlieren wir Vertrauen und geraten unter Anspannung. Erleben wir hingegen zunehmend ein Erfülltsein, das abgekoppelt ist von äußeren Erfahrungen, tauchen wir tief in innere Welten ein, erweitern unser Bewusstsein und erfahren Spiritualität.

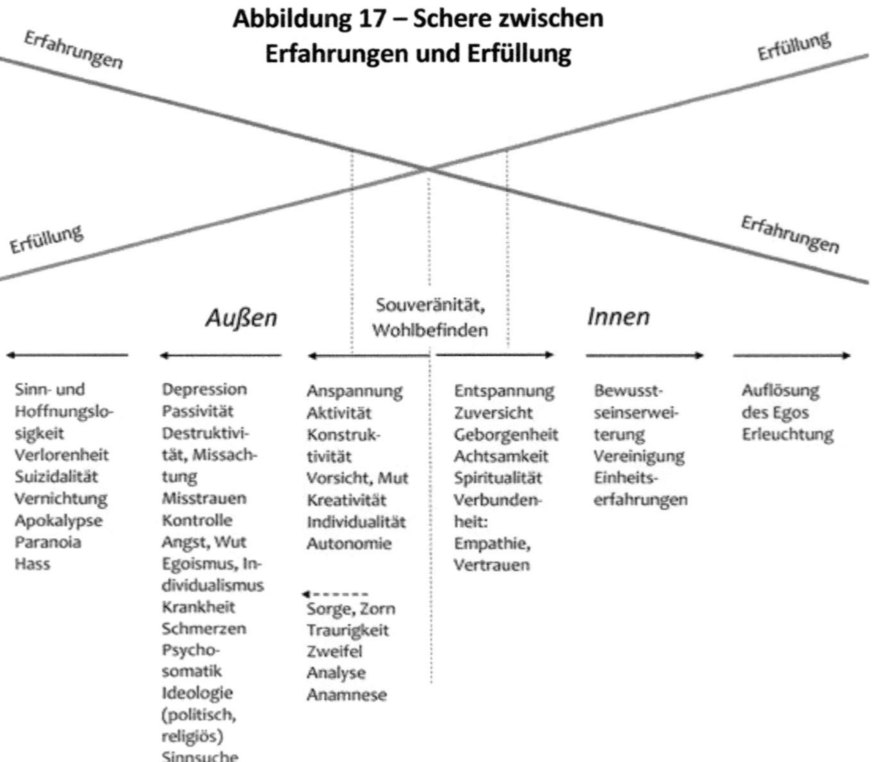

Abbildung 17 – Schere zwischen Erfahrungen und Erfüllung

Ein Spezialist für das Arbeiten mit erweiterten Bewusstseinszu-ständen ist zum Beispiel der tschechische Psychotherapeut und Psychiater Stanislav GROF. Nachdem dieser in den 1950er- und 60er-Jahren mit LSD arbeitete, entwickelte er später – prohibi-tionsbedingt – das *holotrope Atmen*: eine Technik, die ebenfalls in erweiterte Bewusstseinszustände führt, somit eine weitere Methode zur Behandlung psychischer, psychosomatischer und psychiatrischer Störungen darstellt, die er jedoch nie als gleichwertigen Ersatz für die LSD-Therapie angesehen haben soll.[435] Ein wesentlicher Aspekt seiner Arbeit ist, außergewöhn-liche Bewusstseinszustände nicht (wie in der westlichen Schul-medizin üblich) als Psychosen anzusehen – sondern (auch in Bezug auf sogenannte „Horrortrips") als Chancen für Entwick-lung.[436] [437]

Es gibt also eine Fülle an Möglichkeiten, um Veränderungen auf den Weg zu bringen; ob und wann wir aktiv werden, wird auch davon abhängen, wann wir den Mut finden, uns selbst und unsere Motive zu hinterfragen.

Eine hundertprozentige Souveränität wird niemals zu haben sein. Es gibt nicht *den* perfekten menschlichen oder gesell-schaftlichen Zustand, sondern nur die Befähigung einzelner Menschen und Gemeinschaften, mit Herausforderungen krea-tiv umzugehen und diese zu meistern. Wir werden immer wie-der gezwungen sein, uns zu behaupten – ein wichtiger Fort-schritt wäre jedoch, vom Selbsterhaltungstrieb künftig zur Ver-bundenheit zurückzufinden und somit das Entstehen einer endlosen Spirale von Gewalt zu vermeiden.

Eine wesentliche Aufgabe in diesem Zusammenhang wird sein, die Spur jener Menschen aufzunehmen, die einst dort

---

[435] Vgl. https://de.wikipedia.org/wiki/Stanislav_Grof.
[436] Vgl. GROF, Stanislav: „Das Abenteuer der Selbstentdeckung – Hei-lung durch veränderte Bewusstseinszustände", rororo-Verlag 1994.
[437] Ein anderer wichtiger Vertreter der psycholytischen Psychotherapie war Hanscarl Leuner (1919-1996), ein deutscher Psychiater und Psycho-therapeut. Vgl. bspw. https://de.wikipedia.org/wiki/Hanscarl_Leuner.

lebten, wo wir heute leben – nicht um Rituale nachzuahmen, die derzeit sinnentleert wären, sondern um uns zu orientieren, um ein Bewusstsein zu erlangen für das Land, das uns trägt und nährt, für die Bedeutung der Jahreszeiten und die Natur, die uns umgibt. Es bedarf einer kulturellen und evolutionären Entwicklung, die die enge Verbundenheit von Gemeinschaften wiederherzustellen imstande ist und uns darüber hinaus gute Kontakte zu anderen pflegen lässt, insbesondere zu direkten Nachbarn; es ist Zeit zu lernen, uns auf Augenhöhe zu begegnen, dabei Wissen und benötigte Ressourcen auszutauschen und uns – ausnahmslos – als Mitglieder der *Menschheitsfamilie* zu begreifen.

Orientierungshilfen finden wir nicht nur in untergegangen Kulturen, sondern auch in indigenen Gesellschaften von heute, denen es gelungen ist, einen mehr oder weniger großen Teil ihrer Traditionen und alten Überlieferungen zu bewahren. Interessant ist bspw. die Tradition vieler Völker, vor Aufnahme wichtiger Gespräche mögliche innere Anspannungen bei allen Beteiligten abzubauen, wie bspw. durch das Rauchen der Friedenspfeife bei nordamerikanischen Indianern.

Zum Schluss sei noch einmal der Autorin Jean LIEDLOFF das Wort überlassen. Diese beschreibt – so scheint es zumindest – in ihrem Buch *Auf der Suche nach dem verlorenen Glück* sehr anschaulich eine weitere interessante, heute oftmals unbeachtete Möglichkeit, um Anspannungen abzubauen:

„Einmal sah ich voller Erstaunen einen Yequana den spontanen Entschluß durchführen, auf den Gipfel des Hügels zu klettern, der das Dorf überragte, um dort eine Trommel zu schlagen und aus voller Kehle etwa eine gute halbe Stunde lang zu schreien, bis sein Impuls befriedigt war. Er hatte aus Gründen, die nur ihm bekannt waren, einfach Lust dazu und tat es ohne ersichtliche Sorge, was die Nachbarn denken würden, obwohl es sich nicht um etwas handelte, was ›man tut‹.“

Abbildungsverzeichnis